아프리카와 시나이 반도

아프리카와 시나이 반도

초판 1쇄 인쇄 2015년 11월 10일
초판 1쇄 발행 2015년 11월 15일

지은이 이상구
펴낸이 金泰奉
펴낸곳 한솜미디어
등록 제5-213호

편집 박창서 김수정
마케팅 김명준
홍보 김태일

주소 143-200 서울시 광진구 구의동 243-22
전화 (02)454-0492(代)
팩스 (02)454-0493
이메일 hansom@hansom.co.kr
홈페이지 www.hansom.co.kr

값 15,000원
ISBN 978-89-5959-435-1 (03980)

새 로 운 정 보 와 기 행 이 야 기

아프리카와 시나이 반도

글·사진 이상구

"우리의 삶 속에 새로운 가치를 추구하는 목표가 전혀 없다면 그 삶은 행복한 삶이라 할 수 없다."

〈행복해지기 위한 비결〉

① 돈보다 시간을 택하라.

② 명상하고 기도하라.

③ 과거에 연연하지 마라.

④ 친구와 자주 어울려 시간을 보내라.

⑤ 부의 달성보다 가치 있는 성장을 택하라.

⑥ 오늘 이 순간을 낭비하지 마라.

– 레지너 브릿

"꿈과 목표를 마음속에 가져라
그리고 기회가 오면 또는 지금이라고 생각되면
이것저것 생각하지 말고 그냥 떠나라."

– 저자의 조언

"여행은 고통과 스트레스를 힐링하고
새로운 것을 보고 만나면서 즐거움과
부족함을 채우고 가치 있는 삶의 방향과
현재의 생각을 바꾸게 해준다."

– 저자 이상구

AFRICA Important Tourist Place

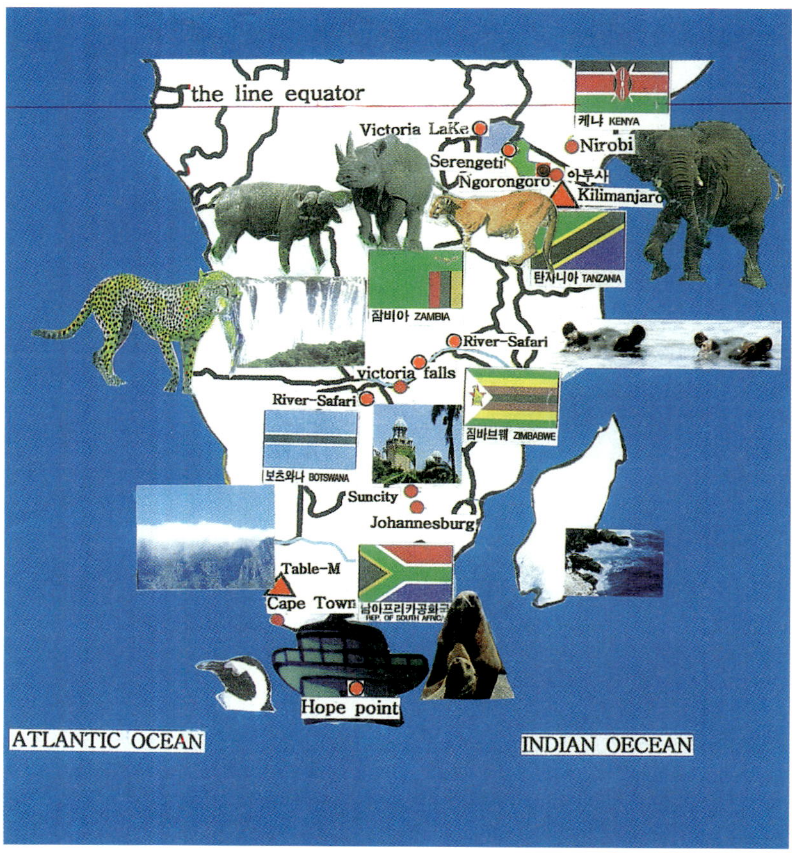

"행복은 자기가 만드는 것이지
외적 요인이나 환경 또는 권력이나 부의 축적으로
만들어지는 것은 아니다.
본인의 행복지수가 낮은 것은
자기 기준이 아니라 남의 시선을 기준에 두고
진지한 자기 성찰과 자기 철학이 없기 때문이다."

– 쇼펜하우어

SINAI Important Tourist Place

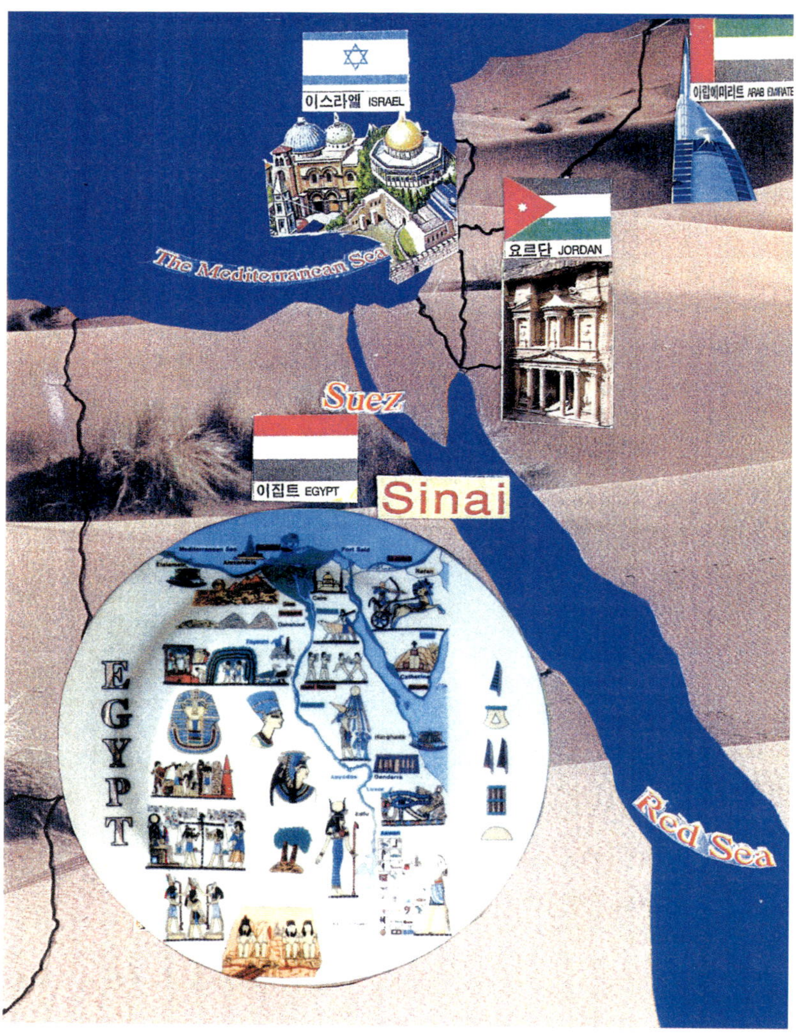

"사람들은 종종 돈, 명예, 권력이 자신을
행복하게 해줄 것이라 생각하고 목표를
추구하지만 그런 것들이 주는 행복한
느낌은 순간에 그친다."

– 쇼펜하우어

아프리카와 시나이의 유혹

나의 아프리카 여행은 매년 아프리카 여행을 미루어 왔던 어느 날, 더 이상 머뭇거릴 시간이 없다는 생각이 문득 떠오르고, 지금 여행하지 않으면 영원히 아프리카 여행을 할 수 없을 것 같은 절박감을 느끼면서 곧바로 여행사에 예약을 신청하면서 시작되었다. 그리고 누구와 상의도 하지 않고 혼자 떠나기로 결정하고 준비했다.

나를 유혹하는 아프리카와 내가 알고 있는 아프리카에 대한 기본 상식은 아프리카는 검은 대륙이고 위험한 곳, 말라리아, 풍토병, 에이즈가 무서운 곳, 문명의 혜택을 받지 못하고 내전과 가난과 질병으로 허덕이는, 독재 국가가 가장 많은 대륙. 그리고 세계 최대의 사막인 사하라 사막, 나일강, 피라미드, 끝없는 대평원과 분화구가 있고 빅토리아 호수, 빅토리아 폭포, 킬리만자로, 노벨상을 수상한 만델라 대통령, 아프리카에서 월드컵을 처음 개최한 남아프리카 공화국과 아프리카 대륙 최남단 땅끝에 희망봉이 있다는 정도다.

시나이 반도 여행 국가 중 이스라엘에 대한 상식은 예루살렘 성지와 세계에서 가장 낮은 땅 사해 바다가 있고, 시나이 반도에 있는 유일한 유대교 국가라는 것 정도다.

이집트는 세계 문명 탄생지 중 한 곳이며 세계에서 가장 긴 나일강과 사하라 사막 그리고 찬란한 고대 문명과 수많은 유적지와 유물이 보존되어 있는 고대 문명의 보고로 알려진 곳으로 10년 전 한 번 다녀온 곳이지만 아직 가보지 못한 아부심벨 신전이 나를 유혹한다.

요르단에 대한 상식은 페트라와 중동 외교 중재 역할을 한 압둘라 왕 외에는 아는 것이 없으며, 두바이는 모래사막에 현대식 인공 도시를 만들고 세계 최대 높은 건축물 버즈 두바이 빌딩을 우리나라 삼성물산이 건축했다는 정도다.

이란은 중동 이슬람 국가 중 시아파의 종주국이면서 팔레비 왕조 때 종교 지도자 호메이니에 의해 민중 봉기로 팔레비 왕조가 무너지고 이란 공화국이 탄생했으며, 페르시아 제국의 찬란한 문화와 유적지가 있다는 정도다.

우리나라 언론은 특히 아프리카에 대해 부정적인 측면을 많이 보도하여 아프리카에 대한 나의 인식은 대부분 부정적인 면이 많다. 그러나 아프리카를 여행한 후 부정적인 인식이 긍정적으로 변하였다.

나와 같이 아프리카에 부정적인 인식과 편견을 갖고 있는 독자에게 이 책을 통해서 아프리카 국가에 대한 새로운 여행 정보와 이해를 높이고, 여행하는 동안 보고 듣고 느끼고 체험하면서 감동받은 기행 내용과 사진 등 아프리카에 대한 긍정적인 측면을 전하고자 한다.

그리고 시나이 반도 여행 중 종교가 없는 나를 유혹한 예루살렘 성지를 방문한 후 종교는 필요악이란 생각을 하게 된 동기 등을 포함한 시나이 반도 여행기와 찬란한 고대 문화와 수많은 유적지를 사진을 통해서 전하고자 한다.

〈직접 여행한 나라 체험〉

① 길거리에서 만난 흑인 처녀와 영어로 의사소통하였고 흑인 처녀가 한국을 알고 있다는 얘기를 듣고 놀랐다.

② 마사이 마을 방문 때 마사이 추장이 영어로 환영 인사를 하고 마사이 남자들이 관광객을 자기 집으로 안내 후 영어로 그들의 생활 모습을 설명할 때 또 한 번 놀랐다.

③ 아프리카는 내가 알고 있는 검은 대륙이 아니며 비록 하루 1달러로 살아가는 사람이 많지만 질병과 기아에 허덕이는 모습을 볼 수 없었고 여러 민족이 함께 공존하며 평화롭게 살고 있었다.

④ 아프리카 대륙은 지구상에 가장 오래된 대륙이고 인류인의 탄생지이며 전 세계인의 고향임을 알았다. 그리고 하느님이 인간을 만든 것인지 오랜 진화 과정을 통해 인간이 탄생한 것인지 해답을 얻을 수 있었다.

⑤ 태고의 신비로운 땅 끝없는 대평원에서 수많은 야생동물을 만나면서 이곳이 진정 동물의 천국이고 동물이 주인임을 확인하면서 깊은 감동을 받았다. 그리고 이곳에서 인간의 천국을 꿈꾸며 자연이 주는 진리를 깨닫고 희망을 가졌다.

⑥ 이스라엘에서는 아랍 국가에 포위되고, 팔레스타인 자치국에 둘러싸인 이스라엘의 생존전략과 지혜를 엿볼 수 있었다. 예루살렘 성지는 옛 베를린처럼 팔레스타인 자치국 영토 내에 있고, 성지는 무장 군인들이 전 지역을 통제하고 있어 성지 분위기를 느낄 수 없었다.

오히려 종교 간 갈등과 대립의 폭이 넓고 깊은 것을 느끼면서 종교가 평화를 파괴하고 인간을 불행과 죽음으로 몰아가고 있다는 생각이 들어 통곡의 벽 광장에서 두 손 모아 화해와 평화와 이웃을 사랑하라고 기도했다. 그러나 또다시 종교전쟁의 불씨가 싹트고 있는 느낌을 받았다.

그곳 성지에서 종교는 필요악이란 생각을 하면서 신(God)은 왜 선과 악의 존재를 모두 허락하는가? 신은 선한 신과 악한 신이 따로 있는가? 신은 하나인가? 여러 신이 있는가?에 의문을 가지고 깊은 생각에 잠겼다.

⑦ 이스라엘의 척박한 땅에서 요단강 다리를 건너 요르단에 도착하여 농사 짓기 좋은 축복의 땅을 보면서 여기가 성경에 나오는 가나안 땅이라는 것을 알았다. '요르단에 석유는 없지만 페트라가 있다'는 뜻을 페트라를 직접 보면서 의미와 뜻을 깨달을 수 있었다.

⑧ 두 번째 방문한 이집트에서 찬란한 고대 문명과 유적지를 관광하면서 다시 한 번 감탄하였다. 아스완 댐 건설로 수몰 위기에 처한 세계문화유산 아부심벨 신전을 우리나라 포함 세계 50개국이 참여하여 조성한 기금으로 높은 지역에 원형 그대로 옮겨 놓은 현대 기술에 감탄하면서 '마음을 모으면 태산도 옮길 수 있다'는 속담을 떠올리며 작은 나눔을 함께하면 큰 것을 이룰 수 있다는 평범한 진리에 기쁨과 감동을 받았다.

⑨ 아프리카와 시나이 반도를 여행하면서, 아프리카 인구 중 약 50%가 이슬람교를 숭배하고 전 세계 140개국에 이슬람교가 전파되었다는 사실을 알고 놀라움과 동시에 아프리카와 시나이 반도 국가를 이해하려면 유대교 · 기독교 · 이슬람교 세 종교의 기본을

알아야 하며 이를 통해 여행의 즐거움과 배움이 배가될 수 있음을 알았다.

⑩ 작은 사막의 땅 두바이에서 사막의 기적을 만들고 있는 지도자를 보면서 나라의 흥망성쇠는 훌륭한 지도자의 선택에 있다는 것을 다시 한 번 확인하였다.

⑪ 고대 페르시아 제국의 찬란한 문명을 보고 감탄하면서 넓은 국토와 풍부한 지하자원을 갖고 있으면서도 평화를 위협하는 핵개발로 서방 국가의 규제를 받고 있어 이란의 경제는 발전이 정체되고 정지되어 있음을 테헤란에서 느낄 수 있었다.

나는 이렇게 세계 여행을 시작했다

나는 어린 시절 작은 어촌에서 공부는 취미가 없고 바닷가에서 하루 종일 놀기를 좋아했던 추억을 갖고 있다. 중3 때 친구가 대도시 고등학교 입학원서 제출할 때 친구 따라 나도 대도시 고등학교 가겠다고 요구하자 부모님이 담임선생에게 대도시 구경 한 번 하도록 부탁하여 난생처음 대도시에 가보고 놀라움과 충격을 받았다.

새로운 세상에 온 것 같았다. 이때부터 재수하며 공부하여 대학을 졸업하고 서울 명동에 본사가 있는 H사에 공채 입사하여 명동으로 출퇴근하면서 다시 한 번 서울의 모습에 놀랐다. '말은 제주에 사람은 서울에 보내야 한다'는 뜻을 비로소 이해하면서 반드시 세계 최대 도시 파리, 런던, 뉴욕 등 세계 10대 도시를 여행하겠다는 목표를 가졌다.

그러나 직장생활 3년째 되던 어느 날, 직장이 세무 사찰을 받아 3

개월 정도 월급을 지급하지 못하자, 입사 동료 일부가 하나 둘 회사를 떠날 때 나도 새로운 직장을 노크하여 경력사원 공채(대리)로 K사에 입사하여 근무하게 되었다. 그러던 중 경영자가 허위 정보로 나에게 치명적인 누명을 씌워 간접적으로 사표를 강요하면서 본사에서 지방 한직으로 발령받았을 때 분노와 원망으로 사회생활 처음 좌절했다.

그리고 내가 사직서를 제출하려고 할 때 선배(부서장) 한 분이 "누명을 쓰고 사직하면 누명을 인정하는 것이다. 지금 사직하지 말라"는 충고를 받아들여 이때부터 나는 하우스나 정원에서 자라는 나무가 아니라 비바람과 눈보라를 맞으며 끈질긴 생명력을 가진 한 그루 아카시아나무처럼 시련과 역경을 이겨내면서 낙타가 목적지를 향해 모래폭풍과 뜨거운 모래사막을 한 걸음씩 걸어가듯이 나 역시 새로운 목표를 향해 낙타와 똑같은 길을 걸었다.

그러나 어느 날 회장의 지시로 이유 불문 사직서 제출을 강요받고 아무 잘못이 없던 나는 또 한 번 좌절하면서 사직서를 제출했다.

그 당시 회장은 왕으로 회장의 명령이나 지시는 법이며 절대 번복이 없는 상황에 정의감과 용기 있는 한 임원이 회장에게 잘못한 간부 처벌하고 잘못 없는 과장 사직 처리 취소해 줄 것을 건의했다. 그러나 건의가 받아들여지지 않자 본인의 사직서를 제출하고 사장과 회장을 독대하면서 사직서가 반려되었다. 나는 그 임원의 정의감과 용기에 감동받고 그분을 존경하게 되었다. 그분은 나의 직장생활에 동기부여가 되었다.

이때부터 나는 회장과 경영자의 마음을 읽게 되었다. 그리고 나를 일찍 깨우치게 해준 회장과 경영자 두 분 덕분에 새로운 삶의 목표를 설정하고 약 10년간 열정과 노력을 다해 고통과 역경을 극복하여 사내외 한 분야의 최고 전문가로 인정받았다.

처음으로 나에게 역경을 안겨준 경영자는 나를 제자리에 앉히고 얼마 후 회장으로부터 사직을 강요받고 병든 몸으로 쓸쓸하게 회사를 떠났다.

본사 부장 재직 중 대표이사 공로 표창장을 받은 후부터 여러 곳으로부터 새로운 기회가 왔다. 돈과 승진보다는 시간과 삶의 질을 기준으로 교수라는 새로운 기회가 왔을 때 주저하지 않고 사직서를 제출하고 회사를 떠났다.

대학교수란 새로운 직업을 통해서 전 세계 대도시와 유적지를 여행하였고, 세계 순위 30대 도시 여행 목표 달성과 현재 90개국을 여행하면서 다양한 문화와 신비스러운 대자연 그리고 미지의 세상을 체험하면서 깊은 충격과 감동을 받았다.

인간은 누구나 꿈과 목표를 갖고 사회생활을 시작한다. 그러나 삶이 언제나 크고 작은 고통과 역경을 갖고 살아갈 수밖에 없다면 삶을 긍정적으로 받아들이고 목표 달성을 위해 난관을 열정적인 노력과 인내로 극복하는 과정을 거쳐야 전문가로 성장하고 능력을 인정받게 된다. 그리고 반드시 새로운 기회가 찾아온다. 이때 망설이지 말고 원하는 삶과 새로운 직업을 선택하면 보다 나은 삶과 미래로 나아갈 수 있다.

목표 달성이 조금 빠르고 늦는 것은 아무런 의미가 없다. 독자 중 고통과 역경으로 힘겨운 삶을 살아가는 분이 계시다면 고통과 역경을 슬기롭게 극복하여 새로운 기회가 찾아오기를 간절히 바라면서 작가 마크 피셔의 글을 전한다.

"역경 속에서 반드시 성공의 단서가 숨어 있다, 잠에서 깨어나라. 그리고 어린이의 마음으로 어른의 세계를 살아가라. 그러하면 소중한 삶의 가치가 함께할 것이며, 백만금의 돈이 저절로 생길 것이다."

이 글은 저자의 마음에 무척 감동을 준다, 여러분은 어떠한가? 그러나 인간의 본성은 하나의 목표가 달성되면 또 다른 목표를 갖게 되는 것 같다. 저자는 전철 무료승차권을 가진 60세 후반에 또 다른 새로운 목표를 갖게 되었다. 새로운 목표는 현재 나의 위치를 객관적으로 파악하고 어느 정도 노력하면 실천할 수 있는 용기와 열정 그리고 가능성이 있다고 확신하는 것으로 정했다. 현재까지 살아온 나의 삶은 이미 지나간 과거이고 다가오는 미래의 삶은 내가 어떤 목표를 갖고 현재 어떻게 행동하느냐에 따라 가치 있는 삶, 후회 없는 삶을 살 수 있기 때문이다.

대다수 퇴직자들은 과거 이야기로 꽃피우지 미래를 위해 현재 무엇을 하고 있다는 얘기를 하지 않는다. 화려했던 과거를 버리지 못하면 남는 것은 후회뿐임을 알면서 미래 이야기를 하지 못 하는 것은 미래에 대한 뚜렷한 목표와 철학이 없기 때문이다. 목표가 불분명한 삶은 불행의 근원이 되고, 무의미한 삶의 연속이다. 그래서 자문자답으로 '나는 행복한가? 어떻게 사는 것이 남은 인생 가치 있는 행복한 삶인가?'에 고민하고 진지한 성찰을 통해서 찾은 답은 나를 힐링하고 나의 부족함을 채우기 위해 세계를 여행한 후 여행 기록을 남기겠다는 열정과 확신, 가치 있는 일이라 판단되어 새로운 목표를 정했다.

이 목표는 내 인생 마지막 창조적 삶이고 세계 여행을 통해서 부족하고 텅 빈 머리와 가슴을 새로운 것으로 채울 수 있고 각종 스트레스를 해소할 수 있으며, 작은 나눔의 기쁨과 즐거움을 직접 체험하고 실천하면서 후회 없는 삶을 살 수 있다는 판단과 향후 세계 100개국 이상을 여행하고 여행 기록을 남기겠다는 목표를 갖고 현재 세계 여행을 계속하고 있다.

끝으로 독서량이 부족하고 용어의 선택과 문체의 미흡함을 고백하면서 여행기를 처음 쓰는 아마추어임을 이해와 양해를 구한다. 그리고 부족한 부분은 앞으로 조금씩 개선하고 채워나가도록 노력할 것이다.

이 책에 소개된 사진은 본인이 직접 찍은 것이며 기행 내용은 보고, 듣고, 느끼고, 체험한 수집 자료를 근거로 작성하였다. 다만 독자의 이해를 돕기 위해 일부 발췌한 것은 본문과 참고 문헌에서 밝혀둔다.

끝으로 이 책을 통해 독자나 여행자가 미지의 세계에 대한 인식의 전환과 새로운 정보와 지식을 얻는다면 여행 기록을 남기겠다는 저자의 목표에 더욱 부합되어 만족하면서 향후 세계 여행 기록을 남기도록 더욱 노력할 것이다.

저자 이상구

새로운 정보와 기행 이야기

아프리카와 시나이 반도

목 차

제1편

아프리카 대륙 기행

(6개국)

아프리카 초원 동물의 천국

아프리카 대륙 기본 이해

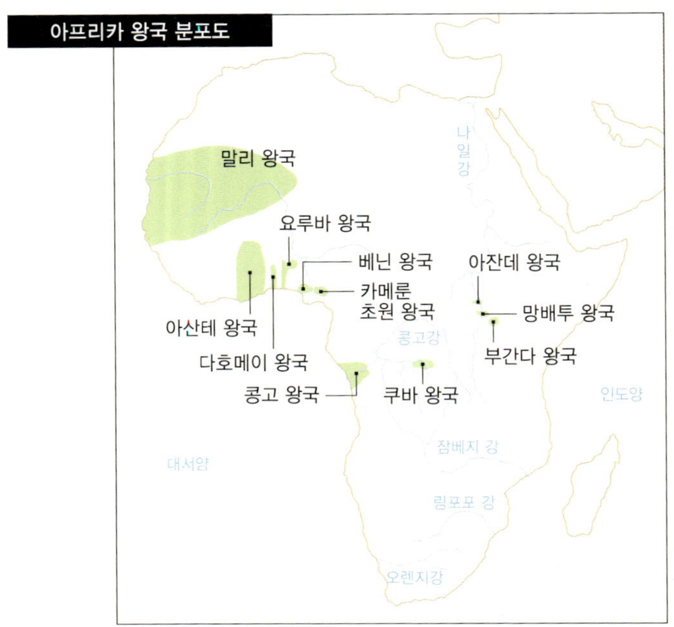
아프리카 왕국 분포도
말리 왕국
요루바 왕국
베닌 왕국
아잔데 왕국
카메룬
초원 왕국
망배투 왕국
아산테 왕국
다호메이 왕국
부간다 왕국
콩고 왕국
쿠바 왕국
나일강
콩고강
인도양
잠베지 강
대서양
림포포 강
오렌지강

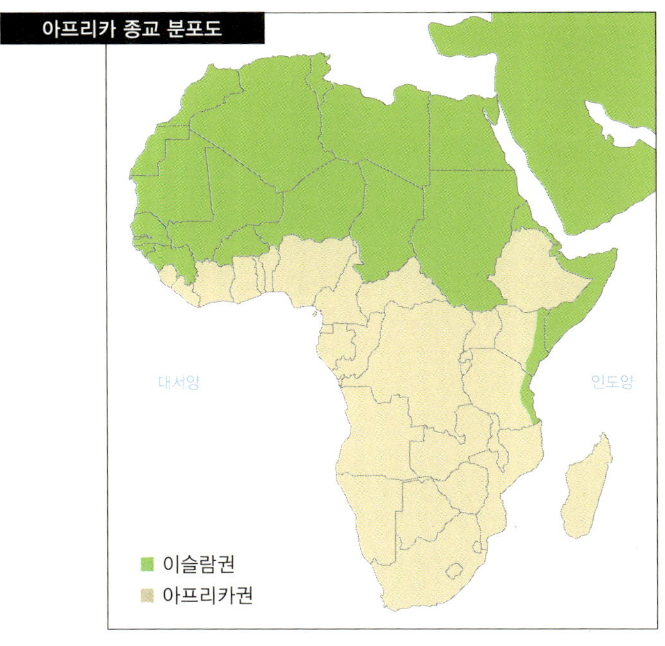
아프리카 종교 분포도
대서양
인도양
이슬람권
아프리카권

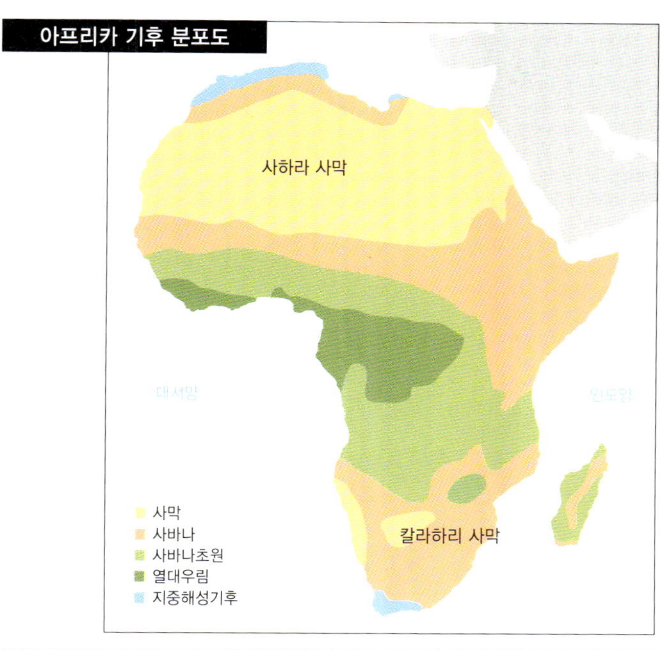
아프리카 기후 분포도
사하라 사막
대서양
인도양
칼라하리 사막
사막
사바나
사바나초원
열대우림
지중해성기후

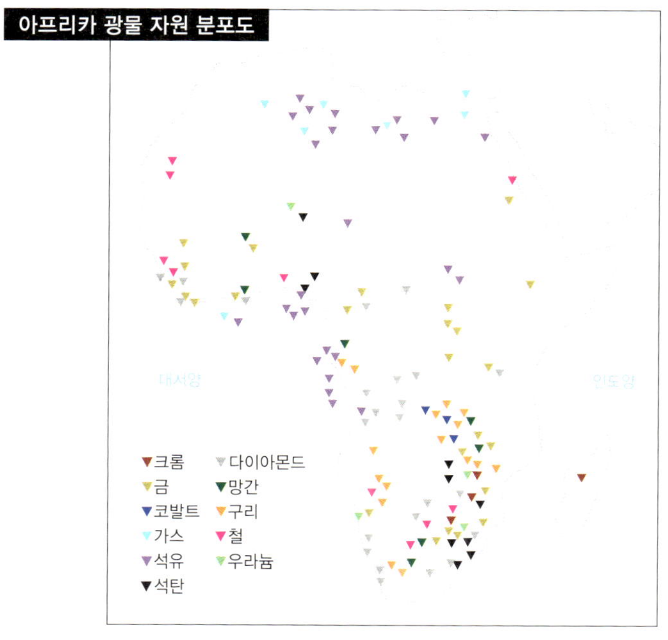
아프리카 광물 자원 분포도
대서양
인도양
크롬
다이아몬드
금
망간
코발트
구리
가스
철
석유
우라늄
석탄

아프리카 여행지와 경로

〈여행정보〉

1. 여행국 : 케냐, 탄자니아, 잠비아, 짐바브웨, 보츠와나, 남아프리카
2. 여행기간/방문일 : 15(1월)
3. 황열병 및 말라리아 처방
4. 여행비 : 750만 원/기타
5. 여름 등산복 차림/우의
6. 전자여권 3개월/여백 3장

인간의 진정한 삶이나
진정한 행복을 얻고자 한다면
반드시 실천해야 하는 것은
자신에 대한 무한 신뢰와
무한 사랑을 실천할 때 가능하다.
– 노자

여행은 자기 삶의 방향을 넓히고
가치 있는 삶을 위한 훌륭한 안내자이며
세상을 바라보는 새로운 눈을 뜨게 해준다.
– 저자

아프리카의 유혹

세계 여행을 많이 하였지만 아프리카 대륙 국가 중 여행한 나라는 이집트가 유일했다.

2013년 1월 새해를 맞이하면서 더 이상 머뭇거릴 시간적 여유가 없다는 생각에 아프리카 여행을 결정하고 곧바로 떠난 데는 두 가지 이유 때문이었다.

첫째는 작년 겨울 호흡기 질환에 걸려 무척 고생하면서 대학병원에서 모든 관련 검사를 다 받아보았지만 원인을 발견하지 못해 결국 원인 불명 호흡기 질환으로 판명받았다. 그리고 담당 의사는 매년 원인 불명 호흡기 질환으로 120명 이상 사망한다는 사실을 알려주면서 미국에서 치료받아 보든가 아니면 관련 약을 처방받아 더운 열대지방에서 치료해 보라고 조언해 주었다.

고민 후 양약과 한약을 모두 처방받아 30℃가 넘는 열대 국가인 남인도와 스리랑카에서 15일간 여행하면서 한약과 양약을 복용한 결과, 1주일 후부터 상태가 호전되어 호흡기 질환 위기를 넘길 수 있었다. 그러나 매년 겨울이 다가오면 다시 재발하면 안 된다는 걱정 때문에 이번 겨울에도 열대지방으로 떠나야겠다고 생각하고 있었다.

둘째는 반드시 아프리카 여행을 하겠다는 나의 목표와 아프리카 대륙의 신비스러운 유혹을 뿌리칠 수 없었고 지금이 아프리카 여행을 할 시점이라고 생각하였기 때문이었다. 이번 여행은 혼자 가기로 마음먹고 여행사에서 알려준 준비물 외 개인적으로 사소하지만 필요한 것을 모두 체크하여 준비했다.

아프리카 여행 출발 날짜가 다가오자 약 18시간 비행기를 탑승해야 하는 부담감에 좌석이 무척 신경 쓰였다. 60대 중반의 나이에 게다가 허리 디스크와 협착증 때문에 한 좌석에 장시간 앉아 있을 수 없기 때문이다.

자리에서 자주 일어나야 하는데 일어날 때마다 옆 사람에게 피해를 주고 나도 스트레스를 받아야 한다. 여행사에 문의하니 좌석 배정은 약속 시간에 만나 개인별로 보딩 수속을 하도록 한다는 말을 듣고 안심하였다.

여행하면서 가장 싫은 것 중 하나가 인솔 가이드가 보딩 티켓을 나누어주는 것이다. 그래서 여행할 때마다 여행사에 관광객 좌석 배정도 일반인처럼 희망자는 차이 금액을 지불하고 좌석을 선택할 수 있도록 개선해야 할 때라고 건의했다.

출발 당일 약속 시간보다 1시간 빨리 약속 장소에 도착하여 일행 중 제일 먼저 보딩 수속을 받아 가운데 좌석을 피할 수 있었다. 그러나 아프리카 직항로가 아니고 홍콩을 경유하기 때문에 탑승 좌석은 홍콩 공항까지다.

인천 공항 이륙한 지 약 4시간 50분 후 홍콩 공항에 도착했다. 시간이 남아서 홍콩 시내와 야경을 구경하였다. 10년 전 방문했을 때 보았던 홍콩 야경도 무척 아름다웠다고 기억하는데 지금 보는 야경은 더욱 화려하고 아름다웠다. 특히 바닷가 큰 건물 옥상에 걸린 삼성과 엘지 네온사인 간판을 보았을 때는 나도 모르게 자부심과 애국심으로 벅차올랐다.

홍콩 야경을 구경한 후 공항으로 이동하여 남아프리카 공화국 요하네스버그 국제공항행 비행기 보딩 수속을 할 때 좌석은 하늘의 뜻에 따르겠노라고 마음을 비웠다. 보딩 수속을 마친 후 탑승 티켓을 받아 좌석 번호를 확인하니 가운데 좌석이 아니라 정말 기분이 좋았다. 약 13시간 기내 좌석 스트레스가 일시에 사라지는 것 같고 이번 여행은 첫 출발부터 즐거운 여행이 될 것 같은 예감이 들었다.

홍콩 공항 이륙 약 13시간 후 남아공 요하네스버그 국제공항에 도착했다. 공항 터미널에 도착했을 때 무척 큰 현대식 공항 터미널에 놀라면서 입국 수속 절차를 밟는데 최신 시설과 빠른 출입국 시스템 그리고 수화물 처리 시스템이 선진국 수준이었다. 또 터미널 내부의 수많은 쇼핑 숍과 화려하게 진열된 물건들을 보면서 아프리카가 아닌 선진국에 와 있는 듯한 착각이 들었다. 지금까지 알고 있는 아프리카와 전혀 다른 모습에 놀라움과 궁금증이 교차하였다.

입국 수속을 마치고 수화물을 찾아 출구로 이동하는 도중 흑인 경찰 한 명이 다가와 일행 전원 가방 검사를 하겠다며 따라오라고 하였다. 여기저기서 한 마디씩 불평불만을 토로하자 그 순간 '아차, 여기는 아프리카지'라는 사실을 깨달았다.

경찰은 검사대가 설치된 곳으로 일행을 데리고 가서 한 사람씩 가방을 열라고 한 후 가방 속 물건들을 하나씩 검사하기 시작하였다. 5명을 검사한 후 특별한 것을 발견하지 못하자 경찰은 나머지 인원을 무검사로 통과시켰다.

그나마 천만다행이었다. 만약 15명을 모두 검사한다면 1시간 이상 지체되고 그중 1명이라도 문제가 발생하면 해결될 때까지 기다려야 하기 때문이다. 선진국이든 후진국이든 현지 경찰에 순응해야지 불평불만 표시는 전혀 도움이 안 된다는 것을 첫 입국부터 경험했다.

공항 터미널 출구문 앞에 도착하니 출입문 밖에 전통 복장을 입은 아프리카 원주민 여러 명이 전통 악기에 맞춰 춤과 노래를 부르며 관광객을 환영해 주었다. 그 광경을 보는 순간, 드디어 아프리카에 도착했다는 것을 처음으로 느꼈다.

아프리카 원주민 환영식

아프리카란 말은 라틴어로 sunny(덥다)란 뜻이고, 그리스어로는 without cold란 말처럼 북부는 사막, 중부는 열대우림 및 초원, 중남부는 사바나 기후로 매우 더운 열대지역이다.

공항 터미널을 나와 대기 중인 버스로 이동할 때 더운 열기와 강한 태양이 눈부시게 비춰 마치 건식사우나 탕에 들어가는 기분이었다. 버스를 타고 호텔로 이동하는 차창 밖 풍경은 넓은 아스팔트 도로에 조경이 잘된 가로수와 가로등 그리고 높은 빌딩 숲으로 전혀 아프리카다운 풍경을 느낄 수 없었다. 유럽의 한 도시에 와 있는 듯한 느낌이었다. 정말 여기가 아프리카가 맞는지 의심이 들 정도였다. 호텔에 도착하니 역시 선진국 수준의 최고급 호텔이었다.

남아프리카 공화국은 영국의 지배하에 백인들이 통치한 나라이며 국가의 모든 시스템이 유럽식으로 최근에는 요하네스버그에서 아프리카 대륙 최초 월드컵을 개최하였다. 아프리카 대륙 국가 중 유일하게 유럽식 국가라 불린다.

여기가 아프리카인지 유럽인지 혼란스러운 가운데 요하네스버그에서 맞은 아프리카의 첫날 밤은 점점 깊어갔다. 요하네스버그는 첫 여행지가 아니기 때문에 오늘 밤은 잠만 자고 다음 날 아침 일찍 공항으로 이동하여 짐바브웨로 이동해야 한다.

남아공에 도착하여 잠자리에 들 때까지 아프리카에 대한 정보와 이해 부족을 느끼면서 장시간 비행에 지친 몸은 곧 잠이 들었다.

짐바브웨

잠베지 강 선상 런치와 사파리

아침 일찍 식사 후 빅토리아 폭포를 관광하기 위해 곧바로 짐을 챙겨 버스를 타고 요하네스버그 공항으로 이동하여 짐바브웨 빅토리아 공항행 비행기에 탑승했다. 기내에는 승무원을 제외한 모든 승객이 외국인이었다. 왜 아프리카인은 한 사람도 없는지 궁금했다.

요하네스버그 공항에서 빅토리아 공항까지 거리는 우리나라에서 베이징까지 비행 거리와 비슷하여 당일 코스로 빅토리아 폭포를 관광하고 되돌아갈 수 있어 첫 비행기는 폭포를 관광하기 위한 외국인들이 대부분이라고 한다. 빅토리아 폭포는 죽기 전 반드시 가봐야 할 곳 중 하나로 선정되어 전 세계 관광객들이 끊임없이 모여드는 세계적인 명소이다. 빅토리아 공항은 빅토리아 폭포와 거리가 가까울 뿐만 아니라 짐바브웨 수도와도 가까워 여러 면에서 매우 편리하다.

요하네스버그 공항을 이륙하여 약 1시간 40분 후에 빅토리아 공항에 도착하여 공항 터미널 안으로 들어갔다. 작고 허름한 낡은 건물과 노후화된 시설로, 우리나라에서는 오래전에 사라진 구형 컴퓨터로 입국 업무 처리와 비자 발급을 하는데 처리 속도가 매우 느리고, 수화물 처리 시설 또한 낡아 제구실을 할지 의아스러웠다. 해외여행에서 이제껏 본 터미널 중 가장 작고 노후화된 곳이었다.

공항 터미널을 나와 버스를 타고 이동하는 차창 밖 풍경은 건물 하나 보이지 않는 들판과 수목이 우거진 숲길이다. 이동하는 동안 버스 창문을 통해 들어오는 신선한 공기와 흙냄새 그리고 짙은 나무 향내에 기분이 상쾌해졌다.

약 1시간 동안 숲길을 이동하던 버스가 속도를 줄이고 샛길로 접어들어 멈춘 곳은 크루즈선이 정박해 있는 잠베지 강변의 작은 선착장 앞 주차장이었다. 오늘 점심은 크루즈선을 타고 선상 런치를 즐기며 밀림 속에 숨겨진 아름다운 잠베지 강 풍경을 감상하는 코스다.

버스에서 내려 곧바로 크루즈선에 탑승하니 선상 런치가 준비되어 있었다. 아프리카에서 처음 먹어보는 현지식은 입맛에 맞지 않아 양고기 수프와 감자튀김 그리고 캔 맥주 하나로 점심을 대신하였다. 크루즈선은 천천히 강 상류로 이동하였다.

잠베지 강은 아프리카 밀림 지대를 흐르는 강으로 인간의 손길이 닿지 않아 수목이 울창하고 강폭은 넓고 강수량이 풍부한 전형적인 아프리카 밀림 속 강이다.

강 상류를 따라 천천히 이동하는 동안 강변 나뭇가지에는 처음 보는 수많은 새가 보이고 큰 나뭇가지에는 흰머리 독수리가 앉아 있었다. 눈앞에 펼쳐진 울창한 밀림 풍경은 TV나 사진에서 본 것보다 훨씬 흥분되고 감동적이었다.

아름다운 풍경을 구경하면서 거슬러 올라가는 잠베지 강의 모습은 아프리카를 대표하는 밀림 풍경이다. 즐겁게 식사하면서 밀림 풍경을 감상하는데 누군가 큰 악어가 보인다고 외쳐 악어가 있는 곳을 바라보니 강변 작은 나무 아래에 큰 악어가 일광욕을 즐기고 있었다. 아프리카 여행에서 처음 만난 동물이다. 크루즈선은 계속 이동하여 강 중앙에 있는 섬에 도착할 즈음 하마 무리가 보였는데 하마 서식지란다. 하마는 크루즈선이 점점 가까이 접근하자 물속으로 사라졌다

잠베지 강 큰 악어

잠베지 강 하마

가 크루즈선이 통과하자 다시 물 위로 모습을 나타냈다.

크루즈선이 강 상류에 있는 섬에 도착하니 섬에는 수목이 울창하고 수많은 종류의 새들이 모여 있다. 그런데 울창한 나무숲 뒤편에 흰 안개구름이 하늘 높이 뭉게구름처럼 솟아오르고 있었다. 가이드는 저것은 사진에서 많이 볼 수 있는 빅토리아 폭포 물안개 기둥으로 빅토리아 폭포에서만 볼 수 있는 특이한 풍경인데 폭포에서 보는 것보다 잠베지 강에서 보는 것이 강 풍경과 어울려 더 멋있고 아름답게 보인다고 설명해 주었다.

여행을 통해서 많은 폭포를 보았지만 빅토리아 폭포처럼 물안개

잠베지 강 쿠르즈선과 빅토리아 폭포 물안개

기둥이 하늘 높이 솟아오르는 폭포는 처음이다. 어떻게 빅토리아 폭포에서만 저런 현상이 일어날까? 무척 신기하고 궁금했다.

크루즈선이 섬 주위를 돌아서 반대편 강변을 따라 다시 강 하류 선착장으로 뱃머리를 돌려 이동하는 동안 사진 찍기에 몰두하다 보니 어느새 선착장에 도착했다. 선착장에서 잠시 휴식을 취한 후 버스를 타고 호텔로 이동하는 내내 빅토리아 폭포 물안개 기둥이 하늘 높이 솟아오르는 신비스러운 광경이 머리에 맴돌았다.

세계 3대 폭포 중 하나인 빅토리아 폭포는 어떤 모습일지 상상해 보았다. 세계 3대 폭포 중 이구아수 폭포와 나이아가라 폭포는 이미 본 적이 있다. 이번에 빅토리아 폭포를 보면 세계 3대 폭포 모두를 보게 되는데 이구아수 폭포보다 더 크고 웅장할지, 세계 제1 폭포는 이구아수 폭포인지 빅토리아 폭포인지 무척 궁금했다. 빅토리아 폭포가 제1 폭포라 하는 사람도 있다. 자료에 의하면 폭포 길이와 폭포 수는 이구아수 폭포가 최고이며, 깊이는 빅토리아 폭포가 최고이다. 내일 빅토리아 폭포를 본 후 세계 제1 폭포를 결정할 것이다.

잠베지 강은 우리말로 '위대한 강'이라는 뜻이며, 총 길이 2,700km

로 앙골라 · 잠비아 · 보츠와나 · 짐바브웨 · 말라위 · 모잠비크를 경유하여 인도양으로 흐르는 아프리카 대륙에서 나일강 다음 두 번째 긴 강이고 중남부 아프리카에서 제일 긴 강이다. 이 강은 수많은 다양한 수경동물에 서식지를 제공하여 수경동물의 천국이라 불리며 중남부 아프리카인들과 동물들에게 생명수를 제공하는 위대한 강이다.

호텔에 도착하여 정문 안으로 들어가는데 호텔 이름도 빅토리아 호텔이다. 아직 해지기 전이라 가방을 룸에 두고 호텔 정원을 산책하였다. 정원에는 잔디와 나무가 잘 가꾸어져 있고 설치되어 있는 조형물이 매우 인상적이었다. 정원을 산책하면서 호텔 정문 밖으로 나와 사방을 둘러보니 주변에 보이는 건물이 없었다.

빅토리아 호텔 풍경

호텔 밖을 돌아본 후 다시 호텔로 돌아와 정원을 계속 산책하는데 점점 어두워져 식당으로 이동하였다. 메뉴를 살펴보니 종류는 다양하지 않으나 다른 호텔과 비슷하고 먹을 만했다. 식사 후 룸으로 이동하여 창밖을 바라보니 정원에 설치된 외등 불빛만이 어둠을 밝혀 주고 있었다. 잠베지 강 밀림 풍경과 빅토리아 폭포 물안개 기둥이 하늘 높이 솟아오르는 풍경을 생각하며 잠을 청했다.

빅토리아 폭포

벨소리에 일어나 커튼을 제치고 하늘을 바라보니 날씨가 너무나 청명했다. 폭포 관광에 더없이 좋은 날씨 같았다. 식사를 마치고 준비물을 챙겨 호텔 정문에 도착하니 6인승 오픈카 세 대가 대기하고 있었다. 도로 사정이 안 좋아 큰 버스로 이동할 수 없어 작은 승합차로 이동하는 줄 알았는데 정말 좋은 아스팔트 도로다. 승합차가 폭포로 이동하는 길 중간지점을 통과할 때 날씨가 어두워지면서 소낙비가 내렸다.

달리는 오픈카에서 우산은 도움이 안 되고 가방에서 우위를 꺼내기도 전에 이미 겉옷은 비에 젖었다. 어차피 폭포에서 젖을 거 미리 젖는다 생각하고 소낙비를 맞으며 빅토리아 폭포 입구 매표소에 도착하니 소낙비가 멈추고 이슬비가 내려 그나마 천만다행이었다.

아프리카의 변덕스러운 날씨를 처음 경험하면서 매표소에서 티켓을 구입한 후 이슬비를 맞으며 폭포가 있는 숲속 오솔길을 따라 이동하였다. 중간지점 오솔길 옆에 큰 동상 하나가 세워져 있는데 1859년 영국 탐험가이며 선교사인 데이비드 리빙스턴이 빅토리아 폭포를 처음 발견한 것을 기념하기 위해 세운 동상으로, 동상 비문에 폭포 이름을 영국 여왕 이름을 본따서 빅토리아 폭포라 명명한다고 새겨져 있다.

빅토리아 폭포 입구와 리빙스턴 동상

빅토리아 폭포를 발견한 리빙스턴은 아프리카 풍토병에 걸려 고국으로 귀국하지 못하고 아프리카 원주민 마을에서 생을 마감하고 원주민 마을에 묻혀 아프리카에 잠들었다. 한편 리빙스턴의 소식이 단절되자 영국 정부는 리빙스턴을 찾기 위해 노력한 결과 그가 풍토병으로 사망 후 원주민 마을에 묻혀 있다는 사실을 알게 되자 그의 시신을 찾아 고국으로 모셔오려고 했으나 원주민 마을 추장은 리빙스턴의 시신을 돌려주지 않았다. 그러나 영국 정부의 계속된 설득과 노력으로 리빙스턴 시신을 영국으로 모셔온 후 훈장이 수여되고 웨스트민스터 사원에 안치되어 고국 땅에서 영원히 잠들었다고 한다.

동상을 뒤로하고 오솔길을 따라 빅토리아 폭포 가까이 접근하자 엄청난 천둥소리와 굉음이 들렸다. 좀 더 폭포 가까이 다가서니 물폭풍과 함께 사방은 물안개가 자욱하고 앞이 희미하게 보였다.

휘몰아치는 물안개 폭풍과 이슬비 때문에 우의도 별 도움이 안 되고 안경은 물방울로 가득하고 속옷도 흠뻑 젖어서 더 이상 폭포 가

폭풍이 휘몰아치는 빅토리아 폭포 1

거대한 물줄기의 빅토리아 폭포 2

까이 접근할 수도 오래 머물 수도 없었다. 그러나 포기하지 않고 폭포수 낙하지점 가까이 접근하자 눈앞에 커다란 물줄기가 파도처럼 밀려오고 폭포 주변에 있는 모든 것은 발아래 100m 깊은 협곡 아래로 빨려 들어갔다. 순간 빨려 들어갈 것 같은 위협을 느껴 재빨리 뒤로 물러섰는데 빨려 들어가는 물줄기가 마치 죽음을 유혹하는 악마의 블랙홀처럼 느껴졌다.

그런데 폭포 관람 코스 전 구간에 접근 금지 가이드라인이나 안전을 위한 보호막 시설이 없다. 이렇게 위험한 곳에 안전장치가 없다는 것이 이상했다. 가이드는 이곳에서 가끔 관광객이 자살하는 사건이 발생한다고 알려주었다.

폭포의 멋진 장관을 사진에 담기 위해 여러 번 노력했지만 휘몰아치는 물안개 폭풍 때문에 번번이 실패하였다. 카메라 렌즈에 금방 물방울이 맺혀 보이지 않기 때문이었다. 그러나 우의를 뒤집어쓰고 카메라 렌즈를 손으로 가린 상태에서 겨우 몇 장면을 사진에 담았다.

빅토리아 폭포는 아침에 내린 소낙비로 물의 양이 불어나 물줄기가 파도처럼 밀려와 깊고 좁은 협곡 아래로 빨려 들어가면서 주변 공기를 함께 빨아들여 깊고 좁은 협곡 아래로 떨어지면서 작은 물방울을 만들고 비산된 작은 물방울은 계속 이어지는 엄청난 양의 물의 압력에 틈새 공간을 타고 올라와 하늘 높이 솟아오르는 것처럼 보였다.

폭풍을 일으키는 거대한 빅토리아 폭포를 한참 동안 바라보면서 세계 3대 폭포를 모두 보았다는 기쁨과 희열을 느꼈다. 그리고 또 하나의 목표를 달성했다는 뿌듯함과 함께 대자연의 신비로움에 흠뻑 빠져들었다. 다만 날씨 운이 없어 사진에서 본 빅토리아 폭포의 멋진 모습을 볼 수 없는 것과 자연이 준 최고의 선물인 빅토리아 폭포의 웅장하고 장엄한 모습을 좀 더 가까이에서 사진에 담을 수 없는 것이 아쉬웠다.

아쉬움을 뒤로하고 물에 빠진 생쥐처럼 흠뻑 젖은 몸으로 이슬비를 맞으며 1.6km의 빅토리아 폭포 전 코스를 완주하였다. 약 1.6km 폭포 전 구간에는 핵심 폭포인 데블수 폭포, 메인 폭포, 호스슈 폭포, 레인보우 폭포, 이스턴 폭포가 있다.

흠뻑 젖은 피곤한 몸으로 매표소 앞에 도착하자 이슬비가 멈추었다. 대기 중인 오픈카를 타고 호텔로 돌아오는 도중에 또 소낙비가 내렸다. 해외여행을 많이 다녔지만 오늘같이 날씨 운이 없는 날은 처음이었다. 머나먼 이국땅에서 빅토리아 폭포를 보기 위해 이곳까지 왔는데 하늘이 원망스러웠다.

차가 호텔에 도착하자 소낙비가 멈추고 언제 그랬냐는 듯 청명한 하늘과 둥근 태양이 얼굴을 내밀었다. 날씨 한번 얄궂다. 이때 일행 한 분이 차에서 내리며 날씨가 너무 좋으니 빅토리아 폭포의 멋진 사진을 찍어야 한다면서 한 번 더 폭포로 가자고 제안하자 모두 동의하였다.

인솔 가이드에게 모든 추가 비용은 우리가 부담하겠으니 한 번 더 폭포 볼 수 있도록 협상해 달라고 부탁하였다. 그런데 가이드가 현지 사장과 통화 후 알려준 내용은 일정상 어렵다는 답변이었다. 답변을 들은 일행 대부분은 포기했으나 4명은 빅토리아 폭포의 멋진 사진을 반드시 찍어야 한다면서 택시를 타고 개별적으로 폭포로 떠났다.

빅토리아 호텔 조형물

나머지 일행은 조금 먼 거리에 있는 마을로 쇼핑을 가거나 호텔 정원을 산책하면서 시간을 보냈다. 나는 한 번 더 빅토리아 폭포를 볼 수 있는 기회가 주어지기를 바라며 호텔에서 휴식을 취했다.

소낙비가 내린 후 하늘은 더욱 청명하고 강렬한 태양 아래 호텔 정원의 나무와 잔디는 생기를 얻어 더욱 푸르렀다. 해가 서산을 넘어갈 때까지 정원을 산책하다 식사하기 위해 식당으로 이동하면서 다시 폭포로 사진 찍으러 간 일행들의 소식을 물어보았는데 폭포 사진을 찍었다는 소식을 듣지 못했다.

빅토리아 폭포는 위험하기 때문에 현지 인솔자도 없고 시간 부족

쇼나족의 석조 대궁전 복사본

으로 사진을 찍지 못하고 되돌아온 것 같았다. 저녁 식사 후 창가에 앉아 적막한 아프리카 밤풍경을 감상하면서 짐바브웨는 어떤 나라인가? 궁금했다.

짐바브웨의 공식 명칭은 짐바브웨 공화국(Republic of zimbabwe)이다. 짐바브웨는 쇼나어로 '돌집'이라는 뜻이고 짐바브웨 석조물 유적지 이름에서 나라명이 유래되었다고 한다. 짐바브웨는 돌로 만든 궁전과 유적지가 많이 남아 있는데 그중 가장 대표적인 유적지는 화강암 벽돌로 쌓은 거대한 돌기둥과 곡선을 이루는 성곽 축조물이다.

수도에서 약 300km가량 떨어진 마스빙고 지역에 있는 성곽 축조물은 11~15세기경 카랑카족 모노모타파 왕국에 의해 정교하게 건축된 것이다. 왕국의 멸망으로 잊혀진 축조물은 16세기경 포르투갈인에 의해 발견되어 1986년 유네스코 세계문화유산으로 지정되었다. 이 거대한 돌 유적지는 짐바브웨 사람들의 정신과 문화를 대표하는 건축물이다.

이 나라 국경은 모두 강이다. 북쪽은 잠베지 강, 남쪽은 림포푸 강, 동쪽은 사비 강, 국경 지대 카리바 호수, 상류 국경선에는 빅토리아 폭포가 있어 전 국토를 감싸고 있다. 국토는 최저 1,000km~최고 2,600km 고산지대로 형성되어 있으며 전 국토의 92%가 산림지대이다. 기후는 4월~10월은 건기, 11월~3월은 우기이고, 6월~7월은 서리가 내린다. 고산지대 특성상 밤과 낮의 기온차가 심하다.

무가베 정권이 30년 동안 장기 집권하면서 아프리카 최악의 독재국가로 악명이 높고, 인플레이션이 세계에서 가장 심한 국가이며, 아프리카 최빈국 중 한 나라다.

짐바브웨의 일반적인 사항

- 국토 면적 : 391천km^2
- 인구 : 13,010만 명
- 수도 : 하라레
- 언어 : 영어, 토착어
- 종교 : 기독교, 토착신앙
- 1인당 GNI : 680달러/2012
- 화폐 : Z Dollar
- 대사관이 설치되어 있다

날씨 운이 없어 빅토리아 폭포를 마음껏 보지 못한 아쉬움을 맥주 한잔으로 달래면서 취기가 오를 때쯤 자리에 눕자 금방 깊은 잠에 빠져들었다.

보츠와나

초베 강 사파리 드라이브 게임

수경동물의 천국이라 불리는 초베 강 수경동물 사파리 드라이브 게임을 하기 위해 아침 일찍 호텔을 출발하여 보츠와나 국경 검문소가 있는 산림지대를 이동하다 하늘을 보니 날씨가 좋았다.

숲이 우거진 산길을 따라 이동하는 버스 창문을 통해 들어오는 신선한 공기와 깊은 숲속에서 뿜어내는 독특한 향기에 마음이 안정되고 머리가 맑아져 기분이 상쾌했다. 약 2시간을 이동하여 국경 검문소에 도착하니 사람들이 보이지 않았다.

차에서 내려 짐바브웨 국경 검문소에서 출국 수속을 끝내고 도보로 국경을 넘어 보츠와나 국경 검문소에서 입국 수속과 비자 발급을 받아 곧바로 버스를 타고 초베 강을 향해 이동하였다. 사람의 발길이 전혀 닿지 않은 밀림 속 산길을 따라 약 1시간 이동하는 동안 창문을 통해 들어오는 진한 나무 향과 나뭇잎 썩는 냄새가 코를 자극하였다. 다른 곳에서는 맡아보지 못한 특이한 밀림의 향기를 맡으며 좁은 산길을 따라 이동하여 멈춘 곳은 더 이상 버스가 이동할 수 없는, 잡목이 울창한 숲속이었다.

버스에서 바라보니 멀리 강물이 보이고 강가에 간이 나루터처럼 보이는 곳에 작은 보트 두 대가 정박해 있었다. 차에서 모두 내려 잡목을 헤쳐가며 보트가 정박해 있는 나루터에 도착하였다. 나루터와 보트 사이에 통나무 하나가 걸쳐 있는데 한 사람씩 도움을 받아 보트에 승선했다.

승선이 모두 끝나자 보트는 천천히 이동하여 반대편 갈대숲이 우거진 곳으로 이동하여 도착했으나 동물은 한 마리도 보이지 않아 실망스러웠다.

보츠와나 국경과 초베 강 사파리 나루터

그때 가이드가 강물에 자라는 연꽃잎 모양의 큰 잎 하나를 잡아당기자 3m 정도의 긴 줄기가 나타났다. 강바닥에 뿌리를 내리고 자라는 식물로 강의 깊이가 3m임을 짐작할 수 있었다.

보트를 타고 강 반대편으로 다시 이동하였다. 강변에 도착하니 흰머리 독수리 여러 마리가 나뭇가지에 앉아 있고 강변 초지에는 임팔라(Impala) 무리가 풀을 먹으며 한가롭게 놀고 있었다.

강 중앙의 섬으로 접근할 무렵 하마 무리가 보였다. 이곳이 바로 하마 서식지라고 한다. 보트는 엔진을 끄고 모두 하마의 행동을 주시하며 열심히 사진을 찍는데 큰 하마 한 마리가 큰 몸을 천천히 움직여 섬 위로 올라와 큰 입을 벌리고 풀을 먹기 시작했다. 이렇게 큰 야생 하마를 가까이서 보기는 난생 처음이었고 풀을 먹는 하마 모습을 보기란 더더욱 보기 드문 장면이었다.

초베 강 하마 서식지와 풀 먹는 하마

하마가 육식동물이 아니고 초식동물임을 이곳에서 비로소 확인했다. 큰 입으로 풀을 먹는 양과 속도가 매우 빨라 하마 주변 풀이 금세 사라지고 배부른 하마는 천천히 다시 강물 속으로 들어갔다. 하마는 피부가 약해서 강한 태양열을 견디지 못해 몸을 항상 물속이나 진흙 속에 담그고 얼굴만 내밀고 살아간다.

하마가 물속으로 들어가자 보트는 섬에 서식하는 동물을 찾아 섬 주위를 배회하며 천천히 이동하는데 섬 중앙 풀숲속에 뿔이 큰 이름모를 동물 한 마리가 사방을 경계하는 모습이 보였다. 좀 더 먼 곳에는 물소가 풀을 먹고 있었고 더욱 먼 곳에는 동물 여러 마리가 보였지만 거리가 멀어 식별하기 어려웠다. 섬 주위에 수많은 다양한 새가 모여 있어 새들의 낙원처럼 보였다.

섬 주위를 돌아본 후 다시 잠비아 쪽 갈대숲으로 이동하는데 숲 속에 하얀 집 하나가 시야에 들어왔다. 강 위에 세워진 수중 로지(Lodge)로 지붕에는 원형 안테나가 설치되어 있고 집 앞에는 작은 보트 한 대가 정박해 있었다. 이 로지는 호텔 수준의 시설을 갖추고 있어 하루 숙박료가 약 100만 원으로 매우 비싸지만 전용 보트를 타고 언제든지 원하는 장소와 시간에 사파리 게임을 하면서 초베 강에 서식하는 모든 동물을 볼 수 있다고 한다.

잠비아 쪽 갈대숲에서 동물을 찾지 못한 보트는 다시 이동하여 반대편 보츠와나 강변에 도착하니 무척 큰 도마뱀 한 마리가 기어가고 조금 떨어진 강변 모래 위에서는 악어가 움직이고 있었다.

모두 도마뱀과 악어 사진 찍기에 몰두하고 있을 때 보트는 강변을 따라 천천히 하류로 이동하여 초지가 무성한 곳에 도착했다. 그곳에

보츠와나 강변 큰 도마뱀

보츠와나 강변 큰 악어

초베 강변 가젤 무리

초베 강 섬에서 만난 검은 뿔 동물

는 가젤 무리가 한가롭게 놀고 있었다.

보트는 계속 이동하여 보츠와나 강변 로지 앞 간이 선착장에 도착했다. 보트에서 내려 로지로 이동하면서 시계를 보니 오후 2시가 넘었다. 오전 10시부터 약 4시간을 보트를 타고 초베 강 사파리 드라이브 게임을 한 것이다.

선착장에서 바라본 보츠와나 로지는 숲과 강이 어우러져 아름답게 보였다. 강변 로지는 단층 목조 건물로 주변 환경과 조화롭게 건축되어 운치 있고 휴식하기 너무 좋았다. 로지에 도착하여 곧바로 식당으로 이동하여 뷔페식 점심을 먹었는데 음식 맛이 예상외로 좋았다. 배

보츠와나 강변과 로지 풍경

고픔도 있지만 이곳 메뉴는 현지식과 호텔식이 혼합되어 있었다.

점심 식사를 한 후 큰 나무 아래에 있는 소파에 몸을 묻고 아름다운 초베 강변을 바라보니 강 반대편 갈대숲까지 시야에 들어오고 수많은 새가 로지 바로 아래 강가에 모여 있어 휴식을 취하는데 마음이 무척 편안해져 나도 모르게 자연 속에 흠뻑 빠져들었다.

초베 강은 한강보다 폭이 넓고 강 중앙에 있는 섬은 여의도와 크기가 비슷하다. 이곳은 세상의 온갖 번뇌를 잊고 마음의 병을 치료하는데 최적 장소로 며칠간 휴양하면서 머물고 싶었다.

초베 강변 로지의 아름다운 풍경을 사진에 담은 후 기념품을 구입하기 위해 상점이 있는지 물어보았는데 없었다. 로지에서 충분한 휴식과 자유 시간을 가진 후 로지 뒤편 숲속 오솔길을 따라 산책하는데 깊은 밀림 속에 들어온 기분이다. 나무가 울창한 밀림 숲을 헤쳐가면서 약 20분간 걸어가는데 저 멀리 일행이 타고 온 버스가 보였다.

곧바로 탑승하자 버스는 밀림 숲길을 빠져나와 도로변에 서 있는 큰 나무 앞에 멈추었다. 이 나무가 아프리카를 대표하는 세계에서 수명이 가장 오래된 바오밥나무(baobab tree)다. 버스에서 내려 나무 아래 팻말 글씨를 살펴보니 나이 2,000년, 나무 높이 20m, 나무 둘레 10m로 표시되어 있다. 5명이 나무 몸통 둘레를 감싸고 손을 뻗어 서로 손을 잡았는데 잡히지 않았다.

그런데 2,000년 나이를 가진 바오밥 나뭇가지와 나뭇잎이 너무 무성하고, 몸통과 나뭇가지 하나 마르거나 부러진 흔적이 보이지 않아 이상하다는 생각이 들었다.

가이드는 바오밥나무 나이 2,000년은 사람 나이로 치면 40대 초반

2000년 나이의 바오밥나무

이라고 알려주었다. 바오밥나무는 아프리카 대륙에서만 서식하는 나무로 최대 수명은 5,000년으로 세계에서 수명이 가장 긴 나무로 알려져 있다. 몸통에 물을 많이 저장할 수 있어 아프리카에서 생존하는데 적합한 조건을 갖추고 있다. 나뭇잎과 가지는 동물 먹이로 이용할 수 있고 열매는 식용으로 가능하다고 한다. 그리고 아프리카의 대표적인 나무로 바오밥나무, 망고나무, 아카시아나무를 꼽는다. 특히 아카시아나무는 열악한 환경에서도 잘 죽지 않아 동물들에게 꼭 필요한 나무라고 한다. 바오밥나무를 배경으로 기념사진을 찍은 후 버스를 타고 호텔로 이동하면서 초베 강에 대해 알아보았다.

초베 강은 빅토리아 폭포수가 잠베지(Zambezi) 강에 합류하고, 보츠와나로 흐르는 초베 강물이 잠베지 강과 합류하면서 삼각주에 넓은 습지가 형성되어 다양한 육지동물과 수경동물에게는 최적의 보금자리이다.

특히 초베 강은 수심이 낮아 우기에는 강이 범람하는데 이때 강 주변 지역이 넓은 습지로 재탄생되면서 또 다른 동물들에게 넓은 서식지를 만들어준다. 유명한 오카방고 델타(Okavango Delta)도 보츠와나 사막 지대에 우기가 되면 초베 강이 범람하여 넓은 습지가 형성되면서 풀과 나무가 자라고 푸른 초원이 형성되어 야생동물이 살기 좋은 환경이 조성되면서 동물들의 최고 서식지로 재탄생된 곳이다. 코끼리와 다양한 동물들이 서식하고 있어 건기 때 오카방고 델타를 방문하여 사파리 드라이브 게임을 하면 수많은 동물과 다양한 동물을 만날 수 있다.

버스는 계속 이동하여 보츠와나 국경 검문소에 도착, 출국 수속 후 곧바로 짐바브웨 국경 검문소로 이동하여 입국 수속을 마치고 호텔로 이동했다. 호텔에 도착했을 때 호텔 외등 불빛만이 일행을 반갑게 맞이해 주었다.

다음 날 아침 초베 강과 오카방고 델타 수경동물의 천국인 보츠와나가 어떤 나라인지 궁금했다.

보츠와나의 공식 명칭은 보츠와나 공화국(Republic of Botswana)이다. 해발 1,000m 고원지대에 형성된 나라로, 세계 3위 다이아몬드 매장량을 보유한 국가이며, 다이아몬드 판매 수익이 국가 수입의 핵심이다.

대통령은 부정부패가 없는 깨끗한 정부를 운영하고 매년 경제성장률 10% 이상, 2014년 기준 국민소득 약 7,150달러로 외국인 투자가 활발하여 경제발전 모범국이며 아프리카 최상위권 국가다.

국가 경제발전의 원동력은 민주주의 제도를 도입, 정착하면서 부정부패가 없는 정부 관료와 엘리트 집단이 개방정책을 추진한 결과, 외국인들의 투자가 늘어나 경제 활성화가 지속적으로 유지되고 있기 때문이다.

기후는 여름은 덥고, 겨울은 기온이 낮아 서리가 내리며 밤과 낮 기온차가 심하다. 강수량은 연평균 650mm이며 아열대성 기후이다. 초베 강과 오카방고 델타는 세계 최대의 수경동물 서식지이며, 수경동물의 천국으로 전 세계 관광객이 찾는 관광자원을 갖고 있다.

주요 농산물은 옥수수이고, 목축업은 산양과 양을 사육하며, 산림개발(목재)이 핵심이다.

보츠와나의 일반적인 사항

- 국토 면적 : 582천km^2
- 수도 : 가보로네
- 인구 : 1,765천 명
- 언어 : 영어, 보츠와나어
- 종교 : 기독교, 토착신앙
- 1인당 GNI : 7,720달러/2012
- 화폐 : pula

잠비아

빅토리아 폭포

오늘은 잠비아에서 빅토리아 폭포를 관광하는 날이다. 짐바브웨에서는 날씨 운이 없어 최악의 조건에서 관광하면서 아쉬움이 많아 하늘을 원망했는데 잠비아에서는 날씨 운이 따라 주기를 기도했다.

아침잠에서 깨어나 맨 먼저 커튼을 젖히고 하늘을 쳐다보았다. 구름이 많아 흐렸지만 비가 올 것 같지 않았다. 그러나 아프리카의 변덕스러운 날씨는 안심할 수 없어 다소 걱정이 앞섰다. 아침 식사 후 곧바로 버스를 타고 호텔을 출발하여 짐바브웨와 잠비아 국경 검문소가 있는 곳으로 이동하는 동안 여러 번 하늘을 쳐다보았지만 여전히 하늘에는 구름이 잔뜩 끼어 있었다.

국경 검문소까지 가는 동안 건물이나 사람은 보이지 않고 고도가 점점 높아지는 도로를 약 2시간 이동하여 국경 검문소에 도착했다. 검문소에서 바라본 하늘 역시 구름이 많은 흐린 날씨였다.

짐바브웨 국경 검문소에서 출국 수속을 마치고 걸어서 국경을 넘어 잠비아 국경 검문소에 도착, 입국 수속과 비자 발급을 받는데 사람이 없어 업무 처리가 빨랐다.

잠비아 비자를 발급받은 후 다시 버스를 타고 빅토리아 폭포를 향해 평탄한 아스팔트 도로를 따라 이동하는데 차창 밖 풍경은 평탄한 들판에 나무가 많은 고산지대였다. 얼마 후 버스가 멈춘 곳은 폭포 입구 매표소 앞 주차장이었는데 주변 나무와 바닥이 흠뻑 젖어 있는 것으로 보아 아침에 소낙비가 내린 것 같았다.

매표소를 지나 숲속 오솔길을 따라 걷는데 어느새 바지자락과 신발이 젖었다. 한참 이동하여 폭포 앞에 다다르니 또 다른 모습의 리빙스턴 동상이 세워져 있었다. 이곳에서는 전 구간 나무로 만들어진 길을 따라 폭포를 관람하도록 되어 있어 매우 편리하고 안전했다. 짐바브웨 폭포 관람 코스보다 훨씬 좋았다. 대표적인 다섯 개 폭포 앞에도 관람대가 설치되어 있어 폭포 관람과 사진 찍기에 불편함이 없었다.

관람 코스를 따라 이동하는 중 웅장하고 거대한 빅토리아 폭포가 눈앞에 나타나자 감탄과 찬사가 절로 나왔다. 빅토리아 폭포가 선명하게 보이고 지난번 찍지 못한 빅토리아 폭포의 모습을 사진에 담을 수 있었다.

잠비아 빅토리아 폭포

첫 번째 폭포 관람을 마치고 다음 구간으로 이동하는 도중 또 다른 빅토리아 폭포가 천둥소리와 함께 물안개 폭풍을 휘몰아치며 장엄하고 웅장한 모습을 드러냈다. 바로 이 폭포가 하늘 높이 물안개 기둥이 솟아오르는 멋진 풍경을 보여주는, 빅토리아 폭포에서만 볼 수 있는 특이한 폭포다.

물안개 기둥이 솟아오른 빅토리아 폭포

전망대 앞에서 사방에 폭풍을 일으키며 하늘 높이 솟아오르는 물안개 기둥을 한동안 넋을 잃고 바라보며 "정말 대단하다"는 감탄과 찬사의 말이 연달아 흘러나왔다.

물안개 현상을 찍는 동안 비록 옷은 젖었지만 장엄하고 웅장한 빅토리아 폭포를 사진에 담을 수 있어 기쁜 마음으로 다음 폭포 코스로 이동하였다. 약 1.6km에 달하는 빅토리아 폭포 전 구간을 이동하면서 거대한 물줄기가 좁고 깊은 협곡 아래로 떨어지는 것을 보면서 하늘이 준 자연의 위대함과 신비로움에 감탄하였다.

빅토리아 폭포 전 코스를 이동하며 폭포 장면을 모두 사진에 담은 후 마지막 지점에 도착하였을 때 깊은 협곡이 양쪽으로 갈라지고 갈라진 협곡 사이에 다리가 연결되어 있고 다리 아래로 폭포수가 끊임

리빙스턴 동상과 빅토리아 폭포

잠비아와 짐바브웨 국경 다리

없이 흘러내렸다.

이 다리가 짐바브웨와 잠비아를 연결하는, 세계에서 가장 깊은 계곡에 설치된 다리이다. 다리 중앙에 번지점프 시설이 있어 세계에서 가장 깊은 번지점프를 할 수 있다.

짐바브웨와 잠비아 국경 협곡 사이로 흐르는 강 위의 아름다운 다리와 다리 아래로 흐르는 폭포물이 어우러진 한 폭의 아름다운 풍경을 사진기에 담는데 협곡에서 갑자기 삼색 무지개가 나타났다 사라졌다.

날씨는 청명하지 않았지만 폭포를 관람하는 데 불편함은 없었다. 폭포 관람을 마친 후 죽기 전에 반드시 보아야 할 곳으로 선정된 이유를 이해할 수 있었다.

폭포 입구 매표소로 돌아오는 길에 물안개 기둥이 하늘 높이 솟아오르는 원리가 궁금했다. 폭이 좁고 무척 깊은 협곡 아래로 엄청난 양의 물 폭탄이 떨어지면서 발생한 작은 물방울이 비산되어 퍼져갈 곳 없는 상태에서 계속 이어지는 물 폭탄과 높은 압력에 작은 물방울이 틈새 공간을 타고 다시 폭포 위로 올라와 하늘로 솟아오르는 현상이다. 즉, 물총에 물을 넣어 강한 압력을 주면 작은 통로를 통해 물이 멀리 날아가면서 퍼지는 현상과 비슷한 원리이다.

즐거운 마음으로 매표소에 도착하여 대기 중인 버스를 타고 이동하여 잠비아 국경 검문소에서 출국 수속과 짐바브웨 국경 검문소에서 입국 수속을 받는데 역시 우리 일행 외 사람이 없어 빠르고 편하게 입국 수속을 마치고 호텔로 향하였다.

해가 서산에 걸려 있을 즈음 호텔에 도착하여 휴식시간 없이 미리 준비해 둔 가방을 버스에 싣고 남아공 요하네스버그행 비행기를 탑승하기 위해 빅토리아 공항으로 이동했다. 오늘 저녁은 푹 쉬고 내일 이동하면 좋겠지만 일정을 단축해서 여행 경비를 줄이는 여행사의 패키지 여행을 선택하였기 때문에 따를 수밖에 없었다. 패키지 여행은 강행군과 야간 이동이 많아 충분한 휴식을 취할 수 없고 자유시간이 적은 것이 단점이다.

빅토리아 공항에 도착하여 곧바로 요하네스버그행 비행기를 탑승한 후 눈을 감고 세계 3대 폭포를 되새겨보면서 나름대로 세계 3대 폭포 순위를 매겨 보았다. 세계 제1 폭포는 이구아수 폭포, 제2 폭포는 빅토리아 폭포, 제3 폭포는 나이아가라 폭포 순으로 결정했다. 그리고 세계 3대 폭포를 비교 정리해 보았다.

〈세계 3대 폭포 비교〉

① 이구아수 폭포(브라질, 아르헨티나)

- 폭포 길이 4.3km, 폭포 수 약 30개, 폭포 깊이 80~90m, 악마의 목구멍이 특징이다. 폭포 아래 보트를 타고 폭포 낙하지점까지 이동하여 폭포수에 샤워 체험하면서 스릴을 즐길 수 있다. 즉, 이구아수 폭포 위쪽과 아래쪽의 진풍경을 모두 볼 수 있다.
- 안전성과 편의성이 만족스럽고, 폭포 관광 후 밀림지대 관광과 토산품 쇼핑도 할 수 있다.
- 세계 제1 관광지로 선정되었으며, 내가 선정한 No. 1 폭포다.

② 빅토리아 폭포(짐바브웨, 잠비아)

- 폭포 길이 약 1.6km, 폭포 수 약 7~8개, 폭포 깊이 100~108m, 세계 최대 깊은 폭포이며 폭포 물안개 기둥이 하늘 높이 솟아오르는 특이한 풍경은 빅토리아 폭포에서만 볼 수 있다. 폭포 아래

로 보트를 타고 접근하기가 위험하고 폭포 폭이 다른 폭포에 비해 무척 좁다.

- 접근성은 좋으나 짐바브웨 쪽 폭포 관람은 안정성이 부족하여 위험하고, 폭포 주변 위락시설이나 관광할 곳이 없으며 토산품 판매점도 없고 다른 볼거리가 없다.
- 물 폭풍과 물안개 기둥이 하늘 높이 솟아오르는 장면 하나만 본다면 단연 세계 최고라고 할 수 있다.
- 내가 선정한 No. 2 폭포다.

③ 나이아가라 폭포(미국, 캐나다)

- 폭포 길이 약 60m, 폭포 수 3~4개, 폭포 깊이 약 50~60m, 한 폭의 그림 같은 아름다운 폭포이며, 경비행기로 가까이 접근해서 폭포를 볼 수 있다.
- 미국과 캐나다 모두 유람선을 타고 폭포 아래까지 접근할 수 있다.
- 안전성과 편의성이 양호하며 주변에 다양한 위락시설과 숍이 있다.
- 내가 선정한 No. 3 폭포다.

세계 3대 폭포를 비교한 후 잠비아에 대해서도 알아보았다.

잠비아의 공식 명칭은 잠비아 공화국(Republic of Zambia)이다. 국토는 1,700m 고산지대로 전 국토의 90%가 산림지대이며 광물자원이 풍부하다. 북쪽은 콩고 공화국과 자미르, 동쪽은 탄자니아, 동남쪽은 모잠비크, 남쪽은 짐바브웨 · 보츠와나 · 나미비아, 서쪽은 앙골라 8개국과 국경을 접한 아프리카 중남부에 위치한 내륙 국가이다.

영국의 식민지에서 독립한 국가로 영국과 미국의 미움을 받아 경제 발전에 제약을 받고 있다. 공무원들의 부정부패가 만연하고 우리나라와는 1990년대에 외교 관계를 수립하였지만, 북한과는 1969년 외교 관계를 수립한 후 계속 유지하고 있다. 우리나라보다 북한과 더 가까우며 아프리카에서 가장 장기 군사독재 국가다.

구리 매장량 세계 4위 국가로 국내 총생산의 45%가 구리이며, 국가 수입의 65%를 구리에 의존하고 있다. 구리 수송은 철도와 선박을 이용해야 하는데 반드시 이웃 나라를 경유해야 하는 어려움이 있다. 구리 국제가격이 국가 경제에 미치는 영향이 매우 크다.

국민 64%가 하루 2달러로 생활하는 빈민국이며 주민들은 대부분 농업과 목축으로 생계를 이어가고 있다.

잠비아 기후는 5월~7월이 겨울이고, 10월~12월은 여름이며, 11월~3월은 소우기, 4월~5월은 대우기이다. 6월~9월은 건기로 기후 변화가 심하다.

잠비아의 일반적인 사항

- 국토 면적 : 753천km^2
- 수도 : 루사카
- 인구 : 11,668천 명
- 언어 : 영어
- 종교 : 토착신앙
- 1인당 GNI : 1,350달러/2012
- 짐바브웨 대사관이 겸하고 있음

남아프리카 공화국(중남부)

케이프타운과 희망봉

짐바브웨 빅토리아 공항을 이륙한 비행기는 1시간 40분 후에 남아프리카 공화국 요하네스버그 국제공항에 도착하여 곧바로 국내선 연결 편으로 케이프타운행 비행기에 탑승했다.

비행기 이륙 2시간 10분 후 케이프타운 공항에 도착했을 때 밤 9시가 넘어 배가 무척 고팠다. 그러나 대부분 식당은 영업이 끝난 시간이라 마땅히 식사할 곳이 없었다. 현지 가이드가 공항에서 조금 떨어진 곳에 한국인이 경영하는 식당에 특별히 부탁하여 간단한 식사를 준비했다는데 메뉴가 도가니탕과 김치, 소주라고 하자 모두들 오랜만에 먹을 한식에 대한 기대감에 박수로 환영했다.

공항터미널을 나와 버스를 탑승하는데 제법 선선한 바람이 불어 역시 바닷가 날씨라고 생각하였다. 버스는 어느덧 식당에 도착하여 식당 안으로 들어가자 식당 주인이 "안녕하세요. 반갑습니다"라고 인사말을 건네면서 반갑게 맞아주었다. 테이블 위에는 김치와 소주가 준비되어 있고 곧이어 나온 도가니탕에 밥을 말아 김치와 같이 먹으니 꿀맛이었다. 도가니탕에 들어 있는 고기를 안주 삼아 소주잔을 주고받으며 기분 좋게 저녁 식사를 마무리했다.

식당을 나오니 바람이 무척 세게 불고 있었다. 호텔로 이동하는 차창 밖 풍경은 늦은 밤이라 조용하고 차량도 없었는데 가로등 불빛과 가로수가 심하게 흔들리는 게 폭풍 전야 모습으로 돌변하고 있었다.

호텔에 도착, 버스에서 내리는 순간 강풍이 불었다. 케이프타운에서의 첫날 밤은 태풍이 다가올 것 같은 불안한 예감에 휩싸인 채 잠을 청했다.

아침 일찍 일어나 맨 먼저 창밖을 보는데 마음이 무거웠다. 호텔 주변 조경나무들은 심하게 휘어지고 바닥에는 나뭇가지가 부러져 뒹굴고 구름 가득한 하늘에는 구름이 무척 빠르게 이동하는 것으로 보아 태풍이 지나가는 것처럼 보였는데 태풍이 언제 멈출지 알 수 없었다.

아침 식사를 하면서 하나 같이 오늘 날씨 운이 없어 테이블 마운틴(Table Mountain)을 관광하지 못하면 어떻게 하냐고 걱정이었다. 케이프타운에 머물 수 있는 시간은 2박 3일로, 하루라도 날씨 운이 없으면 테이블 마운틴을 볼 수 없기 때문이다.

식사 후 테이블 마운틴을 오르기 위해 호텔을 나서면서 창밖으로 테이블 마운틴 정상을 보니 흰 구름으로 가득했다. 가이드가 이동하는 중에 전화로 오늘 테이블 마운틴을 오를 수 있는지 물어보는데 불가능하다는 답변이 돌아왔다. 그래서 오늘 일정과 내일 일정을 바꾸기로 결정한 후 기사에게 테이블 마운틴으로 향하던 버스를 목적지를 변경하여 희망봉으로 향하도록 요청하였다.

희망봉으로 향하는 버스가 케이프타운 시가지를 벗어나자 가로수 나뭇가지가 조금씩 흔들리고 바람도 잔잔해졌다. 케이프타운에서 희망봉으로 가는 해안도로는 우리나라 동해안 해안도로처럼 창밖으로 수평선이 보이고 해변에는 파도가 밀려와 하얀 거품을 토해 내는 멋진 풍경을 보여준다. 아름다운 바다 풍경을 감상하면서 무심코 하늘을 쳐다보니 흰 구름이 천천히 이동하고 먼 바다에서 잔잔한 파도가 밀려와 해변에 하얀 그림을 그리고 사라지는 것으로 보아 태풍이 지나간 것 같아 잠시 날씨 걱정을 잊었다.

끝없이 푸른 바다가 이어지는 해안드로를 시간 가는 줄 모르고 감상하는데 해변을 병풍처럼 감싸고 있는 산 아래 갑자기 고급 주택들이 보이고 백사장에는 코발트색 바닷물이 출렁이면서 백사장에 밀려와 하얀 포말을 토해 내고 사라지는 풍경이 고급 주택과 어우러져 한 폭의 풍경화 같았다. 마치 유럽의 어느 휴양지에 온 듯했다. 어떻게 아프리카 최남단 해변에 이렇게 많은 고급 주택이 있는지 궁금했다.

이곳은 한때 백인들 전용 거주 지역으로 흑인들은 출입이 통제된 곳이었으며 현재도 백인 전용 주거지이다. 흑인이 주인인 나라에 백인이 주인 행세를 할 수 있었던 것은 과거 백인 정부 시절의 흑백 차별법이 있었기 때문에 가능했다.

희망봉으로 가는 해안의 고급 주택

그림 같은 해안 풍경에 도취되어 잠시 모든 것을 잊고 바다를 감상하는데 빠르게 이동하던 버스는 후트 베이(Hout Bay) 작은 항구 선착장 앞 주차장에 멈추었다.

선착장에는 여러 척의 어선들과 유람선이 정박해 있고, 바다 위에는 갈매기가 날아다니고 바다에는 물개 여러 마리가 헤엄치고 있었다. 이곳에서 멀지 않은 섬에 물개 서식지가 있다고 한다. 물개 서식지를 보기 위해 버스에서 내려 유람선으로 이동하던 중 선착장 노점상에 진열된 아름다운 자연석 공예품 하나가 시야에 들어왔다. 멀리서 보아도 눈에 띄는 무척 아름다운 색상이라 갖고 싶다는 생각이 들었다.

유람선을 타고 물개 섬으로 이동하는 동안 그 공예품이 계속 머리에 맴돌았다. 세계 최대 물개 서식지 중 한 곳인 페루 남부의 작은 항구 피스코(Pisco)의 앞 바다 여러 섬에서 바다표범(물개)과 바다 새 등 엄청난 규모의 서식지를 이미 보았기 때문에 물개 섬은 관심 밖이었다.

유람선이 약 30분간 이동하여 물개 서식지에 도착하여 모든 사람

물개 서식지 섬과 바다 풍경

후트 베이 항구 모습

들이 바다에서 헤엄치는 물개와 섬 위에 있는 물개 모습을 보면서 사진 찍기에 몰두할 때 갑자기 너울파도가 밀려와 유람선이 조금씩 흔들리기 시작했다.

나는 물개 구경보다 먼 바다 풍경과 후트 베이 항구 풍경을 감상하면서 사진을 찍고 있었는데 조금씩 흔들리던 유람선은 큰 파도가 밀려오자 기우뚱거리면서 심하게 흔들렸다. 몸을 가눌 수 없을 정도로 심하게 흔들리자 유람선은 뱃머리를 항구로 돌렸다. 항구로 돌아오는 도중 또 한 번 큰 파도가 밀려와 유람선 갑판 위까지 파도가 덮쳐 모여 있는 사람들의 겉옷을 젖게 만들었다.

유람선이 선착장에 도착하자 머릿속을 맴돌던 자연석을 구입하기로 마음먹고 눈여겨보아 둔 노천 가게에 들어가 아름다운 색상의 자연석 공예품 하나를 구입한 후 버스에 탑승하였다. 버스가 다시 희망봉으로 이동하는 동안 구입하기 어려운 공예품을 값싸게 잘 구입했다는 뿌듯한 마음에 옆 사람에게 보여주었더니 정말 색상이 아름답다며 부러워하였다. 이 공예품은 아프리카에서 생산되는 특이한

후트 베이 항구에서 구입한 자연석 공예품

광석을 가공한 것으로 아프리카가 아니면 값싸게 구하기 어려운 자연석 공예품이다.

버스가 희망봉을 향해 구불구불한 해안도로를 따라 이동하는 동안 차창 밖은 끝없는 수평선과 잔잔한 파도가 밀려와 백사장과 바위에 부딪쳐 하얀 거품을 토해 내고 사라지는 풍경이 반복되었다.

아름다운 풍경을 하염없이 바라보면서 감상하는 사이 버스는 어느덧 희망봉 등대 가까이 접근하고 있었다. 해안도로를 벗어나 잡목이 우거진 낮은 구릉지대 능선을 따라 오르고 내려가기를 반복하는데 차창 밖은 또 다른 이국적인 풍경이었다.

희망봉 구릉지에 큰 나무는 보이지 않고 잡목처럼 작은 나무들만 있었는데 나뭇잎과 줄기는 회색으로 보통 나무와는 색깔이 달랐다. 이곳은 강수량이 적고 지표면에 흙이 적어 큰 나무가 자랄 수 없으며 수시로 해풍이 불어 해풍에 강한 나무만이 자랄 수 있다고 한다.

한참 후 희망봉 등대 입구 공영주차장에 도착했다. 주차장에서 약

30분 정도 오르막길을 오르면 등대에 도착할 수 있다. 등대를 오르는 길목에 'Cape of point'라고 적힌 팻말이 세워져 있다. 팻말 앞에서 희망봉 등대를 배경으로 기념사진을 찍었는데 카메라 렌즈에 문제가 발생하여 불안한 마음으로 희망봉 등대에 도착하였다. 일행 중 망원렌즈 카메라를 가진 사람에게 카메라를 점검해 달라고 부탁했더니 작동 시스템에 문제가 생긴 것이니 전원을 연결하여 온오프 스위치를 켜보면 시스템이 정상으로 작동한다고 하여 안심했다. 여행 중 카메라가 고장 나면 정말 난감하다.

희망봉 등대 앞에 펼쳐진 끝없는 수평선을 바라보며 심호흡을 한 후 큰 소리로 아프리카 땅끝 희망봉에 도착했음을 알렸다. 희망봉 등대 옆에 있는 세계 주요 도시의 방향과 거리를 알리는 이정표를 잡고 잠시 지난 삶을 되돌아보면서 새로운 삶의 방향에 대해 생각해 보았다.

끝없는 수평선을 바라보고 서 있는 방향을 기준으로 좌측은 인도양이고 우측은 대서양이다. 그런데 인도양과 대서양의 바다 색깔이 달랐다. 서로 다른 색을 가진 두 개의 바닷물이 등대 앞 바다에서 만나 수시로 폭풍을 일으켜 이곳을 통과하는 수많은 배가 침몰하여 수많은 목숨을 빼앗아 가 이곳을 '폭풍의 곶'이라고 불렀다.

그러나 지금 등대 앞 수평선 바다는 너무 잔잔하고 바람도 불지 않으며 하늘은 청명하다. 등대 아래는 잔잔한 파도가 밀려와 하얀 수채화 그림을 그리고 해안가 수면에 검은 띠를 형성한 물체가 해안선을 따라 멀리까지 출렁이는 풍경은 정말 아름답다.

지금 이 순간 희망봉의 날씨는 너무 좋다. 더 이상 좋은 날씨는 없

희망봉 등대와 방향 표시 기둥

을 것 같다. 출발할 때와 달리 기대 이상의 날씨 덕에 만족스럽게 희망봉을 둘러볼 수 있어서 무척 기뻤다. 그런데 해안가에 출렁이는 검은 물체가 무엇인지 궁금했다. 등대 아래로 내려가기 전에 수평선을 바라보며 두 손 모아 "제게 지혜와 건강을 주시고 아들 딸 모두 원하는 목표를 달성할 수 있도록 도와주세요"라고 기도한 후 번뇌를 이곳에 내려놓고 가슴속에 새로운 희망을 담아 가져가겠노라고 다짐하면서 해변으로 내려갔다. 검은 띠를 형성하고 출렁이는 것이 무엇인지 확인하기 위해 가까이 접근하여 관찰해 보니 다시마였다. 해안선을 따라 길게 멀리까지 형성된 다시마 띠는 파도에 출렁이는 것이 마치 거대한 다시마 농장처럼 보였다.

다시마 군락지에는 각종 어류와 해조류가 풍부하다. 얕은 바다 바위 돌을 징검다리로 삼아 좀 더 깊은 바닷물에 접근하여 물속을 관찰해 보니 수많은 종류의 작은 물고기가 보이고 물속 바위 돌에는 작은 고동, 전복, 소라, 멍게 등 다양한 해산물이 서식하고 있어 이곳은 자연산 바다 생물을 키우는 바다 농장 같았다. 바위에 쪼그리고 앉아 작은 전복 하나를 손으로 잡아 물속에서 손으로 해체한 후 먼 수평선을 바라보면서 희망봉 바다 전복을 시식했다. 어린 시절 바다를 벗 삼아 수영하면서 각종 해산물을 잡던 추억이 새삼 떠올랐다. 그러나 이곳 바다에서 해산물이나 고기를 잡는 것은 법으로 금지되어 있어 만약 허가 없이 잡다 들키면 잡은 것의 열 배를 벌금으로 물어야 한다.

최근 중국 관광객이 소라와 전복 등을 잡아 버스를 타고 이동 중 불시검문에 걸려 많은 벌금을 물었다는 이야기를 가이드가 전해 주었다. 즉, 누군가 먼 곳에서 감시하고 있음을 암시해 주는 말이었다.

해안은 전체가 자갈밭이다. 자갈밭 한가운데 나무 팻말이 세워져 있기에 가까이 다가가 보니 'CAPE OF GOOD HOPE'라는 글씨가 새겨져 있었다. 팻말 앞에서 기념사진을 찍은 후 천천히 해변 자갈길을 따라 한참 동안 거닐다 주차장으로 발걸음을 돌렸다.

버스에 오르기 전 먼 수평선과 희망봉을 바라보며 오늘 최고의 날씨를 제공해 주신 하늘에 마음속으로 '감사합니다'라고 인사했다.

희망봉 등대 아래 해안 바다

오늘처럼 청명한 하늘과 바람이 없는 날 그리고 파도가 잔잔한 희망봉 날씨를 만나기는 쉽지 않으며 날씨 운이 있어야 가능하다.

버스가 출발할 때 창밖으로 손을 흔들며 'Goodbye GOOD-HOPE'란 말을 남기고 떠나면서 희망봉으로 불리게 된 이유가 궁금해졌다. 15세기 인도로부터 공급받는 후추와 향료 등의 육로 공급통로가 전쟁으로 막히자 인도로 가는 바다 뱃길을 찾기 시작했다.

그러나 당시 천동설을 믿었고 바다 끝 수평선에 도달하면 깊은 절벽 아래로 떨어진다고 생각했던 시기에 1488년 포르투갈인 바르톨로메우 디아스가 인도로 가는 뱃길을 찾아 아프리카 최남단 희망봉 앞바다에 도착했을 때 바다 끝의 절벽은 보이지 않고 또 다른 넓은 바다가 이어져 있음을 발견함으로써 코페르니쿠스와 갈릴레오가 주장한 지동설, 즉 지구는 둥글다는 것을 입증했다. 그리고 이곳 대륙의 땅끝 바다에서 심한 폭풍을 만나 죽을 고비를 넘기고 돌아와서 이곳을 '폭풍의 곶(Cabo Tomentoso)'이라 명명하였다.

그로부터 약 10년이 지난 1497년 포르투갈 탐험가 바스코 다 가마가 폭풍의 곶을 통과하여 처음으로 인도에 도착하면서 최초 인도로 가는 뱃길이 열렸다. 이후 수많은 배가 폭풍의 곶을 통과하여 인도로 항해하면서 수시로 발생하는 폭풍을 만나 배가 침몰하고 수많은 사람들이 목숨을 잃었다. 그래서 폭풍의 곶만 통과하면 살아 돌아갈 수 있다는 희망과 동기부여를 위해 '희망봉'이라 부르기 시작하였다. 그러나 정확한 지명은 '폭풍의 곶'이다.

희망봉은 아프리카 대륙 최남단 끝자락에 뾰족하게 바다로 뻗어나온 해안 바위 절벽(해발 248m)으로 꼭대기에 등대를 건설하고 등대 이름을 희망봉 등대라 부른다. 희망봉 등대 앞 바다는 폭풍이 자주 발생하는 곳으로 항해하는 배들이 가장 무서워하는 뱃길이다.

희망봉 등대를 뒤로하고 구불구불한 해안도로를 따라 이동하는 도중 한 폭의 아름다운 풍경이 시야에 들어왔다. 해안 절벽 아래 자리잡은 고급 주택가인데 마을 앞 백사장에는 파도가 밀려와 하얀 거품

볼더 비치 해안 아름다운 풍경

을 토해 내고, 산과 마을, 백사장은 코발트 빛 푸른 바다와 어우러져 또 다른 한 폭의 아름다운 해변 풍경을 만들고 있었다. 버스는 이곳을 통과하여 펭귄 서식지가 있는 볼더(Boulders) 비치 백사장에 멈추었다.

버스에서 내려 펭귄 서식지가 있는 곳까지 작은 해안 길을 따라 백사장으로 이동했는데 햇빛이 강해 노출된 피부가 따가웠다. 이렇게 더운 곳에 펭귄 서식지가 있다는 것이 도저히 믿기지 않았다. 대부분 펭귄은 남극이나 북극 등 추운 곳에 서식하는 동물로 알고 있는데 잘못 알고 있는 것인지 궁금했다.

약 20분 정도 해안 길을 걸어 백사장에 도착하여 뜨거운 백사장 모래 위에 수십 마리의 펭귄이 모여 있는 것을 보고 깜짝 놀랐다. 바다로 걸어가는 모습도 보였고 무리 속의 새끼 펭귄 모습도 보였다. 나

백사장에 서식하는 펭귄 무리

는 강한 햇빛 때문에 양산을 들고 있어도 더운데 뜨거운 백사장에 있는 펭귄 모습에 놀라면서 동시에 내가 펭귄에 대해 잘못 알고 있다는 것을 확인하는 순간이었다. 그리고 무더운 아프리카 땅끝 백사장에서 생애 처음 펭귄 서식지를 볼 수 있는 행운을 가져 무척 기뻤다.

볼더 비치 해변에 살고 있는 펭귄은 자카스 펭귄이다. 20세기 초 거대한 태풍과 파도에 휩쓸려 이곳까지 떠밀려 온 자카스 펭귄은 남극까지 거리가 너무 멀어 되돌아가지 못하고 어쩔 수 없이 더운 환경에 조금씩 적응하면서 진화과정을 거쳐 정착한 것이다.

그나마 이곳은 먹이가 풍부하고 날씨가 항상 덥지만은 않기에 조금씩 적응하면서 살아갈 수 있었던 것으로 생각된다. 초기에는 수백 마리가 있었지만 시간이 지나면서 적응하지 못한 펭귄이 죽으면서 개체수가 점점 줄어들어 현재는 수십 마리밖에 남지 않았다. 더위를 피할 수 있는 환경을 마련해 주지 않으면 수년 안에 사라질 것 같았다. 그러나 이곳에서는 펭귄이 자생력을 갖도록 인위적인 환경을 만들어주는 행위는 하지 않는 것 같았다.

펭귄 서식지를 관람한 후 다시 해안도로를 따라 이동하여 케이프타운 시내에 가까이 접근하자 바람이 점점 세게 불면서 가로수 나뭇가지가 많이 흔들렸다. 태풍이 지나간 줄 알았는데 케이프타운은 아직도 태풍권 안에 있었다. 희망봉에서 케이프타운까지 약 550km 거리인데 날씨가 달라도 너무 달랐다. 버스가 호텔에 도착하였을 때 사방은 어둠이 짙게 깔리면서 케이프타운의 태풍은 오늘 밤도 계속될 것 같았다.

태풍으로 케이프타운 항구의 야경도 볼 수 없어 호텔 레스토랑에서 맥주 한잔 하면서 여유로운 시간을 즐겼다. 내일 테이블 마운틴(Table Mountain)을 오를 때도 오늘처럼 날씨 운이 따르기를 바라면서 잠자리에 들었지만 창밖의 심한 바람소리에 잠이 쉽사리 오지 않아 몸을 뒤척이며 시름하다 겨우 잠들었다.

아침잠에서 깨어나 커튼을 젖히고 창밖을 바라보니 아직도 바람이 세게 불고 사방은 나뭇잎이 뒹굴고 나뭇가지로 어지러웠다. 하늘에는 흰 구름이 빠르게 이동하고 있었다.

마운틴 관광이 가능할지 걱정이 앞섰다. 시간은 오늘 하루뿐이다. 오늘 테이블 마운틴을 오르지 못하면 영원히 테이블 마운틴을 오를 수 없을 것 같은 불안한 마음을 안고 버스에 올랐다. 버스가 마운틴으로 가는 도중 가이드는 전화로 테이블 마운틴을 오를 수 있는지 확인해 보았는데 오전에는 불가능하다는 답변이었다. 다만 오후에는 어떻게 될지 모르겠다는 말에 희망을 가져보기로 했다.

버스는 방향을 바꾸어 가까운 공원으로 이동하였다. 공원을 산책하면서 마운틴 정상을 바라보니 정상에는 아직도 흰 구름이 가득하고 강한 바람에 구름이 빠르게 산 아래로 흘러 사라졌다. 구름이 가득한 마운틴 정상 모습은 바람에 의해 흰 구름이 산 아래로 흘러내려 마치 테이블 위에 하얀 보자기를 씌워놓은 것 같았다. 산 이름을 왜 테이블 마운틴이라고 부르는지 알 수 있었다.

오전 10시부터 오픈하는 워터 프런트(Water Front)로 가기 위해 버스로 이동하여 시프런트(Sea Front)에 도착해서 입장하니 우리가 첫 손님이었다. 워터 프런트는 케이프타운에서 가장 많은 사람이 모이는 상업 지구로 각종 쇼핑몰, 위락시설, 편의시설, 오락시설, 수상

흰 구름 가득한 테이블 마운틴 정상

워터 프런트와 황금 인물상

요트, 레스토랑, 놀이기구 등 다양한 시설이 갖추어져 있다.

워터 프런트의 여러 곳을 구경하면서 선착장 가까이 도착하니 남아프리카 공화국의 역대 대통령 동상이 순서대로 세워져 있는데 그중에는 만델라 대통령 동상도 보였다. 마운틴을 배경으로 만델라 동상 옆에 나란히 서서 사진을 찍은 후 이곳저곳을 구경하는데 아직 워터 프런트 전체가 오픈하지 않은 상태였다.

워터 프런트에서 시간을 보낸 후 가까운 곳에 있는 포도 농장으로 이동하여 농장과 와인 생산 공장을 둘러본 후 와인 시음 장소로 이동할 때 시계를 보니 11시 30분이었다. 그러나 아직도 마운틴 관광이 가능하다는 소식이 없었다. 남은 시간은 오후뿐이고 내일 아침에는 케이프타운을 떠나야 하는데….

초조한 마음으로 시음장에 도착하여 여러 종류의 와인을 시식했는데 맨 나중에 시식한 와인의 맛과 향이 가장 좋았다. 일행 중 많은 분이 맛과 향이 가장 좋은 와인을 값싸게 구입하는데 나는 짐이 무거워 구입을 포기했다. 클레인 콘스탄시아(Klein Constantia)라는 회사는 남아공에서 맛과 향이 좋은 와인을 생산하는 회사로 알려져 있다고 한다.

포도 농장을 나와 점심 식사를 하기 위해 버스를 타고 가까운 거리에 있는 타조 농장으로 이동하였다. 점심 메뉴는 타조 로스구이라는데 타조 고기를 먹어본 적이 없어 새로운 음식에 대한 기대를 갖고 사막 여행 중 먹었던 낙타 고기 맛을 떠올렸다.

타조 농장은 구경도 하지 않고 곧바로 식당으로 이동하니 테이블 위에 불판이 올려져 있고 야채 바구니와 밥과 반찬이 준비되어 있었다. 종업원이 타조 고기를 불판 위에 올려놓자 고기가 익기 시작하면서 식사가 시작되었다. 타조 고기는 붉은 살코기에 기름기가 전혀 없으며 예상외로 연하고 맛도 좋았다. 소고기보다 연하고 맛도 더 좋은 것 같았다. 남아공에서는 소고기보다 타조 고기가 더 인기가 있다고 한다.

다른 사람보다 조금 빨리 식사를 끝내고 타조 농장 전시관을 둘러본 후 농장 내 작은 가게에 들어가서 진열된 물건을 보고 깜짝 놀랐다. 진열된 물건들이 농장과 전혀 관련이 없는 자연석 공예품들로 채워져 있었다. 그중 나에게 없는 아름다운 색상의 작은 자연석을 하나 구입하고 가게를 나오는데 일행의 함성과 박수소리가 들려 뛰어갔다. 13시부터 테이블 마운틴 관광이 가능하다는 연락이 왔다는 것이다.

학수고대하던 소식에 일행은 곧바로 버스를 타고 마운틴으로 이동하여 테이블 마운틴 매표소 앞에 도착하니 이미 대기자가 100m 정도 줄을 서 있었다. 한국의 케이블카를 생각하면서 기다리는데 1시간은 기다려야 차례가 올 것 같았다. 그런데 예상외로 줄이 빨리 줄어서 대기자 중 일부가 시간 부족으로 관광을 포기하고 빠져나갔다고 생각했는데 알고 보니 탑승 인원이 한국의 케이블카보다 두 배 이상 많았다.

케이블카는 속도가 무척 빠르고 360도 회전하면서 이동하기 때문에 한자리에서 사방을 모두 볼 수 있어 무척 편리했다. 이런 케이블카를 벤치마킹하여 한국에 도입하지 않은 것이 이상했다.

케이블카를 타고 마운틴 정상을 오르는 동안 케이프타운의 아름다운 시가지와 항구가 한눈에 들어왔다. 정상에 도착했을 때 높은 하늘

평탄한 테이블 마운틴 정상

에는 구름 한 점 없었고 바람도 불지 않아 더없이 좋은 날씨였다.

케이프타운을 배경으로 기념사진을 찍으면서 자세히 살펴보니 항구 한가운데 작은 섬이 하나 보이고 부두에는 크고 작은 선박들이 하얀 물살을 가르며 이동하는데 그 모습이 무척 아름다웠다. 케이프타운에서 구불구불한 해안선을 따라 도로가 끝없이 이어지고 수평선에서 잔잔한 파도가 밀려와 하얀 거품을 토해 내고 사라지는 모습이 파노라마처럼 이어지는 풍경은 정말 한 폭의 그림같이 아름다웠다.

가이드는 우리보다 먼저 온 한국 팀은 날씨 운이 없어 마운틴 관광을 하지 못하고 오늘 오전에 떠났다며 우리 팀은 정말 날씨 운이 좋은 팀이라고 말했다.

테이블 마운틴은 케이프타운을 병풍처럼 감싸고 있는 높이 1,086m의 수직으로 높이 솟아오른 암벽(돌) 산이다. 그런데 정상은 예상외로 매우 넓고 평탄한데 면적의 길이가 약 3.2km로 이렇게 정상이 넓

마운틴 정상에서 바라본 케이프타운

고 평탄한 돌산은 처음 보았다.

테이블 마운틴 정상에서 동서남북을 이동하며 아름다운 풍경을 사진에 담았다. 정상에는 약 1,400여 종의 식물과 사슴 그리고 원숭이가 살고 있다는 설명을 들었는데 동물은 한 마리도 보지 못했다. 그러나 평탄한 돌산에 작은 나무들이 자라고 꽃이 피어 있어 산이라기보다는 정원처럼 느껴졌다.

테이블 마운틴은 우리나라 제주도와 같이 세계 7대 자연경관으로 선정되었으며, 케이프타운을 방문한 사람들이 가장 가보고 싶어 하는 곳이다. 그만큼 경치가 아름답다는 뜻이다. 그러나 테이블 마운틴 정상은 예상외로 관광하기가 쉽지 않다. 정상에 수시로 바람이 구름을 몰고 와서 항상 구름이 가득하고 바다에서도 강한 바람이 불어 하루에도 몇 번씩 날씨가 변덕을 부리기 때문이다. 정상에 구름이 있어도 관광할 수 없고 바람이 세게 불어도 관광할 수 없으며 비가 와도 관광할 수 없는 곳이 테이블 마운틴이다. 마운틴 정상에서 케이프타운 항구 먼 곳을 바라보면 작은 섬 하나가 보이는데 만델라 대통령이 16년간 감옥살이한 로빈 섬이다.

마운틴 정상에서 케이프타운 항구를 바라보면 작은 섬이 있어 항구 모습이 돋보이고 오늘같이 청명하고 바람이 없는 날은 희망봉까지 볼 수 있다.

아름다운 풍경에 도취되어 시간 가는 줄 모르고 감상하면서 사진 찍는 사이 벌써 하산할 시간이 되었다. 정상에서 케이프타운 시가지를 바라보니 햇빛이 점점 줄어들면서 항구는 어두운 그림자가 드리워지고 정상에서는 전혀 느낄 수 없는데 높은 산 바로 아래 있는 항구에는 어둠이 찾아오고 있었다. 서둘러 케이블카를 타고 내려오면서 좋은 날씨를 허락해 주신 하늘에 "감사합니다"라고 인사하였다.

오늘 하루는 정말 한 편의 드라마 같았다. 오늘이 아니면 영원히 오르지 못할 수 있는 테이블 마운틴을 올랐던 것에 기쁨과 희열을 느끼며 호텔에 도착하니 사방은 어둠이 짙게 깔리고 있었다.

저녁 식사 후 레스토랑에서 맥주 파티로 오늘의 기쁨을 만끽하면서 케이프타운이 왜 세계에서 가장 사랑받는 도시 중 하나로 선정되었는지 궁금했다. 케이프타운은 1652년 네덜란드 동인도회사가 아시아와 인도를 항해하는 해상 중간 보급 기지로 개발하면서 만들어진 작은 항구다. 그 후 1943년 네덜란드와 영국 간 전쟁에서 승리한 영국이 완전 점령하여 유럽식 항구로 확장 개발하면서 유럽 문화가 녹아 있는 남아공 최대 항구도시로 발전하였다. 아프리카 대륙 최남단에 있는 케이프타운은 현재까지 유럽 문화가 살아 숨 쉬고 유럽 국가와 똑같은 시스템으로 운영되고 있다. 한때 백인이 이 땅의 주인으로서 통치한 도시 모습을 현재도 그대로 간직하고 있다.

만델라가 대통령에 당선되면서 남아공은 백인 통치에서 흑인 통치로 바뀌었지만 약 350년 동안 계속 유지되어 온 유럽식 국가 시스템은 흑백 공존과 번영을 위해 그대로 유지하고 있다. 그래서 케이프타운은 남아공 최대 항구도시로 계속 발전할 수 있었고 아프리카 속의 유럽형 도시로 남아 가장 사랑받는 도시로 재탄생했다고 한다. 현재 케이프타운은 남아공의 입법 수도로서 위상을 더욱 높여가고 있다.

맥주 파티를 끝내고 케이프타운에서의 짧은 2박 3일을 되돌아보면서 기대 이상 좋은 날씨 덕분에 즐겁고 멋진 희망봉과 테이블 마운틴 관광을 무사히 마쳐 무척 기분이 좋고 마음이 편안했다.

그러나 케냐와 탄자니아 관광을 마치고 다시 남아공 요하네스버그로 돌아와 2박 2일 일정으로 행정 수도인 포리토리아와 선시티 관광을 할 수 있기에 아쉬운 마음을 접고 편안한 마음으로 잠자리에 들었다.

케냐

수도 나이로비

평온한 마음으로 잠을 푹 자고 일어나니 피로도 풀리고 기분도 상쾌했다. 식사를 마치고 케냐로 가기 위해 곧바로 짐을 챙겨 버스를 타고 케이프타운 공항으로 출발했다.

공항에 도착하여 탑승 수속을 마치고 나이로비행 비행기에 탑승했다. 케냐의 나이로비 국제공항은 동아프리카 최대 공항으로 동아프리카 관문 역할을 하는 중요한 공항이다. 아프리카를 찾는 전 세계 관광객들이 가장 많이 이용하는 공항이며 특히 탄자니아, 세렝게티, 응고롱고로, 킬리만자로와 케냐 국립공원 등 야생동물과 사파리 게임을 관광하기 위해서는 반드시 경유해야 한다. 또한 아프리카 대륙 동서남북을 연결하는 항공 교통 중심 역할을 하는 환승 공항이다.

케이프타운 공항 이륙 후 약 6시간 후에 나이로비 국제공항에 도착했다. 현대식 터미널 건물과 입출국 시스템은 이용객들에게 편리함과 신속함을 제공해 주었다. 그런데 일행 한 분이 입국 수속을 할 때 요구하지 않은 비자 발급 비용 미화 50달러 한 장을 친절하게(?) 여권 속에 넣어 제출하면서 문제가 발생하였다.

입국 수속과 거의 동시에 비자 발급 수속을 하는데 입국 수속이 끝나고 이어서 비자 발급 비용 50달러를 요구하자 그분은 여권 속에 넣어 제출하였다고 말하고 담당 직원은 여권 속에 아무것도 없었다면서 시비가 발생한 것이다.

이 문제를 해결하기 위해 약 30분 정도 기다렸는데 결국 비자 대금

50달러를 추가로 더 내고 비자를 발급받았다. 돈 잃고 망신당한 셈이다. 케냐 입국 수속 시 여권 속에 비자 대금을 미리 넣어 제출하면 안 된다는 새로운 정보를 얻었다.

터미널 내부는 선진국처럼 상가가 많이 보이고 터미널을 통과하여 출구 밖으로 나와 대기 중인 버스를 타고 호텔에 도착하니 벌써 저녁 무렵으로 어두워지기 시작했다. 호텔 로비에 가방과 짐을 맡겨두고 약 30분간 이동하여 야외 가든 식당 입구에 도착했다.

가든 식당 입구

가든 정문에 코뿔소 해골이 걸려 있어 직감적으로 야생동물 고기를 맛볼 수 있는 식당이라 생각하면서 식당 안으로 들어갔다. 그런데 예상외로 큰 규모에 모두 놀라면서 식당 안으로 이동하는데 통로 옆에 무척 큰 원형 화로가 있고 화로 위에서 다양한 종류의 고기들이 익으며 구수한 냄새를 발산하고 있었다.

지정 좌석에 앉아 주위를 살펴보니 식당 울타리는 사람 키 높이쯤 되는 살아 있는 나무들로 만들었고 울타리 뒤편으로 보이는 큰 나무

큰 원형 화로

들 가지 위에서 여러 마리 원숭이가 빠르게 움직이는 모습을 보면서 야외공원에 나 홀로 있는 것처럼 느껴졌다.

식당은 우리나라 초가지붕처럼 보이는 건물 여러 채가 울타리 주위로 산재해 있고 초가지붕 아래 테이블에서는 많은 사람이 식사하고 있었다.

식사를 기다리는 동안 모기의 공격이 시작되었다. 특히 반팔, 반바지 입은 사람들이 많이 물렸는데 할 수 없이 겉옷을 걸치고 노출 부위는 바르는 모기약을 발랐지만 모기의 공격은 멈추지 않았다. 물론 긴 팔이나 긴 바지를 입었다고 해서 모기의 공격을 피할 수는 없었다.

한 종업원이 테이블 위에 채소 바구니와 큰 접시를 올려놓고 돌아가면 다른 종업원이 잘 익은 바비큐를 가지고 와서 몇 토막 썰어주고 돌아가고 또 다른 종업원이 와서 다른 고기 몇 토막 썰어주고…. 이러한 무한 서빙이 반복되면서 풍부한 야채와 다양한 고기를 오랜만에 배불리 먹었다. 서빙은 손님이 "그만"할 때까지 계속되었고 원하

가든 식당 내부 풍경

는 고기만 서빙받을 수도 있었다.

이렇게 다양한 고기를 한 식당에서 먹어본 것은 브라질에 이어 두 번째다. 브라질에는 스페셜 고기가 없었는데 이곳에는 스페셜 야생 고기가 있는 것이 다르다. 제공되는 고기 종류도 브라질보다 더 많았다. 브라질은 네 종류의 고기를 무한 서빙하는데 이곳은 다섯 종류의 고기를 무한 서빙한다.

제공된 고기는 닭고기 · 쇠고기 · 양고기 · 돼지고기 · 칠면조 고기 등이었으며, 스페셜 고기는 악어 고기와 가젤 고기 등이었다. 악어와 가젤 꼬치구이를 주문하여 야생고기를 처음 맛보았다. 혹시 독자 중 케냐를 여행할 계획이 있다면 야외 가든 식당에서 스페셜 메뉴를 반드시 확인하고 야생고기를 맛보기 바란다.

스페셜 고기는 개인이 직접 주문해서 먹지만 단체 관광객들은 스페셜 메뉴가 있는지조차 모른다. 단체로 예약 주문 식사를 하기 때문이다. 그리고 스페셜 메뉴는 날짜에 따라 달라지고 없는 날도 있음을 참고해야 한다. 다양한 종류의 고기와 스페셜 고기를 많이 먹어 과식한 것 같아 식사를 마치고 호텔로 돌아와 소화제를 먹었지만 잠을 잘 수 없어 소화도 시키고 나이로비 밤거리 구경도 할 겸 호텔 밖으로 나가려는데 동행자가 없어 호텔을 나와 혼자 도심 밤길을 걸었다.

호텔 정문을 나서면서 차량 이동이 많은 교차로까지만 걸어갔다 돌아올 생각이었다. 도로변 좌우에 5층 건물들이 들어서 있는데 가로등이 없어 음침했다. 건물 입구에는 노숙자들이 자리를 차지하고 눕거나 앉아 있는데 우리나라 노숙자와 별반 달라 보이지 않았다. 어두운 밤길이 마음에 들지 않았지만 곧 사거리 교차로에 도착했다.

교차로에는 주유소가 있어 주변이 밝고 우측 길 건너편에는 상가 건물이 많아 도로와 주변이 밝았다. 교차로에서 상가 건물로 갈까 망설이는데 흑인 3명이 좌측 길 건너편에서 나를 보고 있다는 것을 알아차린 순간 이상한 예감이 들어 호텔로 발길을 돌렸다. 천천히 걸어가는데 이상한 예감에 뒤돌아보니 그들이 따라오고 있었다. 좀 더 빠른 걸음으로 걸었지만 간격이 좁아지는 것을 느끼는 순간 뛰기 시작했다.

호텔 정문에 도착하여 숨을 몰아쉬며 뒤돌아보니 약 10m 거리에서 그들이 나를 쳐다보고 있었다. 밤에 홀로 외출한 것을 반성하면서 밤에 외출하지 말라는 가이드의 말을 무시해서 큰 봉변을 당할 뻔했다고 생각하니 아찔했다.

나이로비 밤거리는 너무나 위험하고 절대 밤에는 외출하지 말아야 한다는 것을 경험하면서 나이로비 밤도 깊어만 갔다. 그런데 호텔 지하 나이트클럽에서 들리는 음악소리에 잠을 잘 수 없었다. 할 수 없이 안정제 한 알을 먹고 잠을 청하면서 케냐도 우리나라같이 밤 문화가 발달되어 있구나라고 생각하면서 잠이 들었다.

다음 날 아침, 일어나 호텔 창문을 통해 길거리 풍경을 바라보면서 케냐는 어떤 나라인지 궁금했다.

케냐의 공식 명칭은 케냐 공화국(Republic of Kenya)이다. 적도 중앙에 위치하며 동남쪽은 인도양, 동쪽은 소말리아, 북쪽은 에티오피아, 남쪽은 탄자니아, 서쪽은 우간다와 국경을 함께한다. 내륙으로 갈수록 고도가 높아져 고원지대를 형성하면서 동물들이 살기 좋은 환경이 만들졌다.

특히 케냐는 유네스코가 지정 다양한 국립공원이 여러 개 있어 야생동물 사파리 드라이브 게임을 하기 위해 많은 관광객이 찾아온다. 북쪽에는 아프리카 대륙에서 두 번째 높은 케냐 산(5,199m)이 있다.

인구 340만 명의 케냐 수도 나이로비는 동아프리카에서 가장 큰 도시로 정치 · 경제 · 문화 · 상업 중심도시로 발전하고 있다. 나이로비는 마사이어로 '시원한 물' 또는 '찬물'이라는 뜻인데 세계에서 두 번째 큰 빅토리아 호수가 있고 강이 많아 붙여진 이름으로 생각된다.

나이로비에는 국제 수준의 호텔 체인이 많아 다른 아프리카 국가보다 여행하기 편리하고 뿐만 아니라 한식당과 대한항공 직항기가 운행하고 있어 교통이 편리하고 우리나라와 비슷한 밤 문화도 있다. 또한 기후 조건도 여행하기에 좋다.

케냐는 아프리카 국가 중 빈부차가 심한 나라 중 하나이며, 친서방 정책과 민주주의 정치체제 그리고 자본주의 제도를 도입하여 빠르게 경제가 성장하는 나라이다. 미국 대통령 오바마의 모국이기도 하다.

의무교육을 실시하고 있어 문맹율이 낮고 아프리카에서 모바일 뱅킹을 가장 많이 하며, 주생산품은 원예 · 광석 · 커피 · 차 · 철광석으로 총 수출의 60%를 차지하고 있다. 특히 커피와 원예가 많이 발달되어 있다.

케냐는 약 42개의 부족으로 구성되어 있지만 대부분은 반투족에 속한다. 기후는 고온다습한 전형적인 열대성 기후로 해안 지역은 연평균 20℃~31℃이며 내륙 지역은 연평균 7℃~27℃, 나이로비는 13℃~25℃이다. 가장 더운 시기는 1월~2월, 가장 추운 시기는 7월~8월이다.

건기 때 야생동물의 대이동이 시작되면 탄자니아 세렝게티에 있는 야생동물이 국경지대의 강을 건너 케냐로 건너간다. 이 시기에 케냐를 방문하면 사파리 드라이브 게임을 즐기면서 다양한 동물들을 만날 수 있다.

그러나 밀렵꾼들이 가죽, 상아 등을 얻기 위해 빅5 동물인 사자, 표범, 코끼리, 코뿔소, 버펄로를 포획하면서 개체수가 줄어들어 정부에서 빅5 동물 보호를 위해 적극적으로 노력하고 있으나 개체수는 계속 감소하고 있어 빅5 동물을 만나기가 쉽지 않다.

케냐의 일반적인 사항

- 국토 면적 : 580천km²
- 수도 : 나이로비
- 인구 : 45,256천 명
- 언어 : 영어, 스와힐리어
- 종교 : 기독교, 이슬람교
- 1인당 GNI : 840달러/2012
- 화폐 : 케냐 실링(Kenya Shilling)
- 대사관이 설치되어 있음

탄자니아

아루샤와 응고롱고로

나이로비 호텔에서 탄자니아 국경도시 아루샤(Arusha)로 출발하기 위해 짐을 챙겨 버스에 올랐는데 유럽 여자 2명과 남자 2명이 버스에 탑승해 있었다. 아루샤까지 동행할 손님이니 양해를 부탁한다는 운전기사의 말에 모두 흔쾌히 허락하였다.

그런데 외국인 4명이 탑승하는 바람에 일행 4명이 입석 좌석에 앉아 가는 불편함을 항의하려다 여기는 한국이 아니라 아프리카라는 생각에 참았다.

버스가 국경 검문소로 가는 중간지점에 도착하자 갑자기 유럽 여자 1명이 목이 아프고 구토 증세가 있다며 차를 세워 달라고 외쳤다. 차를 멈추고 내린 후 그녀의 행동을 유심히 살펴보던 기사와 현지 가이드는 말라리아 증세라고 했다.

빨리 병원으로 후송해야 한다면서 강제로 차에 태우고 몇 시간을 달려 국경 검문소에 도착한 후 유럽 여자 2명을 경찰에 인계했다. 케냐 국경 검문소에서 출국 신고를 하고 국경을 넘어 탄자니아 국경 검문소에서 입국 수속과 비자를 발급받아 다시 버스를 타고 아루샤로 출발할 때 유럽 여자 2명은 곧바로 병원으로 후송했다고 알려주었다.

아프리카에서 가장 무서운 것은 맹수가 아니라 말라리아 모기라는 사실을 직접 목격하면서 어제저녁 가든 식당에서 여러 차례 모기 공격을 받은 것이 마음에 걸렸다. 물론 예방약은 복용했지만 안심이 안

되는 것은 100% 예방약이 아니라는 것을 잘 알기 때문이다. 말라리아 증세는 빨리 나타나는 경우와 늦게 나타나는 경우가 있으니 여행자들은 항상 조심해야 한다.

특히 아프리카 여행자들이 귀국 후 예방약을 중단하면서 늦게 말라리아 증세가 나타나 고생하거나 목숨을 잃는 경우가 있다. 예방약은 출발 하루 전부터 복용하기 시작해 여행 중 매일 복용하고 귀국 후에도 최소 일주일은 반드시 복용해야 한다. 무엇보다 중요한 것은 여행 기간 모기에 물리지 않도록 관리를 철저히 하는 것이 최선의 예방책임을 잊지 말아야 한다.

탄자니아 국경 도로변 간판

아루샤 호텔에 도착하니 아직 해가 서산 위에 걸려 있어 짐을 룸에 옮겨놓고 하루 종일 차를 타고 온 피로를 풀기 위해 가볍게 체조하면서 호텔 정원을 산책하다 잠시 호텔 정문 밖으로 나가 주변을 살펴보았는데 도로변에는 단층 건물만 보이고 사람들의 왕래는 거의 없었다. 정원으로 돌아와 산책하는 동안 해가 서산을 넘고 어두워지기 시작하여 식당으로 이동한 후 호텔 메뉴를 살펴보았는데 먹을 만해 보였다.

저녁 식사 후 룸 창문을 통해 아루샤 밤 풍경을 바라보았다. 아루샤는 우리나라 면 단위보다 작은 국경도시다. 그러나 탄자니아 관광의 관문도시이기 때문에 유럽식 큰 호텔 및 각종 편의시설이 잘 갖추어져 있어 전혀 불편함이 없다. 하루 종일 차를 타고 이동하여 무척 피곤함을 느껴 아프리카 여행 중 가장 빨리 잠자리에 들었다.

다음 날 아침, 식사 후 짐을 챙겨 버스를 타고 아루샤 호텔을 나서 응고롱고로 국립공원(Ngorongoro Conservation Area)으로 향했다. 버스가 아루샤 시가지를 벗어나자 차창 밖으로 아직 때 묻지 않은 태초의 모습을 그대로 간직하고 있는 풍경이 눈에 들어왔다.

차창을 통해 보이는 것은 황토(黃土)와 수목이 우거진 들판, 그리고 구름 한 점 없는 하늘과 뱀처럼 휘어진 아스팔트 도로뿐이다. 몇 시간을 이동하여 응고롱고로 국립공원 주차장에 도착했다. 동물이 주인인 땅 응고롱고로 국립공원으로 들어가기 위해서는 통행 허가를 받고 공원의 전용차에 탑승해야 한다.

가이드가 통행 허가 수속을 받는 동안 국립공원 안내소와 전시장에서 응고롱고로와 세렝게티의 모형도와 사진, 동물들의 분포 지도 등을 보면서 세렝게티의 넓은 지역에 다양한 야생동물이 분포되어 있음을 알 수 있었다. 전시장 지도에서 다양한 동물 사진을 볼 수 있고 세렝게티와 응고롱고로 사파리 게임 관련 자료와 정보를 얻을 수 있다.

안내소와 전시장 관람을 마치고 밖으로 나와 국립공원 정문을 바라보니 정문 위에 코뿔소 해골이 걸려 있어 여기서부터 야생동물 서식지임을 실감나게 했다. 통행 허가를 받은 후 버스는 돌려보내고 국립공원에서 운행하는 6인승 오픈카 3대에 나누어 타고 국립공원 정문을 통과한 후 숲이 우거진 비포장도로를 따라 계속 이동하여 도착한 곳은 응고롱고로 국립공원 내에 하나뿐인 숙소(로지) 앞마당이었다.

응고롱고로 국립공원 정문

응고롱고로는 마사이어로 '분화구'란 뜻이고, 로지(Lodge)는 우리말로 '오두막집'이라는 뜻이다. 이 로지는 복층 목조건물로 베란다 아래에는 600m 깊이로 땅이 내려앉은, 세계에서 제일 큰 분화구가 자리 잡고 있다. 즉, 600m 낭떠러지 위에 세워진 특이한 숙박 시설이다.

로지 로비에 들어서니 이제까지 한 번도 느껴보지 못한 이색적인 분위기였다. 로비는 동물들 가죽과 뿔, 원주민 인형과 각종 동물 장신구로 장식되어 있어 국립공원 분위기와 꽤 잘 어울리고 일반 호텔 로비에서 느낄 수 없는 독특한 느낌을 주었다.

베란다에서 아래를 내려다보니 대부분의 동물들은 작게 보였지만

로지 정문과 로비, 베란다 석양 풍경

코끼리는 선명하게 보였다. 베란다에는 망원경이 설치되어 있어 동물을 관찰할 수 있는데 망원경으로 분화구 아래를 내려다보니 동물들의 움직임이 시야에 들어오고 코끼리 가족은 더욱 선명하게 보였다.

해가 조금씩 얼굴을 감출 때마다 분화구 아래는 시시각각 모습이 변하면서 아름답고 신비스러운 풍경으로 변했다. 시시각각 변하는 분화구 풍경을 감상하는데 갑자기 어두운 그림자가 분화구 전체를 뒤덮을 때 식당으로 이동했다.

저녁 식사를 마치고 베란다로 나와 여선생 두 분과 커피를 마시며 시간 가는 줄 모르고 여행 이야기를 나누는데 가이드가 찾아와 이곳은 10시가 되면 소등하므로 빨리 취침 준비하라면서 룸에 들어가면 제일 먼저 촛불과 손전등을 준비하라고 말하였다.

시계를 보니 소등 10분 전이었다. 이 로지는 발전기로 전기를 공급하기 때문에 밤 10시에 전기 공급이 자동 중단된다. 서둘러 룸 안으로 들어가니 제일 먼저 눈에 들어오는 것이 침대 위 큰 모기장이었다.

촛불을 켜고 손전등을 준비한 후 취침 준비를 하는데 전깃불이 꺼졌다. 생애 최초로 600m 아래로 땅이 꺼진 절벽 위에 세워진 응고롱고로 로지에서 촛불을 밝히고 아프리카 초원의 밤을 맞이하면서 깊은 감동과 야릇한 기분을 느끼며 창밖을 보니 아무것도 보이지 않았다.

이 순간, 지금 내가 어디에 있는지를 생각하면서 나만의 희열과 신비스러운 밤의 분위기를 느꼈다. 창문을 통해서 내려다보이는 분화구는 칠흑 같은 어둠으로 아무것도 보이지 않았으나 은은히 들려오는 바람소리와 동물 울음소리에 귀 기울이며 깊은 잠에 빠져들었다.

벨소리에 일어나 커튼을 젖히고 창밖을 보니 분화구는 하얀 구름으로 가득 채워져 있어 마치 구름 위에 떠 있는 기분이었다. 옷을 챙겨 입고 로지 앞마당으로 나오자 마당 주변 꽃나무 아래에서 가젤 한 마리가 나와 눈인사를 나누고 곧바로 절벽 아래로 사라지는 광경을 보면서 아침 일찍 야생동물과 아침 인사를 나눈 것도 생애 처음 있는 일이라 기분이 너무 좋았다.

오늘 사파리 게임에 좋은 징조로 생각하면서 두 팔을 벌리고 서늘하지만 신선한 초원의 공기를 마음껏 마시며 간단한 맨손체조를 한 후 마당 주위 나무들을 살펴보았다. 그런데 나뭇잎과 꽃잎이 젖어 있었다. 비는 오지 않았는데 왜 젖었을까?

로지는 해발 1,700~2,000m 고산지대로 밤과 낮의 온도차가 심하고 밤에는 바람이 구름을 몰고 와 분화구 아래를 가득 채우면 높은 기온차로 밤 사이 이슬이 만들어져 나무와 풀에 수분을 공급한다. 그 나무와 풀이 자라서 동물들에게 먹이를 제공하는 선순환이 이루어짐을 알 수 있었다. 그런데 오늘 사파리 드라이브 게임하는 응고롱고로는 어떤 곳일까? 궁금했다.

응고롱고로는 지상과 완전히 단절된 동물들의 낙원으로 600m 지하에 형성된 넓은 초원이다. 남쪽 길이 약 16km, 동서 길이 약 20km, 깊이 600m, 전체 면적 약 160km² 크기의 세계 최대 분화구이다. 쉽게 표현하면 서울 면적의 1/2 크기 또는 지방 대도시 하나가 지하 600m 땅 아래로 꺼진 규모의 땅이다.

분화구 중앙에는 건기에도 마르지 않는 마가디아(Magadia) 호수와 간헐천이 흐르고 있어 동물들에게 사막의 오아시스처럼 생명수를 제공하면서 다양한 동물들이 살아가는데 최적의 환경을 만들어주고 있다. 분화구 바닥에는 푸른 초원이 형성되어 있어 수많은 다양한 동물들이 평화롭게 살고 있는 동물들의 낙원이다.

분화구에 살고 있는 동물은 얼룩말, 산돼지, 하이에나, 원숭이, 가젤, 사자, 누(Gnu), 여우, 코끼리, 버펄로, 코뿔소, 타조, 홍학, 하마, 독수리 등으로 약 3만 마리가 살고 있다. 동물들이 분화구 밖에서 안으로 또는 분화구 안에서 밖으로 자유롭게 이동할 수 없어 야생동물들의 지하낙원 또는 야생동물 백화점이라고 부른다.

분화구 주변에는 목축을 하면서 살아가는 마사이족 마을이 있어 이동 중에 마사이족과 그들의 마을을 볼 수 있으며 그들은 건기 때 가축을 몰고 분화구 아래 호수까지 내려와 가축들에게 물을 먹이거

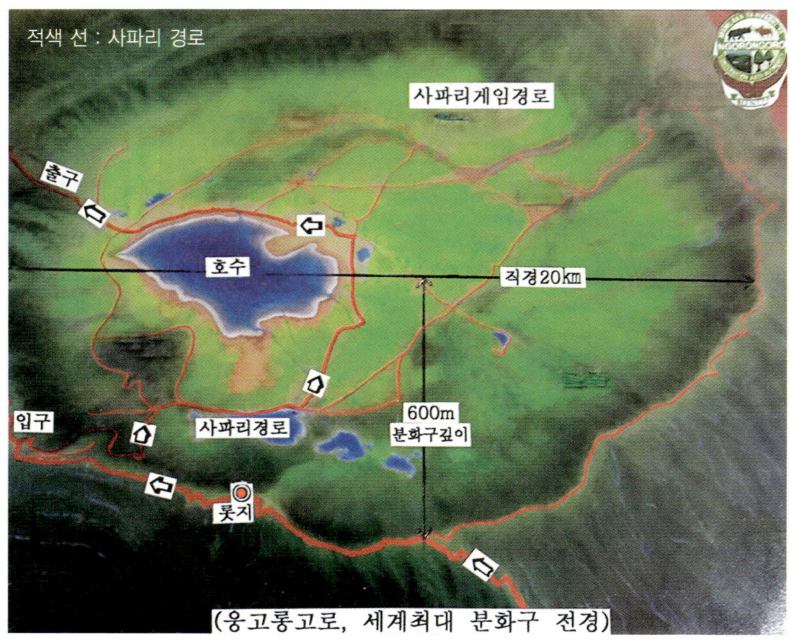

(응고롱고로, 세계최대 분화구 전경)

나 물을 길어 돌아간다.

분화구 중앙에 있는 호수는 건기 때 야생동물, 가축, 마사이족 모두에게 오아시스처럼 생명수를 제공한다. 호수를 중심으로 살고 있는 야생동물들은 분화구의 주인이며, 자연 법칙과 순리에 따라 태어나서 생을 마감할 때까지 평화롭게 살아간다.

표지석과 분화구의 전경

아침 7시 30분, 야생동물 사파리 드라이브 게임을 하기 위해 오픈카를 타고 로지를 출발, 분화구 아래로 내려가는 길목에 도착하니 표지석이 세워져 있었다. 표지석 아래로 넓게 펼쳐진 멋진 분화구 전체 풍경을 볼 수 있다.

차가 분화구를 향하여 지그재그로 천천히 이동하여 중간지점에 도착했을 때 기사가 차를 잠깐 멈추고 손으로 가리키는 방향을 보니 사자 한 마리가 몸을 낮추고 분화구 아래를 응시하다 차 소리에 놀라 우리 쪽으로 얼굴을 돌려 쳐다보았다. 이 순간을 놓치지 않고 재빨리 카메라에 담았다.

오늘 아침 가젤과 아침 인사를 나눈 길조로 분화구 내리막길 중턱에서 맨 먼저 사자를 만나면서 오늘 사파리 게임에서 빅5 동물을 모두 볼 수 있을 것 같은 예감이 들었다. 응고롱고로 사파리 드라이브 게임에 빅5 동물은 코끼리, 버펄로, 표범, 사자, 코뿔소이다.

사자의 행동을 잠시 지켜본 후 다시 분화구 아래로 이동하는데 내리막길은 차 한 대가 겨우 지나가는 비탈길이었다. 조심스럽게 천천히 지그재그로 이동하여 분화구 바닥에 도착하였을 때 풀이 우거진 곳에 여우 한 마리가 새끼를 출산하고 있는 모습이 보였다. 매우 보기 힘든 야생동물 출산 장면을 놓치지 않고 카메라에 담았다. 내리막길 중턱에서 처음 만난 사자가 여우를 노리고 있는 것처럼 느껴졌다.

분화구 아래 풍경은 넓은 초원과 비슷하고 인위적으로 만들어놓은 길은 없지만 사파리 자동차 바퀴 자국이 자연스럽게 만들어 놓은 외길을 따라 천천히 멈춤 없이 이동하기 시작하면서 본격적인 사파리 드라이브 게임이 시작되었다.

사자와 여우 새끼 분만 장면

사파리(Safari)는 스와힐리어로 '여행'이라는 뜻으로, 사파리 드라

한가로운 얼룩말과 버펄로

코끼리 한 쌍

이브는 차를 타고 야생동물을 찾아다니며 여행을 즐긴다는 의미이다. 차가 이동하는 전방에 야생 얼룩말과 버펄로 무리가 한가롭게 풀을 먹고 있는 모습이 제일 먼저 보였다.

처음으로 야생 얼룩말의 자유분방한 모습을 가까운 거리에서 보면서 이곳이 동물들의 낙원임을 실감할 수 있었다. 얼룩말을 뒤로 코끼리 한 쌍이 보였다. 천천히 이동하는 차 전방에 연이어 산돼지, 하

분화구에서 만난 동물들 1

분화구에서 만난 동물들 2

분화구 내 타조, 새, 버펄로 동물 3

이에나, 누 떼, 원숭이, 가젤, 타조, 버펄로, 얼룩말이 반복해서 보였다.

"와, 정말 대단하다!"는 탄성이 연달아 흘러나왔다. 이렇게 많은 수의 다양한 야생동물을 가까이에서 볼 수 있을 것이라고는 생각지 않았는데 놀라운 광경이었다. 한 번도 멈추지 않고 2시간을 이동하는 동안 분화구 아래 초원에는 수많은 동물이 계속 나타났고 가까이에서 먼 곳까지 다양한 동물을 계속 보았다.

점점 더 깊은 초원 속으로 이동할 때 여러 종류의 동물이 어울려 풀을 먹거나 풀 위에 앉아 평화롭게 쉬는 모습을 보았다. 한가롭고 평화로운 동물의 모습을 보면서 '인간도 동물처럼 자연의 법칙과 순리에 따라 주어진 환경에 순응하면서 평화롭게 살아가면 더 나은 세상을 만들 수 있을 텐데…'라는 생각을 해보았다.

짧은 시간에 이렇게 다양한 야생동물을 가까이서 볼 수 있는 곳은 응고롱고로(분화구) 외는 세계 어느 곳에도 없을 것이다. 이곳을 야생동물 백화점이라고 일컫는 것이 매우 적절한 표현이라고 생각했다.

쉼 없이 이동하는 차량 전방에 버펄로 한 쌍이 앉아서 휴식을 취하고 저 먼 수풀이 우거진 곳에 사자 한 마리가 얼굴만 내밀고 사방을 살피면서 먹잇감을 찾고 있었다. 계속 이동하는 또 다른 전방 좌측 먼 곳에 보기 드문 코뿔소 한 마리가 보였다.

거리가 멀어 카메라 줌을 최대한 당겨 작게나마 카메라에 담았다. 그러나 다른 일행이 갖고 있는 줌 카메라로는 잡히지 않는다며 불만을 토로했다. 이때 처음으로 망원렌즈 카메라의 필요성을 깨달았다. 코뿔소는 나 홀로 행동하는 동물이라 쉽게 만날 수 없으며 개체

수도 점점 줄어들기 때문에 코뿔소를 카메라에 담은 것은 행운 중의 행운이었다.

또 다른 방향에는 먹이를 먹는 타조 코앞에 가젤 한 마리가 얼굴을 마주 보고 대화하는 듯한 모습이 무척 다정하게 보였다. 코뿔소와 타조를 뒤로하고 이동하는 차량 전방에 가젤 무리가 모여 있고 좀 더 먼 곳에 검은 독수리가 사자 새끼처럼 보이는 작은 새끼 동물을 발톱으로 누르고 긴 날개를 펴고 있는 모습이 보였다.

새끼 동물은 어미를 부르고 있는 모습이고 독수리는 날아오르기 위해 여러 번 긴 날개를 펼쳐 보지만 새끼 동물이 너무 무거워 날지 못하고 발톱으로 누르고만 있었다. 정말 보기 힘든 장면을 카메라에 담았지만 역시 거리가 멀어 작고 흐리게 찍혔다.

더 먼 곳의 동물들은 점으로 작게 보여 식별하기 어려웠다. 전방에 하이에나 두 마리가 사방을 살피면서 천천히 걷는 모습과 머리 위로 뿔이 길고 목도 긴 검은 얼굴의 동물 한 마리가 홀로 풀숲에 앉아 사방을 경계하는 모습도 보였다. 그런데 아직 기린과 표범(치타)은 보지 못했다.

기린은 큰 나무가 자라지 않아 먹을 것이 없는 분화구에는 살지 않는다. 그러나 오늘 사파리 게임에서 빅5 동물 중 표범(치타)을 제외하고 모두 만난 것은 정말 행운이다. 차는 쉼 없이 이동하여 중앙 호수에 접근하였다. 호수 가장자리에는 여러 마리 하마가 있었고 호수 중앙에는 수많은 홍학이 무리 지어 있었다. 홍학 무리가 가장 잘 보이는 곳으로 이동하여 처음으로 잠깐 차를 멈추었을 때 호수에 모여 있는 홍학 무리가 선명하게 시야에 들어오는데 장관이었다.

코뿔소, 코끼리, 홍학, 하마 동물 4

사진 또는 TV에서 보았던 홍학 무리를 직접 볼 수 있었다. 이 장면을 찍기에는 역시 거리가 멀었지만 겨우 카메라에 담았다. 응고롱고로 사파리 게임을 할 때 90%는 성능이 좋은 줌 카메라로 불편함이 없으나 10%는 망원렌즈 카메라가 필요하다. 줌 카메라도 일반 줌 카메라는 안 된다. 줌 성능이 좋은 카메라를 준비해야 작게라도 동물을 카메라에 담을 수 있다.

홍학 무리를 사진에 담은 후 차는 다시 이동했다. 시계를 보니 정각 12시, 약 4시간 30분 동안 사파리 게임을 하였다. 그런데 분화구 전체 면적의 1/4만 사파리 게임을 하고 3/4은 하지 못했다. 3/4 구역에는 얼마나 많은 동물이 있을까? 상상만으로도 눈앞에 수많은 동물이 보이는 것 같았다. 그러나 짧은 시간에 이렇게 많은 야생동물을 만날 수 있었던 것은 날씨가 좋았기 때문이다. 날씨 운이 없으면 불가능할 뿐만 아니라 사진도 제대로 찍을 수 없다. 응고롱고로 사파리 드라이브 게임은 생애 최대의 선물이고 영원히 잊지 못할 깊은 감동과 추억을 제공해 주었다.

차는 다시 호수를 돌아 오르막길을 오르기 시작하여 분화구 상부 큰 나무 아래 평탄한 장소에 멈추었다. 점심 식사하는 곳으로 조금 떨어진 곳에 간이 화장실도 있었다. 모두 화장실을 이용하기 위해 이동할 때 가이드가 풀이 있는 곳으로 가지 말라고 외쳤다. 풀숲 속에는 여러 종류의 해충과 뱀이 있으며 신발이나 바지자락에 해충이 붙어 피부로 침투하면 치명적인 해를 입는다고 알려주었다.

약 5시간 만에 화장실을 이용하면서 나 스스로 놀랐다. 나는 화장실을 자주 가는 편인데 사파리 게임에 집중하느라 화장실 가는 것을 장시간 잊고 있었다. 응고롱고로 사파리 드라이브 게임에 참석할 시 약 5시간 정도 화장실을 이용할 수 없다는 점을 참고해야 한다.

필자의 경우는 아침 식사 때 최소량의 물을 마시고 출발 전 반드시 화장실 다녀오고 이동하는 도중 물을 마시지 않았다. 만약 이런 방법으로 화장실 이용을 조정할 수 없다면 응고롱고로 사파리 게임 참가는 재검토하여야 한다.

이유는 응고롱고로 사파리 드라이브 게임 도중 차가 멈추지 않으며 멈추어도 차에서 내리지 못하고 내려도 연이어 뒤편 차가 따라오기 때문이다. 또 사파리 게임에 참가하지 않고 로지에서 쉴 수도 없다. 한 번 이용한 로지로는 돌아가지 않기 때문이다.

일행은 큰 돌이나 부러진 큰 나뭇가지 위 또는 풀이 없는 맨땅에 앉아 준비해 온 도시락을 먹고 쓰레기는 큰 봉투에 담아 지정 장소에 두고 화장실을 이용한 후 휴식도 없이 다시 차를 타고 좁은 숲길을 빠져나와 큰길로 들어섰다. 이윽고 차는 빠른 속도로 황야를 달리기 시작했다. 여기서부터 세렝게티가 시작된다.

끝없는 대평원 세렝게티

끝없는 대평원의 출발점부터 흙먼지를 날리며 비포장도로를 약 1시간 달린 후부터 끝이 보이지 않는 광활한 대평원이 펼쳐졌다. 대평원을 가로질러 달리는 차량은 황야의 무법자에서 마차가 흙먼지를 날리며 황야를 가로질러 빠르게 달리는 모습과 비슷할 것 같았다.

끝없는 대평원에는 넓은 들판에 가축을 방목하는 농장처럼 수많은 종류의 야생동물이 여기저기 보였는데 차가 이동하면 할수록 점점

세렝게티 국립공원 지도

더 많은 동물이 시야에 들어왔다. 움직이는 것은 모두 야생동물뿐이었다. 끝이 보이지 않는 대평원에 수많은 야생동물이 자유롭게 이동하는 평화로운 풍경은 상상을 초월하는 진풍경이었다.

빠르게 이동하던 차량이 속도를 줄여 천천히 이동하기에 전방을 보니 약 50m 앞에 여러 마리 동물이 도로 위로 길을 건너가고 있었다.

차는 계속 서행하면서 잠깐 멈추더니 동물들이 모두 길을 건너갈 때까지 기다린 후 다시 속도를 냈다. 이 땅의 주인이 동물이기에 운전기사도 주인이 지나갈 때까지 기다리는 최소한의 예의를 갖추는 것 같았다. 내 앞에 펼쳐진 끝없는 대평원에 움직이는 것 모두 동물이고 멀리 점으로 보이는 것 또한 동물이었다. 벅찬 감동과 기쁨을 만끽하면서 동물의 천국인 땅에 "내가 왔노라. 그리고 대평원의 진정한 주인은 동물임을 나는 보았노라. 확인했노라"고 말했다.

동물의 천국인 세상에서 대자연의 신비로움과 자연의 법칙에 따라 순리대로 살고 있는 야생동물을 통해 삶의 지혜를 배우고 한없는 기쁨과 즐거운 시간을 보내면서 지금 이 순간이 가장 행복한 시간이며 또 하나 새로운 목표를 달성했다는 자부심과 희열을 느꼈다.

세렝게티는 신이 인간에게 준 하나의 큰 선물이다. 세렝게티는 우리말로 '끝없는 대평원'이라는 뜻이고 세계에서 가장 큰 국립공원이며 유네스코 자연 보전 지역으로 선정된 동물의 천국이다.

세렝게티 면적은 약 14,763km³로 경상북도보다 조금 크다. 건기 때 케냐 마사이마라와 빅토리아 호수 주변까지 포함시키면 강원도 면적만큼 넓다. 세렝게티에는 코끼리, 사자, 표범, 얼룩말, 코뿔소, 버펄로, 기린, 누, 하이에나, 여우, 산양, 돼지, 타조, 하마, 가젤, 뱀, 임팔라, 물소, 독수리, 악어, 도마뱀, 치타 등 약 75종의 다양한 동물 약 300만 마리 이상이 살고 있는 지구상에서 하나뿐인 유일한 지역이다. 그리고 약 400여 종의 조류와 희귀 식물이 살고 있다. 과거 자료에 의하면 코끼리 약 3,000마리, 얼룩말 약 20만 마리, 가젤 약 20만 마리, 기린 약 8,000마리, 사자와 표범류 약 4,500마리 등 수많은 동물과 조류가 살았지만 현재 정확한 숫자는 알 수 없다고 한다. 모두 추정치이며 사람이 접근하지 못하는 곳에 희귀 동물들도 많이 살고 있어 정확히 알 수 없다.

세렝게티에 살고 있는 동물 약 300만 마리 중 50%가 '누'라고 한다. 누는 다른 동물에 비해 번식력이 강하고 강한 생명력을 갖고 있다. 뿐만 아니라 육식 동물들이 좋아하는 먹잇감이 주변에 많아 사냥하기 힘든 누를 먹잇감으로 공격하지 않아 개체 수가 계속 늘고 있어

가장 못생긴 동물 '누' 무리

세렝게티의 질서를 파괴하는 원인이 되고 있다.

'누'는 얼굴은 말을 닮았고, 몸통은 소를, 머리 수염은 흑염소를 닮았다. 몸통 전체가 흑갈색 또는 검은색으로 동물 중에서 가장 추하고 못생긴 동물로 전혀 호감이 가지 않은 동물이다. 가끔 TV에서 동물들의 대이동 장면 중 무리 지어 강을 건너는 검은 소처럼 보이는 동물이 '누'이다. 강을 건너가면서 일부는 악어의 먹이가 되지만 개체수가 빠르게 증가하여 인위적 조정이 필요한 동물이다.

끝없는 대평원을 몇 시간 가로질러 달려도 똑같은 모습이 반복되는 풍경은 끝이 보이지 않는 사막에 낙타를 타고 오아시스를 찾아가는 것과 비슷할 것이다. 대평원을 달리는 기분은 새로운 길을 찾아가는 도전자만이 느낄 수 있는 탐험가의 정신과 같을 것이다.

차가 속도를 줄이면서 큰길을 벗어나 작은 길로 접어들어 천천히 이동하여 멈춘 곳은 세렝게티에 거주하는 마사이족 마을 앞이었다. 마사이족 마을에 도착하자 맨 먼저 마사이 추장이 우리 일행을 반갑게 맞이하며 방문 환영 인사를 하는데 영어로 말하는 것을 보고 놀랐다.

추장의 인사말이 끝나자 마을 마당에 마사이 남자들이 모여 춤과 노래를 부르며 빙빙 돌면서 높이뛰기를 시작하였다. 오랫동안 남자들이 환영식을 하는 도중에 마사이 여자들도 전통 복장을 차려입고 일렬로 서서 손벽을 치고 어린아이들까지 모두 나와 환영하는 모습이 매우 흥미로웠다.

옆에 있는 어린아이에게 과자를 건네주었더니 웃으면서 받는 모습이 너무 귀여웠다. 환영 인사가 끝나자 추장의 지시에 따라 관광객 2명을 각자 자기 집으로 안내하고 그들의 살아가는 모습과 생활방식을 영어로 소개하는 것을 보고 또 한 번 놀랐다.

마사이족의 집 내부 구조와 살림살이 도구 등을 직접 확인하고 설명을 들은 후 감사의 표시로 1달러를 팁으로 주었다. 그리고 집 밖으로 나와 집 주위를 한 바퀴 돌아보면서 집 구조를 살펴보았다. 사각형 모서리에 나무 기둥을 세우고 나무 기둥과 기둥 사이에 나뭇가지로 가로로 촘촘히 묶어두고 그 위에 갈대 종류의 풀이나 넓은 나뭇

남자 마사이족 환영식

여자 마사이족 환영식

잎 등으로 마무리했다.

지붕도 동일 방식으로 한 후 비닐로 덮어서 빗물이 안으로 떨어지지 않도록 마무리했다. 집 안 바닥은 자연 그대로이고 다만 나뭇가지로 간이침대를 만들어 잠을 잔다. 주택 내부와 외부를 모두 살펴본 후 너무나 초라해서 인간이 사는 집이라고는 생각할 수 없었다.

집 구경을 마치고 되돌아오는데 마을 한가운데 검은 큰 통 2개가 있어 무엇인지 물어보니 공동 식수 저장용 물탱크란다. 이 지역은 강수량이 적어 정부로부터 일정 기간마다 물을 공급받아 저장한 후 공동으로 이용한다고 한다. 그러나 건기 때는 물이 부족하여 돈을 주고 물을 구입한다면서 부족한 물과 생필품을 구입하기 위해 관광객 방문을 환영하지만 해마다 삶이 더욱 힘들어진다고 말하면서 최근에는 오랜 기간 비가 오지 않아 특히 물이 많이 부족하다고 한다. 마을 구경을 마치고 마사이족은 어떤 종족인지 궁금했다.

마사이족은 탄자니아 세렝게티에서 케냐 마사이마라까지 분포되

마사이 마을 주거지 풍경

어 살고 있는 종족으로, 아프리카에서 가장 키가 크고 용감하며 목축을 주업으로 살아가는 종족이다.

이들에게 가축은 삶의 기본으로 가축 없는 삶은 생각할 수 없으며 가축의 수가 부의 상징이고 대부분 양과 소를 기른다. 마사이 남자는 결혼할 때 신부의 조건에 따라 최소 양 열 마리에서 최고 수십 마리의 양과 소를 신부 집에 전달하고 신부를 데려오는 풍습이 있는데 현재까지 계속 이어지고 있다고 한다. 일행 중 한 분이 장난 삼아 자기 와이프를 신부로 맞이하려면 몇 마리 소가 필요하냐고 물었더니 큰 소 열 마리를 주겠다고 대답하여 모두들 한바탕 크게 웃었다.

마사이족은 유별나게 붉은 색 옷을 좋아하고 남자들은 길을 걸을 때 반드시 긴 막대기를 들고 다니는데 자기 보호와 야생동물 또는 가축을 다루기 위한 도구로 사용한다고 한다.

옛날부터 마사이족은 매우 용감하여 맨손으로 맹수를 잡았다는 전설이 내려오고 있으며 과거 백인들이 노예로 팔려고 아프리카에서 흑인들을 마구 잡아들일 때 노예로 팔려가지 않은 유일한 종족이라는 자부심이 있다고 한다.

마사이 풍습에 남자는 전사 의식이 있고 여자는 할례 의식이 있는데 전사가 되면 아무 집에서나 음식을 먹을 수 있고 마을 처녀와 잠을 잘 수 있는 특권이 주어지지만, 마을에 외부 침입자가 들어오면 목숨을 걸고 마을과 주민을 지켜야 하는 의무가 따른다.

그러나 현재 전사 의식과 할례 의식은 사라지고 없다고 한다. 다만 남편이 먼 길을 떠날 때 아내를 친구에게 부탁하고 길을 떠나는 풍습은 아직도 남아 있다. 이것은 티베트 풍습에 형이 장사하러 먼 길을 떠날 때 아내를 동생에게 맡기고 길을 떠나는 풍습과 비슷하다. 특히 아프리카에서는 나이와 가족에 대해 묻지 말라는 말을 듣고 무슨 뜻인지 몰랐는데 마사이 풍습과 문화를 이해하면서 궁금증을 해소할 수 있었다.

아프리카 노예제도는 어떻게 탄생해서 사라졌는지 궁금했다. 1492년 콜럼버스가 아메리카 신대륙을 발견한 후 유럽인들이 신대륙으로 이주하면서 일손이 많이 부족했다. 특히 농사일에 아프리카 흑인을 이용하면서 돈을 벌기 위한 수단으로 흑인을 밀거래하기 시작하여 점차 아프리카 대륙 전체로 확산되면서 노예제도가 탄생했다.

이후 노예제도는 전 세계로 확산되면서 흑인들에 대한 인권 말살 행위가 오랜 기간 계속 진행되어 엄청난 비극을 가져왔지만 노예제도는 멈추지 않았다. 1863년 미국에서 남북전쟁이 발발하고 노예제도 폐지를 주장하는 북군이 승리하면서 남북을 통일한 미합중국 링컨 대통령이 노예제도를 처음으로 폐지했다. 미국에서 노예제도가 폐지된 후 20년이 지나서 영국도 노예제도를 폐지했다. 그러나 미국과 영국이 노예제도를 폐지한 후에도 노예제도는 전 세계 각국에서 지속되었는데 1963년 사우디아라비아가 마지막으로 노예제도를 폐지하면서 흑인 노예제도는 전 세계에서 자취를 감추었다. 즉, 미국이 노예제도를 폐지한 후 100년 만에 지구상에서 노예제도가 사라진 것이다.

마사이 마을을 뒤로하고 차는 다시 끝없는 대평원을 가로질러 숨가쁘게 빠른 속도로 이동하지만 대평원의 끝은 보이지 않았다. 세렝게티 대평원에서 야간에는 차량을 운행하지 않는 것이 원칙이라 해가 지기 전에 반대편 초원 끝자락에 있는 로지까지 도착해야 한다.

차가 이동하는 대평원 좌우에 여전히 수많은 동물의 움직임을 볼 수 있었다. 빠르게 이동하는 차가 속도를 줄이고 천천히 이동하면서 현지 가이드가 도로변에 있는 큰 나무를 손으로 가리키며 나무 위에 표범이 있다고 알려주었다.

응고롱고로에서 보지 못한 표범을 도로변 나뭇가지 위에서 보는 순간 카메라에 담았다. 천천히 서행하던 차가 표범이 있는 나무를 통과하자 다시 빠른 속도로 달렸다. 차창 밖은 끝이 보이지 않은 대평원이 계속 이어지고 수많은 동물이 평화롭고 자유분방하게 움직이는 모습을 바라보면서 인간도 탐욕과 욕망, 애착과 집착을 내려놓고 대자연의 품에 안겨 살아간다면 더 나은 삶과 세상을 만들 수 있을 것이라 생각하면서 사진 찍기에 몰두하는데 갑자기 차가 서행하면서

도로변 나뭇가지 위의 표범

멈추었다. 비포장도로를 장시간 빠른 속도로 이동하다 보니 타이어에 펑크가 난 것이다.

타이어를 교체하는 동안 차에서 내려 맨손체조를 하면서 몸을 풀고 있는데 길 건너 작은 언덕 위로 기린 머리 하나가 보였다. 잠시 후 또 다른 기린 머리가 보이기 시작하면서 먼저 보인 기린 한 마리가 언덕 위로 올라오자 "기린이 보인다"고 외치고 사진을 찍었다.

분화구에서 보지 못한 기린을 도로변 언덕에서 보게 될 줄이야. 모두 차에서 내려 기린을 찍기에 몰두할 때 뒤따라오던 일행 차가 앞질러 지나가 이제 우리 차가 마지막 차가 되었다. 타이어 교체가 끝나고 출발할 때 타이어 교체를 지켜보던 마사이 여자에게 먹을 것 하나 건네주지 못한 것이 마음에 걸렸다.

사진 찍기에 몰두하다 생각을 못했고 차가 출발하면서 기회를 놓쳤다. 다시 빠른 속도로 이동하는데 앞 차가 보이지 않았다. 그런데 도로 한가운데서 마사이 여자 한 명이 양손을 높이 들고 차를 멈추게

펑크 난 타이어를 교체하는 장면

하였다. 도로변에서 손을 흔들어도 앞 차가 그냥 지나가자 이번에는 도로 한가운데로 나온 것 같았다.

차가 멈추자 그녀는 하루 종일 물을 마시지 못했으며 자기 아이도 물을 마시지 못해 쓰러져 있다면서 손으로 가리켰다. 도로변 나무 아래 어린아이가 누워 있었다. 일행 모두 각자 물 한 병씩을 모아 건네주고 아이를 위해 과자 한 봉지를 건네주었더니 두 손 모아 허리 숙여 여러 번 인사를 하였다. 물 한 병을 주고 이렇게 깊은 감사 인사를 받아본 것은 처음이었다. 그 순간 작은 나눔의 기쁨을 다시 한 번 깨달았다.

더 이상 지체할 시간이 없어 다시 속도를 높여 이동하는 동안 양쪽 도랑과 웅덩이를 유심히 살펴보았더니 바닥은 물기조차 없이 메말라 있었다. 오랫동안 비가 오지 않아 물이 부족하다는 마사이 사람의 말이 떠올랐다. 비포장도로를 빠르게 달렸지만 목적지는 보이지 않고 끝없는 대평원만 계속 이어졌다. 얼마 후 대평원 끝자락에 어두운 그림자가 보이기 시작하고 해가 산 너머로 조금씩 얼굴을 숨기면서 그림자는 점점 우리 쪽으로 다가오고 있다.

어두워지기 전에 목적지에 도착해야 하는데 걱정이 앞섰다. 차는 속도를 높여 빠르게 이동하는데 전방 도로 50m 거리에 코끼리 가족 세 마리가 도로변에서 풀을 뜯으며 저녁 식사를 하고 있었다.

기사가 속도를 줄여 20m까지 접근하자 차보다 2배나 덩치가 가장 큰 어미 코끼리가 머리를 들고 정면을 쳐다보면서 양 귀를 반듯이 세운 채 공격 자세를 취하고 천천히 한 발씩 차량 앞으로 걸어왔다. 약 10m까지 접근하자 기사는 시동을 끄면서 창문을 닫고 가만히 있으라고 했다. 이 땅의 주인이 식사하는데 방해하지 말라며 경고를 보내는 듯했다. 개도 식사 때 건드리지 않는데 이 땅의 주인인 코끼리 가족이 식사하는데 방해할 수 없었다.

코끼리가 천천히 공격 자세로 2m까지 접근하여 차량과 대치하고 있을 때 일행 한 분이 창밖으로 얼굴을 내밀고 사진 찍으려 하자 나는 코끼리를 자극하지 말라며 사진 찍는 것을 말렸다. 지금은 사진을 찍을 때가 아니었다. 차보다 덩치가 훨씬 큰 코끼리가 자극을 받아 차를 밀어버리면 차는 넘어가고 그 다음 어떤 상황이 발생할지 예측할 수 없기 때문이었다.

위기감을 느껴 차량 손잡이를 단단히 움켜잡고 약 7~8분간 대치하는데 가족이 식사를 마치고 도로 위로 올라가자 어미 코끼리도 뒷걸음을 몇 발짝 움직인 후 도로 위로 올라갔다. 정말 아찔한 순간이었지만 야생의 코끼리를 가까이 본 것은 누구나 쉽게 경험할 수 없는 행운이었다.

코끼리가 물러가자 기사는 시동을 걸고 빠르게 이동했지만 어느덧 도로에 어두운 그림자가 깔리고 빠른 속도로 대평원 전체가 어두워지기 시작했다. 얼마 후 사방이 어두워지자 서치라이트를 밝히고 감속 운행하면서 천천히 이동하는데 순식간에 대평원은 칠흑같이 어두워지고 적막감이 감돌면서 밤공기는 조차 싸늘해졌다. 달리는 차량에서 느끼는 체감온도가 점점 낮아졌다

이곳은 1,700~1,800m 고산지대라 낮과 밤의 온도차가 심해 해가 지니 예상외로 추웠다. 모두 겉옷을 꺼내 입고 빨리 목적지에 도착하기를 고대했다. 그러나 대평원의 밤은 점점 깊어가고 어둠 속에서 짐승들의 울음소리가 가냘프게 들려왔다.

울퉁불퉁한 비포장도로를 서치라이트에 의존하여 이동하는데 속도는 거북이걸음처럼 느리고 답답했다 목적지가 얼마나 남았는지 물어볼 마음의 여유도 없이 모두 침묵과 긴장된 상태로 차량의 서치라이트 불빛만 응시하였다. 꽤 오랜 시간이 지난 후 차가 대로를 벗어나 작은 길로 접어들자 목적지가 가까이 왔음을 알 수 있었다.

좁은 길을 따라 이동하던 차가 길 옆 큰 바위 옆을 통과하자, 목적지인 세렝게티 로지 외등 불빛이 시야에 들어왔다. 로지에 도착하여 시계를 보니 밤 9시 30분이었다. 먼저 도착한 일행은 식사 후 쉬고 있다가 우리가 도착하자 왜 늦었느냐고 물어보았다.

타이어 펑크가 나고, 마사이 여자가 길 가운데서 차량을 멈추게 하고, 저녁 식사하던 코끼리 가족이 도로에서 길을 비켜주지 않아 식사가 끝날 때까지 기다리다 늦었다고 말하자 빅 이벤트라며 오히려 우리를 부러워했다. 누구나 쉽게 경험할 수 없는 것을 경험한 것에 위

세렝게티 로지 야경

안을 삼으며 로지 주변을 살펴보니, 큰 바위에 도마뱀 여러 마리가 기어 다니고 앞마당에도 여러 마리가 보였다. 주변 큰 나뭇가지에는 원숭이도 여러 마리가 보였다.

건물 1층은 기둥만 세워진 상태였는데 아마 동물들 때문에 사용할 수 없는 것 같았고 2층은 숙소, 3층은 식당이었다. 무척 배가 고파 가방을 로비에 두고 곧바로 3층 식당으로 올라가 메뉴를 보니 먹을 만한 것이 별로 없었다.

식사 시간도 훌쩍 지났고 먼저 도착한 일행이 식사를 마쳤기 때문에 남아 있는 것이 거의 없어 한숨만 나왔다. 그런데 문득 가방에 있는 마지막 비상식량이 생각났다. 비상식량으로 남겨둔 컵라면 1개와 참치 캔 하나를 가져와 저녁을 해결하려는데 사람은 많고 양은 적어 옆 좌석 한 분에게만 조금 나누어 주고 혼자 먹었다. 내 생애 이렇게 맛있는 컵라면은 먹어본 적이 없었다. 정말 꿀맛이었다.

비상식량으로 저녁을 해결하고 룸으로 들어가니 맨 먼저 눈에 들어오는 것이 역시 침대의 모기장이었다. 촛불을 켜고 손전등을 꺼내는 순간 소등이 되었다. 벌써 밤 10시였다.

잠자리 들기 전에 오늘 비포장도로를 몇 시간 이동하였는지 생각해 보니 오전 7시 30분에 출발하여 밤 9시 30분에 도착하였으니 약 14시간을 이동한 것이다. 세계 여행 중 비포장도로를 이동한 시간 중 가장 길다. 포장도로까지 비교하면 두 번째 긴 시간이었다. 포장도로 이동 중 가장 긴 시간은 티베트 라샤에서 새벽 5시에 출발하여 세계 제일 높은 하늘호수(4,771m) 관광을 마치고 밤 9시 30분에 도착한 것이 가장 긴 시간이었다. 이 외에도 세계에서 두 번째 큰 사막, 죽음의 바다라 불리는 타클라마칸 사막을 횡단할 때가 세 번째 긴 시간으로 기억된다.

세렝게티 로지는 이용하는데 불편한 것은 없는데 있다면 일찍 소등하는 것과 식당 메뉴가 적어 입에 맞는 것이 적다는 것이다. 이 정도로 밀림에서 불편하다고 말할 수는 없다. 밀림에서 촛불을 밝히고 하룻밤 보내는 것 자체가 운치 있는 것이며 식사가 입에 맞지 않은 것은 어찌 보면 당연하다. 오히려 밀림에서 식사할 수 있다는 것만으로도 만족해야 한다. 그리고 이곳을 방문할 때는 비상식량을 준비하여 식사 문제를 스스로 해결하는 것이 좋을 듯하다.

대평원 끝자락에 있는 세렝게티의 하나뿐인 로지에서 맞은 밤은 점점 깊어가고 사방은 아무것도 보이지 않은 가운데 로지 창밖은 야생동물들로 우글거렸다. 오늘은 야생동물과 함께 밤을 보내는 또 하나의 추억을 만들면서 긴장과 흥분이 교차하고 야릇한 기분을 느꼈다.

나는 지금 어디 있는지 자신에게 물어본다. 나는 지금 끝없는 대평원 끝자락 밀림 속 로지에서 촛불을 밝히고 야생동물들의 울음소리에 귀 기울이며 동물들과 무언의 대화를 주고받으며 밤을 보내고 있다고 답한다. 그리고 커다란 목표가 또 하나 달성된 것에 자부심을 가지며 나를 무한 신뢰하고 나를 더욱 사랑하면서 기쁨과 긍지를 가진다.

내 생애 영원히 잊지 못할 추억과 새로운 세상을 간직하면서 은은히 들려오는 동물의 울음소리에 귀 기울이며 잠을 청했다. 페루 남부 사막 한가운데 하나 밖에 없는 사막 로지에서 하룻밤을 보낸 경험이 있는데 사막의 밤과 밀림의 밤은 느낌과 감동이 전혀 달랐다. 밀림의 밤은 점점 더 깊어가고 저 멀리서 은은히 들려오는 동물들의 울음소리에 귀 기울이며 깊은 잠에 빠져들었다.

요란한 벨소리에 시계를 보니 새벽 4시 정각. 세수도 하지 않고 겉옷만 챙겨 입고 창밖을 보니 아직 사방이 캄캄했다. 육식동물을 만나기 위해 오픈카를 타고 로지를 출발했다. 차량 서치라이트에 의존하여 좁은 비포장도로를 천천히 이동하는데 창밖에는 아무것도 보이지 않고 차가운 새벽 공기로 몸이 자꾸 움츠러들었다. 이렇게 추운 아프리카 날씨는 한 번도 생각해 본 적이 없었다. 새벽에 오픈카를 타고 이동하면서 느끼는 체감온도는 우리나라 늦가을 날씨처럼 쌀쌀했다.

어두운 새벽 도로 위에서 밤을 보내는 각종 새들이 차가 지나갈 때마다 놀라서 하늘로 날아오르고, 도로변에서 밤을 보내는 동물들도 놀라서 풀숲 속으로 뛰어간다. 약 1시간쯤 밀림 속으로 이동하자 조금씩 희미하게 도로가 보이고 주변 나무들도 어슴프레 보이기 시작했다. 차가 계속 이동하자 먼 거리에 있는 물체가 조금씩 보이기 시

세렝게티 새벽에 만난 야생동물 1

작하면서 숲 속에서 밤을 보낸 동물들의 모습도 보였다.

제일 먼저 기린 한 쌍이 보였고 이어서 임팔라 무리가 차 소리에 놀라 경계하는 듯 머리를 빠르게 움직이면서 차량을 쳐다보았다. 도로변 큰 나뭇가지에는 10여 마리의 독수리가 앉아 있었다.

한참 동안 이동 후 사방이 밝아지자 본격적인 사파리 드라이브 게임이 시작되었다. 그러나 우리가 찾는 사자와 표범 및 치타는 보이지 않고 하이에나 무리와 타조 한 쌍이 보였다.

차는 좀 더 깊은 곳으로 이동하다 갑자기 멈추더니 시동을 껐다. 현지 가이드가 가리키는 방향을 보니 큰 나무 아래 풀이 우거진 곳에 사자 무리가 앉아 있었다. 배는 땅에 대고 머리를 쳐들고 있는 것으로 보아 아침 식사를 끝내고 휴식을 취하는 것 같았다. 한동안 사자의 행동에 주목했으나 더 이상 움직이지 않아 다른 곳으로 육식동물을 찾아 이동하였다.

도로 앞 잡목이 우거진 곳에 코끼리 무리와 산양 한 쌍이 보였는데 산양은 차 소리에 놀랐는지 걸음을 멈추고 우리 쪽으로 머리를 돌려 주의 깊게 쳐다보았다. 그러나 아직 표범과 치타를 보지 못했다.

도로 옆 작은 연못 진흙 속에는 하마 무리가 머리만 들고 몸통은 물속에 담그고 있었다. 또 다른 방향에는 산돼지와 얼룩말 무리가 있었다. 차는 더욱 깊은 숲 속으로 이동하여 막다른 길목에서 멈춤과 동시에 시동을 끄고, 현지 가이드가 알려주는 방향으로 조금 먼 숲 속 나무 아래를 보니 표범 한 마리가 먹잇감을 잡아 나무 위로 올라가려다 차 소리에 놀라 나무 아래 풀숲에 먹이를 감추고 사방을 두리번거렸다.

세렝게티 밀림에서 만난 동물 2

세렝게티 밀림에서 만난 동물 3

세렝게티 밀림에서 만난 동물 4

차가 더 이상 접근할 수 없었지만 먼 거리에서라도 표범 사진을 찍을 수 있었다. 우리 팀에 망원렌즈 카메라는 한 사람만 있고 나머지는 모두 줌 카메라인데 그나마 나의 줌 카메라만 겨우 사진을 찍을 수 있었고 나머지 사람들은 표범 사진을 찍을 수 없어 불평하였다. 다시 한 번 망원카메라의 필요성을 느끼면서 빅5 동물을 모두 보고 사진을 찍을 수 있어 기분이 좋았다.

한참 동안 표범의 행동을 주시했지만 표범은 움직이지 않고 사방을 경계만 하고 있었다. 사자나 표범이 먹이를 잡아먹는 모습을 보지 못한 것이 조금 아쉬웠지만 빅5 동물 모두 만난 것에 만족하였다.

다른 방향으로 동물을 찾아 이동하는데 숲 속에 가젤 무리가 보였고 먼 숲 속에는 코끼리 무리가 모여 있었다. 차가 좁은 길을 벗어나 큰길에 들어설 때 해가 떠오르고 큰 도로를 따라 한참 이동하는데 전방 도로 한가운데 텐트가 보였다. 차가 점점 가까이 접근하자 텐트 속에서 여자 1명이 뛰어나와 손을 흔들며 도와달라고 외쳤다. 텐트 가까이 도착하니 주변은 먹을 것들이 어지럽게 흩어져 있고, 텐트에서 조금 떨어진 도로변 웅덩이에 차가 뒤집어져 바퀴가 하늘을 향하고 있었다.

다른 여자 2명이 텐트에서 나와 우리가 있는 곳으로 와서 사고 경위를 설명하는데 어젯밤 10시경 이곳을 통과하여 로지로 가던 중 너무 어두워 웅덩이를 미처 발견하지 못하고 지나가다 앞바퀴 한쪽이 웅덩이에 빠지면서 차가 뒤집어졌다는 것이다.

기사는 다리 골절, 가이드는 팔 골절, 여자 3명은 온몸에 타박상을 입고 겨우 차에서 빠져나와 가지고 온 등산용 텐트를 길 가운데 설치하고 작은 텐트에 5명이 쪼그리고 앉아 날이 밝기를 기다렸는데 밤새도록 하이에나가 텐트 주위를 배회하며 이상한 소리를 질러 가지고 있던 과일과 과자를 모두 텐트 밖으로 던지고 손전등에 의지하여 밤을 보냈다며 무서워 혼났다고 하였다.

이야기를 듣는 순간, 세렝게티에서의 야간 이동이 얼마나 무섭고 위험한지 알 수 있었다. 여행객의 간청을 거절하지 못하고 늦게 출발하여 무리하게 야간 이동을 한 것이 사고의 원인이었다.

어제저녁 무렵 코끼리와 대치하던 순간이 떠올랐다. 만약 코끼리

세렝게티 야간 이동 중 사고 차량

를 자극하여 코끼리가 차를 밀어버렸다면 차는 넘어갔을 테고 어두운 대평원에서 텐트도 없이 맨몸으로 어떻게 밤을 지새웠을까 생각하니 정말 아찔했다.

세렝게티에서 나 홀로 이동하다 사고가 나면 연락을 할 수 없기 때문에 누군가 근처를 지날 때까지 무한정 기다려야 한다. 만약 연락이 되더라도 밤이라면 사고 지점까지 차가 접근하기 어렵다. 일행이 있다면 누군가 구조하러 오겠지만 그래도 위험은 감수해야 한다.

우리는 사파리 게임을 포기하고 차량 세 대에 5명을 나누어 태우고 곧바로 로지로 되돌아왔다. 사파리 게임보다 사고자를 구하는 것이 우선이기 때문이다. 로지에 도착한 후 어느 나라에서 왔으며 왜 밤에 이동하였는지 물어보니, 여자 3명은 폴란드인이고 등산을 좋아하는 대학 선후배 사이로 방학과 휴가기간을 이용해 4박 5일 일정으로 킬리만자로를 등반하였다고 한다. 귀국을 하루 연기하여 세렝게

세렝게티 로지 풍경

티 사파리 게임을 하기로 했는데 차량 수배가 늦어 조금 늦게 출발하여 무리하게 야간 이동한 것이 사고 발생 원인이라며 구조해 준 것에 감사하다는 인사를 여러 번 하였다. 세렝게티 초원에서의 사고 차량 인명 구조는 또 하나의 색다른 경험이었다.

세렝게티 사파리 게임을 끝내고 아침 식사 후 어제 왔던 길을 되돌아갈 시간이 되었다. 로지를 떠나기 전 로지 전경을 사진에 담았다. 사고 차량 때문에 가보지 못한 사파리 지역을 경유해서 이동하는데 잡목이 우거진 숲 속에 뿔이 큰 동물 수십 마리가 모여 있고 코끼리 2마리가 아침 식사를 하고 있었다. 되돌아가는 오전의 대평원에는 어제 오후보다 동물이 더 많았다. 가까운 곳에서 먼 곳까지 보이는 것 모두 동물이었다.

다시 한 번 대평원의 주인은 동물이고 여기가 진정 동물의 천국임을 재확인하면서 가슴속에 평화롭고 아름다운 풍경을 모두 담았다. 끝없는 대평원은 자연이 준 최고의 선물이며 인간이 영원히 보존해야 할 위대한 자산이라고 생각하면서 끝없는 대평원에서 평화롭고

차량 이동 중 대평원 한쪽

자유분방한 야생동물의 모습을 하염없이 바라보다 떠오르는 생각이 있어 몇 자 적어보았다.

'세렝게티에서 행복한 이 순간'

내 앞에 끝없이 펼쳐진 신비로운 대자연, 야생동물의 천국
이 땅의 주인은 동물, 끝없는 대평원은 새로운 세상
이른 아침 야생동물과 눈인사하자 수줍은 듯 몸을 감추네
이곳은 진정 야생동물의 낙원
대자연의 신비로움과 동물의 천국에서 삶의 지혜를 얻고
태초의 땅, 유인원의 발상지, 조상의 숨소리, 발자국 소리
바람 타고 은은히 들려주네
깊은 밤 밀림에서 들려오는 동물들의 속삭임 귀전에 맴돌면서
대평원을 영원히 보존해 달라고 애원하네
동물들의 지상낙원 끝없는 대평원에서 나의 심장은 뛰고
깊은 감동과 평온함을 주네
행복한 이 순간
지혜 주고 기쁨 주고 영원히 잊지 못할 세렝게티
지금이 가장 행복한 순간.

끝없는 대평원과 다양한 동물들을 감상하는 동안 빠른 속도로 이동하던 차는 속도를 줄이더니 작은 사잇길로 접어들어 깊은 숲 속 작은 건물 앞에 멈추었다. 이런 깊은 초원에 웬 건물인지 궁금했다.

이 건물은 올두바이 박물관이고, 박물관 앞에 인류의 기원을 밝혀주는 올두바이 계곡(Olduvai Gorge)이 있다. 차에서 내려 올두바이 계곡 가까이 접근하니 아래에 붉은 바위가 솟아올라 있는 것이 보였다.

이 붉은 바위에서 약 360만 년 전의 직립보행 유인원(오스트랄로피테쿠스 아파렌시스 : Australopithecus Afarensis)의 발자국 화석

계곡 붉은 바위와 초기 인간 복제 사진

이 발견되었다. 이곳을 영원히 보존하기 위해 발굴을 중단하고 사람들의 접근을 금지하여 보존하고 있다.

이곳을 보는 순간 너무 신비롭고 성스러운 원초적 태초의 땅속을 엿보는 것 같아 흥분과 깊은 감동을 받았다. 올두바이 계곡을 유심히 관찰한 후 올두바이 박물관으로 들어가니 인류의 진화 과정 설명 그림과 계곡에서 발견된 유물 일부가 전시되어 있었다. 박물관에서 인류의 탄생지도와 새로운 정보, 사진 등의 유물을 카메라에 담았다.

인간은 하느님이 창조한 것이 아니라 수억 년 전부터 진화 과정을 거쳐 현재의 모습에 이르렀다는 것을 깨닫게 해준다. 아프리카 대륙에서 초기 인류는 자연의 법칙과 환경에 적응하면서 생존하기 위해 전 세계로 이동하여 각 대륙에 정착했음을 알 수 있었다.

각 대륙으로 이동한 초기 인류는 환경에 적응하면서 현재의 모습으로 진화했다. 특히 인간의 DNA와 유사한 동물이 침팬지라는 것이 확인되었으며, 어느 연구 기관은 침팬지에게 말을 가르쳐 보았는데 놀랍게도 인간과 똑같이 말할 수 있다는 것을 증명하기도 했다.

이런 사실을 더욱 입증하는 것은 다음과 같다.

- 탄자니아에서 365만 년 전 직립보행 인간 화석 여러 개 발견
- 케냐에서 약 255만 년 전 인간 두뇌 골 발견
- 차드에서 약 710만 년 전 인간 두뇌 골 발견 등

오늘날까지도 침팬지와 인간의 유전자는 99% 같다는 사실과 인간의 두뇌 크기가 침팬지보다 조금 크고 인간의 두뇌가 좀 더 발달한 것이 가장 큰 차이이다. 그리고 아프리카 대륙이 지구상에 가장 오래된 대륙이며 최초 인간의 발원지라는 사실이 확인된 것이다. 영국의 행

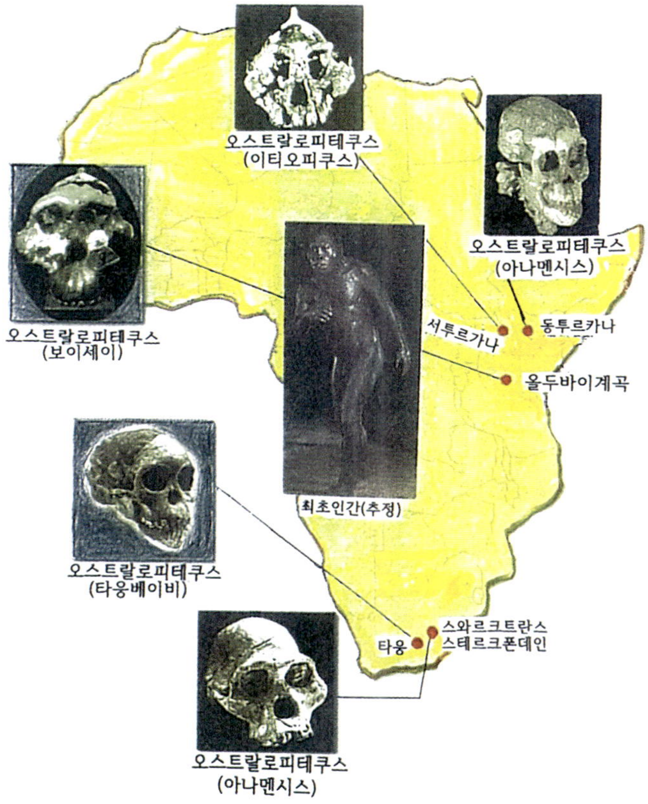

인류의 탄생 지도 복사본

동과학자 데스먼드 모리스(Desmond Morris)의 저서에 의하면, 최초의 인간은 아프리카에서 점차 벗어나기 시작하여 아시아와 유럽으로 이동하였고 그 다음 오스트레일리아 남부와 태즈메이니아까지 진출해 거주 가능한 세계를 찾아 다녔다고 기술하고 있다.

그리고 약 1만 8천 년 전 마지막 빙하기 무렵, 시베리아와 알래스카 사이에 얼음 육교가 연결되어 있어 이 육교를 건너간 용감한 사냥꾼은 이내 다양한 집단을 이루고 신세계 전역으로 급속히 퍼져나갔다.

모리스의 아프리카 초기 인간 각 대륙 이동 경로와 연대

그 뒤 얼음이 녹고 해수면이 상승하면서 육교가 사라진 신세계는 수천 년 동안 구세계와 단절되었다는 것도 알았다. 올두바이 계곡을 뒤로하고 다시 큰길로 나와 대평원을 달리는 차 안에서 생각해 보았다.

'인간은 하느님이 창조한 것이 아니고 수억 년 전부터 진화 과정을 거쳐 현재의 모습에 이른 것일까? 그렇다면 침팬지가 진화하여 인간이 된 것이 맞는가?'

이러한 궁금증은 데스먼드 모리스의 저서 『털 없는 원숭이』에서 해소할 수 있다. 이 책에서는 인간을 '털 없는 원숭이'로 표현하면서 다른 동물과 털 없는 원숭이의 본질적 차이는 신체 구조에 있는 것이 아니라 더 크게 발달한 두뇌에 있다고 주장하였다. 당시 환경에서 가장 적응력이 뛰어난 생명체가 생존률을 높여주는 조건이라고 말하고 가장 강력한 생명체였던 공룡은 환경 변화에 적응하지 못하고 사라졌지만 두뇌가 발달한 털 없는 원숭이는 환경 변화에 대한 적응력이 뛰어나 계속 진화 과정을 거쳐 현재에 이르렀다고 기술하고 있다.

세계적인 종교(유대교·기독교·이슬람교)에서 신이 창조 마지막 단계에 자신의 형상에 따라 인간을 만들었다는 이야기를 들려준다. 하지만 현실은 그보다 훨씬 덜 시적이다. 단 한 번의 창조 행위를 통해 인간이 나온 것이 아니라 수천 년 이상 걸쳐 고단한 투쟁을 하면서 일어서서 걷고 돌을 이용해 도구와 무기를 만들어 이용하는 법을 배운 유인원, 즉 털 없는 원숭이가 차츰차츰 두드러진 존재로 등장하였다고 말한다.

특히 털 없는 원숭이는 대단히 발달된 언어 및 사유능력을 가진 동물로 현재의 인류는 유전적으로 보면 아프리카가 인류인의 뿌리임이 분명하다. 그리고 또 한 가지 인간의 유전적 뿌리는 중요한 유전정보를 계속 후세에 전달한 여성 조상에서 나온 것이라는 사실이다. 따라서 아담이 최초 인간이 아니라 아프리카의 최초 인간 화석에서 발견

차량 기사 가이드와 기념사진

된 이브가 최초의 인간이란 것이다.

대평원을 빠른 속도로 이동하던 차가 속도를 줄이고 서행하기에 전방을 보니 도로 위로 여러 마리 동물들이 길을 건너고 있었다. 기사는 동물들이 길을 다 건너간 후 다시 빠른 속도로 이동하여 간이 타이어 수리소 앞에 정차하였다. 이곳은 타이어 펑크만 수리하는 곳으로 어제 펑크 난 타이어를 수리하는 동안 차에서 내려 몸을 풀고 햇빛을 피하기 위해 나무 그늘로 접근하자 뱀이 있으니 가지 말라고 한다.

타이어 수리가 끝난 후 차는 대평원을 계속 이동하다 도로변에 잠시 정차해 차 안에서 점심으로 준비된 도시락을 먹은 후 휴식도 없이 다시 이동하는데 숲이 우거진 주변 풍경이 낯익어 자세히 살펴보니 응고롱고로 국립공원으로 가는 길과 응고롱고로 로지로 가는 갈림길을 통과하고 있었다.

얼마 후 국립공원 정문에 도착하여 안내소에서 휴식을 취하며 하늘을 보니 마사이족과 동물들이 무척 기다리는 비구름이 먼 하늘에서 점점 몰려오고 있었다. 휴식을 마치고 아루샤 호텔로 이동할 때는 버스가 아니라 사파리 게임 차로 이동하였다. 호텔로 이동하는 도로변에 마사이 여자 한 명이 등에 짐을 실은 당나귀를 몰고 가는 모습이 보였는데 마치 옛날 고향 농촌의 한 단면을 보는 것 같았다.

하늘에는 더 많은 검은 구름이 가까이 몰려오고 구름 주변에 무지개가 나타났다. 마사이와 동물들이 무척 기다리는 비가 내릴 징조였다. 그 순간 2박 3일 동안 너무 좋은 날씨 덕분에 응고롱고로와 세렝게티 사파리 드라이브 게임을 무사히 마칠 수 있었고 빅5 동물과 수많은 동물을 만날 수 있게 해준 하늘에 "감사합니다"라고 인사했다.

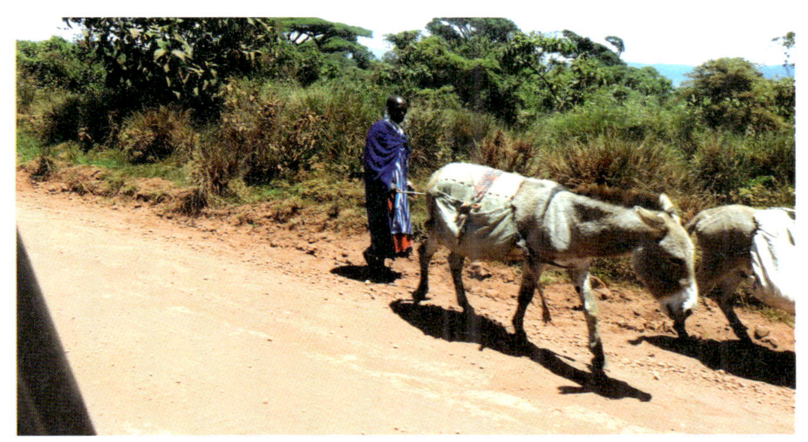

당나귀를 몰고 가는 마사이 여자

호텔에 도착할 무렵 날은 어두워지고 있었다. 사파리 게임 동안 마음껏 음식을 먹지 못해 무척 배가 고팠다. 왜냐하면 장거리 비포장도로 이동 시 소화불량과 멀미가 날 것 같아 식사량을 줄였고, 물도 충분히 마시지 못했으며 도시락과 로지의 메뉴가 다양하지 않을뿐더러 입에도 맞지 않았기 때문이다.

곧바로 식당으로 이동하여 오랜만에 배불리 먹었다. 그리고 레스토랑으로 자리를 옮겨 소파에 몸을 묻고 2박 3일 동안 보고 듣고 만나고 체험한 모든 것들을 다시 한 번 되새기면서 시원한 맥주 한 잔으로 피로를 풀었다. 특히 사파리 게임 동안 만난 동물들을 하나하나 되새겨보고 빅5 동물을 사진에 담은 것이 무척 기뻤다.

점점 밤이 깊어갈 무렵 룸으로 이동하여 사파리 게임 동안 즐겁고 행복한 순간들을 되새기며 만족스러운 기분으로 지친 몸은 금방 깊은 잠에 빠져들었다.

응고롱고로와 세렝게티 사파리 드라이브 게임에 참여할 때 가장 중요한 것은 날씨다. 날씨가 좋아야 사파리 게임의 묘미와 즐거움을 만끽할 수 있고 빅5 동물과 다양한 동물을 만날 수 있다. 만약 비라도 내리면 이동이 불편하여 사파리 드라이브 게임도 할 수 없을 뿐만 아니라 안전에도 문제가 생긴다.

세렝게티 날씨와 동물들의 대이동 시기를 소개하면 11월부터 1월 말까지는 소(小)우기로, 이 기간에 초원은 푸른색으로 변하고 풀과 나무가 자라며 대부분의 동물들이 이 기간에 새끼를 낳는다. 이유는 부드러운 풀과 물을 쉽게 구할 수 있어 새끼를 키우기에 가장 좋은 조건을 갖추고 있을 뿐만 아니라 자주 내리는 빗물로 새끼 동물이 있는 곳의 냄새를 차단하여 다른 육식동물로부터 새끼를 보호하면서 엄폐하기에 최적의 조건을 제공하기 때문이다.

2월부터 5월까지는 대(大)우기이며 대평원의 대부분은 물에 잠기고 이동이 불편하고 위험이 따른다. 그래서 이 기간에는 사파리 드라이브 게임도 중단된다. 7월부터 건기가 시작되고 대평원의 동물들은 물을 찾아 대이동을 시작하여 8월에는 세렝게티에서 탄자니아와 케냐 국경에 흐르는 강을 건너 케냐 마사이마라 국립공원으로 대이동을 시작한다. 동물들은 10월까지 케냐에 머물다 11월부터 다시 강을 건너 탄자니아 세렝게티로 대이동을 시작하여 되돌아온다.

날씨와 동물들의 대이동을 참고해서 여행 시기를 결정하는 것이 좋으며 건기 8월부터 10월까지는 세렝게티보다 케냐 마사이마라 국립공원에서 사파리 게임을 하면 더 많은 동물을 만날 수 있다.

다음 날 아침 일찍 일어나 호텔 정문 밖으로 나가 산책하는데 저 멀리 다섯 마리 원숭이가 길을 건너고 있었다. 맨 앞에 어미 원숭이

아기 원숭이와 어미 원숭이

가 아기 원숭이를 등에 업고 가는 모습이 보기 좋아 카메라에 담았다. 우두머리는 어미 원숭이인 것 같았다. 산책을 마치고 식사 후 킬리만자로 트레킹 준비를 한 후 버스를 타기 위해 호텔을 나오며 하늘을 보니 청명하고 가끔 뭉게구름이 보이는 것이 트레킹하기에 좋은 날씨였다.

그러나 아프리카의 변덕스러운 날씨를 경험했기 때문에 안심할 수 없다. 특히 트레킹은 산에 도착해 보아야 알 수 있다. 오늘 트레킹은 오전 10시부터 오후 5시까지 왕복 5시간 코스이다.

오늘 트레킹하는 킬리만자로는 아프리카에서 가장 높은 산으로 정상에 사계절 빙하가 있어 전 세계 산악인들이 등산 및 트레킹하기 위해 즐겨 찾는 아프리카 최고의 명산이다.

킬리만자로 마운틴 트레킹

무엇보다 킬리만자로 정상의 빛나는 빙하를 볼 수 있다는 희망을 품고 버스로 이동하면서 지금까지 트레킹한 산들을 떠올려보았다. 백두산, 중국 황산 및 구체구, 일본 후지산, 스위스 알프스산, 네팔 히말라야. 특히 휴대용 산소통을 가지고 티베트 오색기가 펄럭이는

킬리만자로 트레킹

5,118m에 세워진 바위 비석에 도착한 것이 최고 높이 올라간 산이다. 그중 안나푸르나 정상을 보기 위해 어두운 새벽길을 손전등에 의존하여 전망대에 도착했던 순간의 감동은 잊을 수 없다.

아루샤 시가지를 막 벗어날 무렵 버스가 고장났다. 기사는 10분이면 수리가 끝난다고 말해 모두 차에서 내려 도로변 가로수 나무 그늘 아래 모여 잡담을 나누는데 무심코 도로변 상가 간판을 보다 영어로 Hair Salon(미용실)이라 써 있는 간판이 시야에 들어왔다. 호기심에 가까이 가서 살펴보니 흑인 처녀 혼자 운영하는, 작은 공간에 거울 하나와 걸상 2개만 있는 미용실이었다.

남자 머리도 커트하냐고 물었더니 "오케이"라고 하기에 안으로 들어가 긴 머리를 조금만 커트해 달라고 말하고 얼마냐고 물으니 1달러란다. 약 5~6분간 긴 머리 부분만 가위로 커트한 후 수건으로 머리를 털어주는 것이 끝이다. 1달러를 건네면서 함께 사진을 찍자고 하니 또 "오케이"라고 대답했다.

미용실 처녀와 기념사진

가게 앞에서 포즈를 취한 후 함께 사진을 찍고 팁으로 1달러를 건네주니 웃으면서 무척 좋아했다. 그런데 아직도 차 수리가 끝나지 않아 이번에는 코리아를 아는지 물었더니 중국과 일본 사이에 있는 작은 나라라고 말하는 것이었다.

어떻게 알았냐고 물어보자 고등학교에서 배웠다고 말해 놀랐다. 그녀는 고등학교를 졸업하고 취직할 곳이 없어 미용 기술을 배워 어머니와 둘이서 가게를 운영한다고 자기소개를 하였다. 고등교육을 받은 처녀다. 장난 삼아 나와 함께 코리아에 가겠는가? 하고 물었는데 예상외로 이번에도 "오케이"라고 대답하여 일행과 한바탕 크게 웃었다.

그때 버스 수리를 포기한 기사가 다른 버스를 불렀으니 탑승하라는 소리가 들렸다. 버스를 타고 이동하면서 시계를 보니 벌써 1시간이 지난 뒤였다.

이동하는 도로변에 우리나라의 5일장처럼 장이 열려 많은 물건과 사람들이 모여드는 모습이 보였다. 버스는 계속 이동하여 트레킹 출발지점에 도착하니 11시 30분이었다.

탄자니아 장마당 풍경

가이드가 시간이 어중간하니 조금 빠르긴 하지만 점심을 먹고 트레킹하는 것이 어떠냐고 묻기에 모두 동의했다. 벤치에 앉아 도시락을 먹으면서 작은 닭고기 뼈 조각을 하나 떨어뜨렸는데 작은 새 두 마리가 날아와 서로 차지하려고 싸웠다. 신기해서 조금 큰 뼈 조각 하나를 멀리 던졌더니 이번에는 십여 마리 새가 모여들어 싸운다.

이 광경을 바라보던 공원 관리인이 와서 새에게 먹이를 주면 벌금을 물어야 한다고 하기에 몰라서 그랬다, 먹이를 주지 않겠다 약속하고 벌금을 내지 않았다. 공원에서 동물이나 새에게 먹이를 주면 벌금을 내야 한다는 것을 처음 알았다.

점심을 끝내고 휴식을 취하는데 외판원 1명이 킬리만자로 브랜드가 있는 트레킹 모자를 팔고 있어 모자를 하나 구입해 쓰고 트레킹 입구에서 기념사진을 찍으면서 시간을 보냈다. 그런데 아직도 트레킹이 시작되지 않아 물어보니 트레킹 인솔자와 인원수 협상이 안 되어 출발이 늦어진다고 했다.

한참 후 트레킹 인원 5명당 현지 인솔자 2명으로 협상이 이루어져 트레킹이 시작되었다. 트레킹 왕복 5시간 중 이미 1시간 40분을 허비해서 과연 트레킹 목표지점까지 갈 수 있을지 걱정이 되었지만 일단 출발하였다.

오솔길을 따라 오르는 산길은 수목이 울창하고 산행 길 옆 잡목 아래에 도마뱀과 뱀이 보였다. 더 위로 올라갈수록 고목이 넘어져 있고 울창한 숲길은 하늘이 보이지 않을 정도였다. 한참 오르니 젊은 사람은 속도가 점점 빨라지고 나이든 사람은 점점 느려져 팀별 이동 속도 밸런스가 맞지 않아 젊은 사람들이 불평하기 시작했다. 처음부터 조

킬리만자로 중턱

편성이 잘못되어 어쩔 수 없었다.

젊은 사람이 인솔자를 앞지르려 할 때 통제하니 불평불만을 표시하자 현지 인솔자가 빨리 올라가도 소용없다, 시간 부족으로 5시간 코스를 3시간 코스로 변경하였으니 목표지점에 갈 수 없다고 했다.

킬리만자로 정상을 볼 수 있는 곳은 왕복 5시간 코스이고 왕복 3시간 코스 목표지점은 울창한 숲에 가려 킬로만자로 정상을 볼 수 없다는 것을 인솔자 설명을 듣고 알았다.

3시간 코스 목표지점에 도착했을 때 젊은 사람들이 여기까지 왔으니 킬리만자로 정상을 꼭 봐야 한다면서 다음 목표지점까지 계속 올라가려고 하자 시간 부족으로 더 이상 올라갈 수 없다고 통제하였다. 그리고 인솔자는 다음 목표지점까지 도착해도 정상을 볼 수 없는 이유를 설명하였다. 킬리만자로는 워낙 높은 산이라 정상은 항상 구름에 가려 있어 볼 수 없으며 새벽에 출발하여 목표지점에 도착하면 잠깐 정상을 볼 수 있지만 그것도 운이 좋아야 볼 수 있다고 했다.

인솔 가이드가 설명을 해도 젊은이들은 아쉬움과 불만을 표시했는

트레킹 하산 관문

데 나는 가이드의 설명을 충분히 이해하였다. 히말라야의 안나푸르나 정상을 보기 위해 새벽 4시에 네팔 포카라를 출발하여 산 정상을 볼 수 있는 전망대까지 손전등에 의존하여 약 2시간 동안 산을 올라 전망대에 도착하니 정상은 구름에 가려 아무것도 보이지 않았고 약 30분 동안 어두운 전망대에서 구름이 사라지기를 기다렸었다.

그런데 갑자기 구름이 걷히고 하늘이 밝아지면서 태양 빛이 안나푸르나 정상을 비추자 황금색으로 변하는 정상을 보고 감탄했었다. 안나푸르나가 워낙 높아 전망대에서 바라보는 하늘은 전체가 산으로 가득 채워지고, 웅장한 산 정상이 햇빛을 받아 반사되는 사진을 몇 장 찍는 사이 하늘이 금방 구름에 가려져 더 이상 산 정상을 볼 수 없어 하산했던 경험이 있기 때문이다.

아쉬움을 뒤로하고 하산하는 내리막길은 속도가 점점 빨라지는데 산림이 울창한 킬리만자로 아래로 내려오는 동안 어둠이 빨리 찾아오는 것을 느꼈다. 하산 마지막 관문을 통과하여 버스에 도착했을 때

산 아래 주변이 갑자기 어두워지기 시작했다.

높은 산 아래는 다른 곳보다 훨씬 빨리 어둠이 찾아오는 것을 경험하면서 곧바로 버스를 타고 호텔로 이동하는데 극도의 피로감을 느껴 바닥에 눕고 싶은 것을 겨우 참고 호텔에 도착했다. 여행 10일째 피로가 축적되고 충분한 휴식과 영양 공급도 부족한 상태에서 60대 중반인 나의 체력에 한계를 느꼈다.

평소 운동량이 부족했지만 만약 오늘 5시간 트레킹을 했다면 거의 환자 신세가 될 뻔했다는 생각이 들자 원망했던 버스 고장이 오히려 나를 구해 준 것 같았다.

나의 경험으로 킬리만자로 트레킹에 참여할 때 65세 이상 또는 건강에 자신 없는 사람은 5시간 코스 트레킹에 참여하지 말고 3시간 코스를 선택하거나 호텔에서 쉬는 것이 좋을 것으로 생각된다.

마음은 청춘인데 몸이 따라주지 않는 트레킹에 참여했다가 남은 관광 일정을 모두 망칠 수 있다는 것을 고려해야 한다. 피곤한 몸으로 호텔에 도착해서 모든 것을 생략하고 곧바로 룸으로 가 샤워하고 준비한 비상약을 먹은 다음 곧바로 잠을 잤다.

다음 날 아침, 잠을 푹 자고 일어나니 몸이 한결 가볍고 피로도 회복된 것 같아 기분이 좋았다. 그런데 종아리가 당겨서 걸을 때마다 무척 아팠다. 오늘이 탄자니아를 떠나는 날이라 천만다행이었다.

아침 식사를 마치고 현지 가이드와 작별인사를 나눈 후 버스를 타고 호텔을 출발할 때 창밖으로 손을 흔들며 "굿바이 탄자니아"라는 말을 남기며 아루샤를 떠났다.

아프리카 여행 중에 가장 많은 기쁨과 이벤트 그리고 새로운 것들을 보고 만난 탄자니아를 영원히 기억할 것이다. 케냐 나이로비 국제공항으로 이동하는 동안 킬리만자로는 아프리카인에게 어떤 산인지 궁금했다.

킬리만자로는 우리나라 백두산처럼 아프리카 사람들에게 희망과 정신을 상징하는 신성한 산으로, 아프리카인 모두가 숭배하는 산이다. 킬리만자로는 스와힐리어로 '산'이라는 뜻의 킬리마(Kilima)와 '하얀' 또는 '빛나는' 이라는 뜻의 자로(Jaro)가 합쳐진 말이다. '빛나는 산' 또는 '하얀 산' 또는 '추위를 가져오는 산'이라는 뜻이며, 마사이어로는 누가이라 하는데 '신의 집'이라는 뜻이다.

아프리카에서 가장 높은 산(5,898m)이며 정상에 만년설이 있는 유일한 산이다. 킬리만자로는 높지만 트레킹하기 좋아 7월부터 9월 사이 또는 1월부터 2월 사이 4박 5일 일정으로 정상을 등반하기 위해 전 세계의 수많은 등산객들이 찾는다.

킬리만자로에는 수많은 동물과 식물이 자라고 있으며 3,000m 전후 지대에는 독특한 토양과 기후에서 자라는 블루마운틴 커피 원두 생산지가 있다. 킬리만자로 블루마운틴(Blue Mountain)은 향과 맛이 좋아 커피 애호가들에게 인기가 높다. 그러나 생산량이 한정되어 일반인들이 쉽게 마실 수 있는 커피는 아니고 커피 애호가들이 찾는 고급 커피에 속한다.

커피는 아라비카(Arabica)와 로부스타(Robusta) 두 종류로 구분하지만 생산되는 국가와 산지 그리고 기후와 토양에 따라 맛과 향이 다르고 각각 다른 브랜드명을 가진다. 그리고 동일 품종이라도 로스팅(커피콩 볶음)에 따라 향과 맛이 달라진다.

아라비카 품종은 로부스타 품종에 비해 카페인 함량이 적고 향이 좋아 고급 품종으로 분류되는데 그중에서도 킬리만자로 고산지대에서 생산되는 킬리만자로 블루마운틴 아라비카는 독특한 향과 맛이 좋아 고급품으로 분류한다.

반면 로부스타는 세계 여러 나라에서 생산되는 품종으로 값이 싸고 강한 맛 때문에 에스프레소용 또는 인스턴트 커피로 이용된다. 우리나라에서 먹는 커피와 외국에서 먹는 커피의 맛과 향은 왜 다를까.

가장 큰 이유는 첫째, 산지 차이와 로스팅 기술 부족이며 둘째, 로스팅이 제대로 안 된 원두를 버리지 않고 재사용하며 셋째, 옛부터 커피 본래의 깊은 맛과 향이 사라진 인스턴트 커피 맛에 길들여져 있기 때문이다.

로스팅 핵심 기술은 원두를 볶을 때 용기의 크기와 정량 투입, 적정 온도 유지와 가공 시간 준수, 적정 회전 속도와 회전수를 유지하는 것이며, 또 원산지와 원두 상태 등을 살펴 가공을 달리 해야 하는데 비전문가들이 로스팅하기 때문에 커피 본래 향과 맛이 사라지는 것이다.

최근 로스팅 커피 전문점이 많이 생겨 전문가가 직접 볶은 원두로 만든 드립 커피를 마시면 커피 본래의 깊은 맛과 진한 커피 향을 즐길 수 있다.

12시까지 나이로비 국제공항에 도착하기 위해 빠른 속도로 이동하여 탄자니아 국경 검문소에 도착하니 힌두교인들이 국경 검문소 앞 넓은 장소에서 종교 행사를 하고 있었다. 오늘이 1년에 한 번 탄자니아와 케냐에 사는 힌두교인들이 모여 종교 행사하는 날이라고 한다.

국경 검문소에서 출국 수속을 마친 후 종교 행사장 가까이 가서 사진을 찍으려 하자 "사진 찍지 마라. 카메라 빼앗긴다"는 소리가 들려 포기하고 도보로 탄자니아 국경을 넘어 케냐 국경 검문소에서 입국 수속을 마치고 공항으로 이동하는데 탄자니아는 어떤 나라인지 궁금했다.

탄자니아의 공식 명칭은 탄자니아 공화국(Republic of Tanzania)이다. 국토의 대부분은 고산지대이고, 해발 4,000m급 산이 많으며, 해발 2,000m 전후로 대평원이 형성되어 야생동물이 살기 좋은 환경을 제공한다.

오랜 기간 영국의 식민지로 지배를 받다 1964년 카니카(1961년 독립)와 잔지바르(1963년 독립)가 합병하여 탄자니아 공화국이 탄생하였다. 15세기 말경 이슬람인들이 침입하여 흑인들을 노예로 밀거래하면서 아프리카에서 가장 큰 흑인 노예시장이 형성되었는데 탄자니아 최대 항구인 잔지바르가 노예무역의 최대 항구였다.

주산업은 농업 43%, 광공업 20%이고 국민 대부분이 농사와 가축을 키우며 살아간다. 주요 농산물은 옥수수, 사탕수수, 커피, 담배, 차, 면화 등이고 광공업이 발달하였다.

기후는 11월에서 2월은 소우기철, 3월부터 5월은 대우기철, 7월부터 8월은 건기다.

유네스코 자연 보존 지역으로 지정된 응고롱고로(세계 최대 분화구)가 있으며, 세계 최대 평원 세렝게티에서 야생동물 사파리 드라이브 게임을 즐기기 위해 전 세계에서 수많은 관광객이 모여들고, 아프리카 대륙 최고 높은 산 킬리만자로는 만년설을 보기 위해 등산객들이 모여드는 관광 명소이다.

탄자니아의 일반적인 사항

- 면적 : 884천km^2
- 인구 : 49,639천 명
- 수도 : 다르에스살람
- 언어 : 아랍어, 스와힐리어
- 종교 : 기독교, 이슬람교
- 1인당 GNI : 570달러/2012
- 화폐 : 탄자니아 실링(Shilling)

케냐 검문소를 출발하여 나이로비 국제공항으로 이동하는 왕복 1차선 도로에 사람과 우마차가 함께 이동하는데 기사가 가끔씩 우마차를 추월하면서 곡예 운전할 때 불안했지만 정말 노련하게 운전을 잘했다.

케냐 나이로비 공항에 도착했을 때 시계는 정각 12시였다. 기사에게 베스트 드라이버(Best Driver)라고 말하자 웃으면서 "감사합니다"라는 우리말을 들으면서 터미널 2층 식당으로 이동해서 케냐 음식을 맛있게 먹은 후 후식으로 커피 한 잔 하는데 맛과 향이 너무 좋았다. 지금껏 이렇게 향이 좋은 커피는 마셔 본 기억이 없었다. 그래서 한 잔 더 마시면서 식당 주인에게 커피 이름을 물어보니 킬리만자로 블루마운틴 커피라고 알려주었다. 공항 터미널 면세점에서 구입이 가능한지 물으니 구입할 수 있다고 해서 마음속으로 아프리카 여행 선물은 킬리만자로 블루마운틴 커피로 결정했다.

공항 터미널 3층 출입국장으로 이동하여 탑승 수속을 마친 후 여유 시간을 이용하여 면세점에서 킬리만자로 블루마운틴 커피와 계란 모양의 작은 자연석 하나를 구입한 후 요하네스행 비행기에 탑승했다.

기내 좌석에 앉아 눈을 감고 세렝게티와 응고롱고로 야생 사파리 드라이브 게임에서 만난 동물들을 하나하나 되새기는 동안 피로와 여독이 쌓여 지친 몸은 금방 깊은 잠에 빠져들었다. 기내 방송에 잠을 깨어 보니 비행기는 남아프리카 공화국 상공을 날고 있었다.

창을 통해 내려다보이는 요하네스버그는 무척 큰 현대식 도시라서 여기는 아프리카가 아니라는 생각을 다시 하게 되었다.

남아프리카 공화국(중북부)

선시티와 포리토리아

나이로비 공항 이륙 후 약 5시간 만에 비행기는 남아프리카 공화국 요하네스버그 국제공항에 도착했다. 그런데 아직도 다리 근육이 풀리지 않아 터미널 출국장으로 이동하는 도중 다리가 아파 빠른 걸음으로 이동할 수 없었다.

맨 나중에 입국 수속을 마치고 터미널 출구에 도착하니 모두 나를 기다리고 있었다. 그런데 누구도 왜 천천히 걷는지 묻지 않고 빨리 오라는 표정을 지었다.

마지막으로 내가 도착하자 현지 가이드가 오늘 저녁 메뉴는 삼겹살과 야채 그리고 김치와 된장에 소주가 준비되어 있다고 말하자 모두 박수를 치며 환호하였다. 모처럼 바닥난 체력을 보충할 수 있는 한식을 기대하면서 버스를 타고 한국인이 운영하는 한식당으로 갔다.

아프리카 여행 중 한식당이 있는 곳은 남아공의 요하네스버그와 케이프타운 두 곳뿐이었다. 식당으로 들어가자 한국인 주인이 "안녕하세요? 반갑습니다"라고 인사하면서 반갑게 맞아주었다. 테이블 위에는 하얀 쌀밥과 야채, 된장찌개와 김치 그리고 삼겹살과 소주가 준비되어 있었다. 정말 오랜만에 먹어 보는 한국 음식이었다.

머나먼 아프리카에서 한국 음식을 배불리 먹는 것도 여행의 즐거움 중 하나였다. 일행과 소주잔을 주고받으며 즐거운 시간을 보내며 식사가 끝날 때쯤 취기가 돌면서 기분이 무척 좋았다.

버스를 타고 호텔로 이동하는데 가로등과 고층 건물 네온사인이 요하네스버그 밤거리를 밝혀주어 여기가 아프리카라는 것을 전혀 느낄 수 없었다. 호텔도 규모가 매우 크고 중앙에 큰 호수가 있어 밤 풍경이 더욱 운치 있었다.

싱글 룸을 배정받아 내부를 살펴보니 호텔 시설도 선진국 수준으로 만족스러웠다. 밤 10시, 늦은 시간이라 신속히 가방을 정리하고 취침 준비를 하며 무심코 천장과 벽을 보고 깜짝 놀랐다. 여러 마리 모기가 천장과 벽에 붙어 있었다. 창밖을 보니 외등 주위로 벌레들이 모여들고 창문 밖에도 모기가 많이 보였다.

방에서 약하게 담배 냄새가 나는 것으로 보아 청소하는 아줌마가 담배 냄새 때문에 잠시 창문을 열어둔 사이 모기가 들어온 것 같았다. 그런데 침대에는 모기장이 없었다. 전화로 안내원에게 지금 룸을 바꿀 수 있는지 물었더니 지금은 안 되고 내일은 가능하다는 답변을 들은 후 고민에 빠졌다. 이대로는 잠을 잘 수 없었다. 천장과 벽에 있는 모기를 모두 잡을 수도 없고…. 아프리카에서 가장 무서운 것이 모기인데 어떻게 해야 하나 한참 동안 침대에 앉아 고민하고 있는데 문득 준비해 온 모기향이 떠올랐다.

구세주를 만난 것처럼 가방에서 꺼낸 모기향을 피운 후 샤워를 하고 취침 준비를 마쳤다. 잠자리에 들기 전 모기향을 새것으로 바꾸고 긴팔과 긴 바지잠옷을 입고 노출 부위에는 모기약을 바르고 에어컨은 약하게 켜 놓은 채 얇은 시트를 머리 위까지 덮고 잠들었다.

아침에 일어나니 예상외로 많은 모기가 바닥에 떨어져 있었다. 모기향을 잘 가지고 왔다고 자화자찬하면서 여행사에서 알려준 준비물에 포함되어 있지 않은 모기향을 그동안의 여행 경험을 통해서 필요성을 예측하고 가져온 것이 말라리아로부터 나를 구해 준 것이다.

열대지방 여행 중에 운이 나빠 모기 있는 방을 배정받으면 어떻게 대처해야 할까? 제일 먼저 룸 교체를 요구하고, 룸 교체를 할 수 없으면 천장과 벽에 붙어 있는 모기를 잡을 수 있는지 검토해 본 후 모두 잡을 수 없다면 모기향을 피우고 자는 것이 최선의 방법이다. 이 방법은 저자가 직접 효과를 본 것으로 아프리카와 열대지방 여행자들에게 모기향을 반드시 지참할 것을 권유하는 새로운 정보다.

사례를 소개하면 2010년 남아공 월드컵 때 참가하는 동안 예방약을 복용했으나 귀국 후 복용을 중단하여 말라리아로 사망한 사건이 있었으며, 어느 외교관 가족 역시 귀국 후 약 복용을 중단하여 말라리아로 사망하기도 했다.

다음 날 가이드에게 룸을 교체해 달라고 요청한 후에 버스를 탑승하는데 아프리카 여행 중 가장 크고 좋은 리무진 버스였다. 버스가 출발하자 현지 가이드가 지금 아프리카 라스베이거스를 관광하기 위해 이동한다고 했다.

미국에 있는 라스베이거스를 아프리카에서 관광한다는 말을 우스갯소리로 여겨 귀담아듣지 않았다. 미국 3대 캐니언(그랜드 캐니언, 자이언트 캐니언, 브라이스 캐니언)과 요세미티 국립공원을 관광할 때 라스베이거스에서 2박 3일 숙박한 경험이 있기 때문에 가이드의 말이 곧이곧대로 들리지 않았다.

미국 네다바 주 사막에 있는 세계 최대 계획도시 라스베이거스는 낮과 밤의 온도 차가 심하고 낮과 밤의 활동을 정반대로 생활하는 곳이다. 낮에는 뜨거운 태양이 이글거리고 너무 더워 길거리에서 사람을 보기 어렵다. 그러나 해가 진 밤은 호화로움의 극치여서 찬사와 감탄이 절로 나온다.

요하네스버그를 벗어나 황야로 이동하는데 야산처럼 보이는 높은 흙더미가 쌓여 있었다. 흙더미는 광산에서 금을 채굴하기 위해 지하에서 파낸 것이었다. 광산이 지하 3,000m까지 뻗어 있었다는 말에 요하네스버그 금광이 얼마나 큰지 짐작할 수 있었다. 한때 전 세계인들이 일확천금을 꿈꾸며 이곳으로 모여들었는데 그때 형성된 도시가 지금은 남아공 최대 상업 지구이자 경제 중심지인 요하네스버그다. 그런데 문득 사람들은 왜 금보다 다이아몬드를 더 좋아하는지 궁금했다.

사람들이 다이아몬드를 좋아하는 이유는 세상에서 가장 단단하고 투명한 무색으로 빛이 투과되면 아름다운 여러 색상이 나타나고 영원히 변하지 않기 때문일 것이다. 더불어 희소성이 있어 부와 최고 권력의 상징물로 판촉하거나 광고하기도 한다. 세계에서 가장 큰 다이아몬드는 530캐럿으로 권력의 상징인 영국 여왕의 왕관에 박혀 있다.

버스는 흙더미를 뒤로하고 메마른 황야로 이동하는데 갑자기 사막지대가 나타나더니 도로변에 흑인 빈민촌이 보였다. 빈민촌은 너무 초라해서 거의 우리나라 농촌의 가축 사육장 수준이었다. 요하네스버그를 개발하면서 거주하던 흑인들을 강제 이주시키는 과정에서 형성되었다. 물론 정부에서 이주비와 생활비를 지원했지만 턱없이 부족해서 흑인들의 불평불만이 높고 수시로 폭동을 일으켜 사회 문제가 되고 있다.

엔터테인먼트 쇼핑몰

버스는 빈민촌을 지나 큰 돌기둥 2개가 우뚝 서 있는 검문소 앞에 멈추었다. 기사가 간단한 검문을 받은 후 돌기둥을 통과하여 안으로 들어갔더니 높은 현대식 건물이 보였다. 버스에서 내려 건물을 보니 '선시티 엔터테인먼트센터'라는 영어 간판이 걸려 있었다.

사막에 현대식 높은 건물을 보면서 정말 여기가 아프리카 라스베이거스가 맞는지 궁금했다. 현지 가이드가 이곳의 공식 명칭은 선시티이지만 아프리카인들은 아프리카 라스베이거스라 부른다고 알려 주었다.

어떻게 사막 한가운데 선시티를 건설하였을까? 이 사막은 나미비아와 남아공 국경 지대에 있는 칼라 힐 사막의 끝자락에 있다. 백만장자이며 호텔 사업가인 '솔코즈보'라는 사람이 이 사막에 고대 왕궁이 있었다는 사실을 알아내고 왕궁을 복원하기 시작했다. 왕궁을 복원하면서 위락시설을 하나씩 건설하여 현재의 선시티가 탄생한 것이다.

선시티에는 최고급 호텔, 레스토랑, 골프장, 수영장, 파도 풀장, 요트장, 수상 스키장, 화려한 쇼를 할 수 있는 극장, 다양한 오락시설과 쇼핑몰, 카지노, 복원된 고대 왕궁 등이 있으며 각종 편의시설이 갖추어져 있다. 가까운 곳에 있는 필라네스 공원에서 야생동물 사파리를 즐길 수 있으며, 왕궁은 리모델링하여 고급 호텔로 이용하고 있었다.

아프리카 사막에 이 정도의 다양한 고급 건축물과 위락 시설이 갖추어져 있다면 라스베이거스라 불러도 되겠다는 생각이 들었다. 특이한 것은 이용객 중 흑인은 한 명도 보이지 않았는데 종업원은 모두 흑인이었다. 왜 종업원이 모두 흑인인지 의아했다. 알고 보니 사막으로 강제 이주한 흑인들의 불평불만을 해소하고 그들의 경제적 안정을 도모하기 위해 종업원은 흑인들만 채용하도록 한 흑백 간의 협약 때문이었다. 흑백 공존과 번영을 위한 현명하고 바람직한 선택으로 보였다.

궁금증을 해소한 후 쇼핑몰을 구경하면서 통로를 따라 이동하다 시간의 다리가 있는 곳에 도착했다. 높고 긴 나리 위에 올라서니 갑자기 다리가 흔들렸는데 지진이라도 난 것 같았다. 이 다리는 정해진 시간이 되면 자동으로 흔들리게 되어 있어 '시간의 다리'라 부른다.

시간의 다리 건너편에는 많은 사람이 노천 수영장과 파도 풀장에서 물놀이를 하고 있었고 뒤편에는 호화스러운 호텔이 있고 좀 더 먼 곳에는 왕의 궁전 지붕도 보였다.

통로를 따라 푸른 잔디가 펼쳐진 골프장으로 이동했다. 골프장 잔디 길을 산책하면서 내리막길을 한참 내려가는데 앞에 보이는 큰 호

흔들리는 시간의 다리

물놀이 파도풀장

수 위를 요트와 수상스키가 물살을 가르며 시원스럽게 지나갔다. 사막에서 이렇게 큰 호수는 처음 보았다.

이글거리는 태양 때문에 너무 더워 호수 물 위에 설치된 커피전문점에서 냉커피를 한 잔 마시며 물살을 가르며 지나가는 요트를 바라

선시티 호숫가 풍경

야자수 나무와 야외 수영장

보다 문득 이 호수에 대해 궁금해졌다. 인공호수일까? 아니면 사막의 오아시스일까? 호수 주위를 둘러싸고 있는 자그마한 산에는 나무들이 자라고 호수 주변에도 나무들이 자라고 있어 마치 선시티가 산자락 끝과 사막의 끝자락이 서로 만나는 곳에 자리 잡은 것 같았다.

충분히 휴식을 취한 후 점심 식사를 하기 위해 왔던 길을 따라 레스토랑으로 가는데 야외수영장이 보였다. 수영장 주위는 야자수 나무로 조경되어 있어 나무 그늘 아래서 가족 단위로 점심을 즐기거나 책을 읽고 있었으며 뙤약볕에서 일광욕을 즐기는 사람도 있었다.

레스토랑에 도착하여 안으로 들어가니 한쪽 벽 전체에서 폭포수가 흘러내리는데 시설들이 고급스러워 보였다. 폭포 주변에 자리를 잡고 앉았는데 흑인 처녀가 웃음 띤 얼굴로 물 한잔을 서빙하면서 인사하는 태도가 세련되어 보여 서비스 교육을 잘 받은 것 같았다.

메뉴는 다양하였다. 즉석요리 코너에서 가장 좋아하는 재료, 양념과 향료를 선택한 후 요리를 주문했다. 맛이 일품이었다. 맛이 너무 좋아 옆 사람에게 조금 권했는데 맛이 너무 좋다면서 선정한 재료를 알려달라고 해서 알려주고는 한 접시 더 요리해서 맛있게 양껏 먹었다. 아프리카 여행 중 가장 맛있게 먹은 음식이었다.

식사 후 1시부터 5시까지 자유시간으로 마음껏 즐기다 약속된 장소로 5시까지 오면 되었다. 나는 먼저 선시티 호텔로 이동해서 로비에 있는 카지노로 들어갔다. 그리고 오늘의 운세를 알아보고 비키니 차림의 흑인 미녀들도 구경하면서 약 30분 동안 파친코를 즐겼다.

선시티 호텔의 카지노

카지노에서 나와 유람선을 타려고 호수에 왔는데 시간이 맞지 않아 포기하고 커피를 마시며 요트가 빠르게 지나갈 때마다 포물선을 그리며 출렁이는 파도를 보면서 잠시나마 사색의 시간을 가졌다.

잠시 후 버스 정류장으로 이동하여 왕의 궁전으로 가는 버스에 탑승했다. 선시티 내 모든 위락 시설과 호텔을 연결하는 무료 내부 순환 셔틀버스가 운행되고 있어 이동하는 데 무척 편리했다.

왕의 궁전 앞 정류장에 도착하니 궁전 정문 앞에 동물로 조각된 커다란 분수대에서 물이 시원스럽게 솟아오르고 있었다. 분수대를 돌아 정문 앞으로 가니 먼저 도착한 일행이 안으로 들어가지 못하고 주위를 배회하고 있었다.

왜 들어가지 않느냐고 물으니 관광객은 출입을 금지시켜 못 들어간다고 했다. 혼자 정문으로 가서 경비원에게 사람을 만나러 왔다고 말하니 관광객이냐고 묻기에 아니라고 하니 통과시켜 주었다. 관광객이 들어가려면 한두 명씩 요령껏 속이고 들어가는 수밖에 없다.

정문을 통과하여 좌우를 보니 웅장하고 화려한 대리석으로 호화

왕의 궁전 정문과 분수대

롭게 꾸며져 있고 복도 중앙에는 원형으로 꾸며진 레스토랑이 있는데 한쪽 벽 전체가 유리벽이었고 벽 바깥쪽에는 폭포수가 흘러내려 운치 있어 보였다. 레스토랑에서 음료수를 한 잔 주문했는데 이곳은 예약 손님만 받는다며 왼쪽 복도 쪽으로 가면 카페가 있다고 알려주었다.

카페에서 캔 맥주를 마시면서 복도 반대편에 있는 상점(shop)을 보는데 동물로 조각된 머그컵 하나가 시야에 들어왔다. 상점에 들어가 머그컵 가격을 물어보니 150달러란다. 역시 부자들이 이용하는 상점이었다. 너무 비싸 머그컵 구입을 포기하고 엘리베이터를 타고 맨 위층 옥상에 올라 아래를 내려다보니 마치 왕이 높은 단상에서 아래를 내려다보는 느낌이었다. 왕의 궁전 주변은 조경시설이 잘 되어 있고 건물 한쪽은 야자수로 조경하여 야외 카페로 이용하고 있었다.

옥상에서 내려다본 야외 카페

왕의 궁전은 선시티 건물 중 가장 높은 곳에 있어 시야가 확 트이고 먼 곳까지 한눈에 들어오도록 만들어졌다. 궁전 전방 먼 곳에

Room Type	2PRS	3PRS	4PRS
Junior Suite	R9 400.00	N/A	N/A
Superior Suite	R15 000.00	N/A	N/A
Royal Suite	R47 100.00	N/A	N/A
Desert Suite	R47 100.00	N/A	N/A
African Suite	R65 600.00	N/A	N/A
King Suite	R65 600.00	N/A	N/A

선시티 호텔 룸 종류와 가격(일부)

보이는 산에 나무들이 자라고 있어 선시티가 자리 잡은 땅은 일부만 사막인 것 같았다. 우측은 사막이고 좌측은 산 끝자락이 만나는 지점에 선시티가 들어선 것이다. 잠시 구경한 후 로비로 내려와 안내소에서 숙박료를 물어보니 숙박할 사람으로 여기고 음료수를 서빙하면서 잠깐 기다려 달라고 하였다. 음료수를 마시고 잔을 돌려주자 룸 종류와 가격표가 인쇄되어 있는 인쇄물을 건네주었다.

호텔 구경을 마친 후 버스를 타고 엔터테인먼트 건물 앞에 내려 쇼핑몰을 구경하면서 시간을 보낸 후 약속 장소에 도착하니 일행이 모두 모여 있었다. 나는 구경하고 즐길 곳이 너무 많아 시간이 부족했는데 일행 대부분은 일찍 약속 장소에 모여 잡담으로 시간을 보내고 있었다. 곧바로 버스를 타고 선시티를 나오자 다시 사막지대가 나타났다. 사막지대를 통과하는 차창 밖은 어느덧 해가 서산에 걸려 있었고 호텔에 도착하니 사방은 어두운 밤이었다.

아프리카에서의 마지막 밤이라 저녁 식사를 마치고 일행은 맥주 파티를 하는데 참가하고 싶었지만 몸도 피곤하고 룸도 교체하고 내일 출국할 짐도 챙겨야 하기에 파티를 포기하고 룸으로 발길을 돌렸다. 룸 상태를 보니 청소가 잘 되어 있어 룸을 바꾸지 않고 곧바로 짐을 정리하는데 큰 가방과 작은 가방 그리고 기내용 작은 백 모두 3개였다. 짐 정리를 마치고 샤워한 후 취침 준비를 하는데 노크 소리가 들렸다.

시계를 보니 밤 10시였다. 가이드가 파티를 끝내고 룸 교체를 확인하러 온 줄 알고 문을 열었다. 그런데 눈부시게 아름다운 키 큰 흑인 미녀가 나를 보고 웃으면서 인사하기에 깜짝 놀랐다. 정말 아름다웠다. 이렇게 아름다운 흑인 미녀는 본 적이 없었다. 머뭇거리면서 흑인 처녀를 다시 한 번 아래위로 보는데 영어로 나를 도와주고 싶다며 안으로 들어가도 좋은지 물었다. 한마디로 유혹하기 위해 온 것이었다.

내가 머뭇거리는 사이 흑인 미녀가 룸 안으로 들어오려고 해서 "노 탱큐"라고 말하고, 오랜 기간 여행으로 매우 피곤하다고 말한 뒤 다시 한 번 "노 탱큐" 하며 문을 닫았다.

침대에 앉아 어떻게 혼자 있는 것을 알고 찾아왔을까 생각하면서 물을 마시는데 정면 벽에서 불빛이 반짝이는 것을 보고 깜짝 놀라 불빛 흔적을 찾아보았지만 찾을 수 없었다. 직감적으로 몰래 카메라가 설치된 룸이라는 생각이 들었다. 만약 내가 흑인 미녀와 함께 침대에 있는 장면이 카메라에 찍혔다면, 그리고 그 사진으로 협박하면서 돈을 요구한다면… 그런 생각만으로도 끔찍했다. 아프리카 여행 때 흑인 미녀를 조심하라는 말이 무슨 뜻인지 몰랐는데 경험을 통해서 이해하게 되었다. 여행자들이 싱글 룸을 이용할 때 흑인 미녀를 조심해야 한다는 저자의 경험에 근거한 새로운 정보를 전한다.

또 태어날 때부터 에이즈 감염 또는 보균자가 많아 본인의 에이즈 감염 여부를 모르는 사람이 많다는 것과 전 세계 에이즈 보균자 및

전쟁기념관

남아공 녹차

감염자의 약 50%가 아프리카 인임을 참고해야 한다.

다음 날 아침, 일정이 빡빡하여 식사를 마치자마자 곧바로 버스를 타고 남아공 행정 수도 프리토리아로 출발했다. 프리토리아에 도착하여 대통령 집무실과 전쟁기념관 등을 둘러본 후 공항으로 이동하는 도중 대형 슈퍼마켓 앞에 버스가 멈추자 일행은 가이드가 소개해 준 남아공 녹차를 구입하였다.

공항에 도착하여 가이드에게 큰 가방을 옮겨 달라고 부탁했더니 왜 이렇게 무겁냐고 묻기에 취미로 수집하는 머그컵과 작은 자연석이 있어 무겁다고 말했다. 터미널로 이동하면서 큰 가방의 중량이 초과될 수 있어 체크해 달라고 부탁했더니 24kg 기준에 23.8kg이었다. 턱걸이로 겨우 통과했다.

보딩 수속할 때 여권을 제출하면서 아가씨에게 인사말을 하고 작은 초콜릿 하나를 테이블 위에 올려놓으면서 몸이 불편해서 통로 쪽 좌석을 부탁한다고 말했는데 쳐다보지도 않아 거절당했다고 생각하였다. 티켓을 받아 나오면서 좌석 위치를 보니 원하는 좌석이었다. 좌석에 대한 스트레스가 해소되면서 즐거운 마음으로 홍콩행 비행기에 올랐다.

비행하면서 남아공은 어떤 나라인지 궁금했다. 남아공의 공식 명칭은 남아프리카 공화국(Republic of South Africa)이다. 아프리카 최남단에 위치한 국가로 약 350년 동안 백인들이 통치했는데 만델라가 대통령에 당선되면서 처음으로 흑인에 의한 통치가 시작되었다. 남아공의 수도는 4개인데 행정수도는 프리토리아(Pretoria), 사법 수도는 케이프타운(Cape Town), 입법 수도는 블룸폰테인(Bloemfontein), 경제 수도는 요하네스버그(Johannesburg)이다.

1990년 백인 대통령 데 클레르크는 케이프타운 항구 앞 작은 섬(로벤 섬)에서 감옥살이하던 만델라를 만나 대화하면서 서로 신뢰하게 되었고 이를 계기로 만델라를 석방하였다. 그 후 만델라는 흑인 인권 및 차별법을 평화적으로 해소한 공로를 인정받아 데 클레르크와 함께 공동 노벨평화상을 받았다. 아프리카 최초 노벨평화상 수상자였다.

차기 대통령 선거에서 만델라가 대통령으로 당선된 후 흑백 공동 번영의 기틀을 만들어 아프리카에서 정치, 경제, 사회, 인권 등에 가장 앞선 모범 국가가 되었다. 만델라는 인권 관련 법 중 가장 핵심적인 흑백 거주지 구분 및 결혼 금지법, 흑백 인종 차별법 등을 폐지했다.

남아공의 기후는 평균 15℃~16℃이고, 국토 면적은 남한의 약 12배이며 인구 대부분 기독교를 믿는다.

남아프리카 공화국의 일반적인 사항

- 국토 면적 : 1,221천km²
- 인구 : 47,432천 명
- 수도 : 프리토리아
- 언어 : 영어, 반투어, 줄루어
- 종교 : 개신교
- 1인당 GNI : 7,610달러/2012
- 화폐 : Real
- 대사관 설치되어 있음

약 13시간 비행한 후에 홍콩 공항에 도착해서 다시 연결 편을 갈아타고 인천공항으로 비행기가 이륙했다. 기내 좌석에 몸을 묻고 아프리카 여행 동안 있었던 모든 것을 잊지 않기 위해 다시 한 번 기억을 떠올렸다. 세렝게티와 응고롱고로 사파리 드라이브 게임, 마사이 마을과 올두바이 계곡, 빅토리아 폭포와 희망봉 등 새로운 것을 보고, 듣고, 만나고, 체험한 모든 것이 파노라마처럼 펼쳐졌다. 이 모든 것이 영원히 잊지 못할 추억으로 간직될 것이다.

홍콩 공항을 이륙하여 5시간 후 인천공항에 도착하자 힘든 여행을 무사히 마치고 귀국한 것에 대한 안도감과 또 하나의 목표를 달성했다는 자부심과 만족감에 뿌듯했다.

아프리카 여행을 통해서 새로운 삶의 지혜와 부족함을 채울 수 있었고, 세상에 대해 열린 마음과 눈을 갖게 되었다. 그리고 새로운 희망과 나눔의 기쁨을 알게 되었으며 한 단계 더 성숙해지는 계기가 되었다.

출국부터 입국할 때까지 한 번도 좌석 문제로 스트레스를 받지 않았으며 혼자 참가한 나에게 말동무가 되어주고 배려해 준 여선생 두 분과 사업가 부부 덕분에 즐겁게 여행할 수 있었다.

터미널에서 짐을 찾아 일행과 작별인사를 나누는데 여선생 한 분이 "교수님, 다음 여행지는 어디입니까?" 하고 묻기에 중동이나 알래스카를 가고 싶다는 말을 남기고 출구로 이동했다.

터미널을 나와 버스정류장으로 이동하는데 너무 추웠다. 열대지역에서 왔기 때문에 체감온도는 더욱 낮게 느껴졌다. 버스를 타고 이동하는데 방송에서 현재 온도는 영하 12도라고 알려주었다.

집에 도착하니 긴장이 풀리면서 쌓인 여독과 피로가 한꺼번에 몰려와 곧바로 깊은 잠에 빠져들어 하루 종일 잠만 잤다. 다음 날 일어나니 온몸이 아팠다. 3일 동안 집에서 휴식을 취하면서 날씨가 풀릴 때를 기다렸다가 사우나를 찾았다. 간단히 샤워를 하고 몸무게를 체크해 보고 깜짝 놀랐다. 체중이 6kg이나 빠져 있었다.

병원에서 영양제 주사를 맞으며 몸무게가 왜 이렇게 많이 줄었는지를 생각해 보았다. 의도적으로 기내식을 1/2로 줄였고 차량으로 장거리 이동할 때도 식사량을 반으로 줄였었다. 사파리 게임과 킬리만자로 트레킹 때도 도시락의 1/2만 먹었고, 로지에서는 메뉴가 다양하지 않고 현지식이 맞지 않아 비상식량으로 해결한 것이 주 원인이었다.

건강 상태가 최악이라 독감이라도 걸리면 큰일이었다. 겨울철만 되면 면역력이 떨어져 독감으로 고생하기 때문이다. 그래서 겨울 동안 최소한의 외출만하고 집에서 건강관리하면서 겨울을 무사히 넘겼다.

이렇게 힘든 여행을 계속하는 이유는 나만의 즐거움과 행복감 그리고 새로운 것들을 통해서 나의 부족함을 채우는 기쁨과 목표 달성에 대한 성취감과 호기심 때문이다. 그러나 여행이 항상 즐겁고 행복감을 주는 것은 아니다. 건강, 돈, 시간은 기본이고 힘든 여정과 위험을 감수해야 하는 경우도 있다. 열정과 목표 달성이라는 도전 정신이 없으면 여행을 계속할 수 없다.

지금까지 여행한 국가와 아프리카에 대한 긍정적인 측면을 류광철의 저서『아프리카는 말한다』를 인용해 요약하면 다음과 같다.

① 여행한 국가 모두 정치적으로 안정되어 있고 경제성장이 지속되고 있으며, 도시를 중심으로 문명의 혜택과 중산층이 증가하고 있다.

② 아프리카는 저임금과 풍부한 노동력 그리고 미래의 젊은 노동인구가 많고, 교육받은 자는 영어로 의사소통이 가능하고, 젊은 층 중심으로 모바일과 인터넷 이용이 늘고 있다. 케냐의 경우는 성인의 70%가 모바일 뱅킹을 하고 있다.

③ 중국은 아프리카의 경제 발전에 크게 기여하고 있다. 중국은 많은 재정 지원을 함과 동시에 자원 확보에 노력하면서 아프리카를 선점하고 있다.

④ 아프리카는 지구상에 남은 마지막 기회의 땅이며 자원의 보고이다. 주요 자원은 전 세계 대비 백금 95%, 크롬 90%, 코발트 50%, 망간 · 바나늄 · 티타늄 각각 20%, 석유 9.5%, 천연가스 8% 등의 매장량과 구리는 세계 10위, 다이아몬드는 세계 3위 생산국이다.

이외도 다양한 희귀 광물이 많이 매장되어 있다.

⑤ 개발 잠재력이 풍부하고 교역에서 지리적 이점이 있으며 자원 확보와 미래 시장 측면에서 매우 가치 있는 대륙이다.

⑥ 아프리카 대륙에는 54개 국가가 있고 이 중 53개국이 유엔에 가입했으며, 국제 외교에서도 긍정적인 측면이 높다.

⑦ 아프리카는 1990년 탈냉전 후 개방 개혁 정책을 펴고 있으며 21세기 세계 평화와 발전에 전략적 가치가 높은 대륙이다.

⑧ 2011년~2013년 세계 고성장 상위 10개국 중 7개국이 아프리카에 있으며, 연평균 경제 성장률은 5~6%, 국민소득 성장률은 3%이다.

⑨ 아프리카의 주요 산업은 디지털 산업이다. 현재 휴대폰 뱅킹을 가장 많이 하는 대륙은 아프리카로 전 세계 모바일 뱅킹의 70% 이상이 아프리카에서 이루어지고 있다. 휴대폰 판매와 모바일 관련 서비스 산업이 활발하다.

⑩ 아프리카 발전의 원동력은 젊은 인구와 중산층의 증가, 모바일이다. 앞으로 학교에서 디지털 교육을 실시하면 우리에게 훌륭한 수출 시장이 될 것이다.

우리나라는 1961년 가봉과 외교 관계를 시작하여 현재 16개 국가에 대사관을 설치 · 운영하고 있으나 중국과 일본에 비하면 많이 부족하다. 지금부터 우리나라도 아프리카에 더 많은 관심을 갖고 더 많은 투자를 해야 한다고 생각한다.

• 아프리카 여행자들을 위한 기본 정보 •

① 여행사에서 알려준 준비물은 필수 사항이고, 이외 본인이 필요한 것은 사소한 것이라도 모두 준비하라. 현지에서 사겠다는 생각은 하지 마라.

② 여행사에서 지정해 준 예방약과 주사는 필수이고, 본인 건강에 필요한 약과 비상약을 준비하라.

③ 말라리아는 모기에 물리지 않는 것이 최선의 방책이다. 그러나 방에 모기가 있을 것을 대비해서 모기향을 반드시 준비하라.

④ 사파리 드라이브 게임에 참여할 때 최소 4~5시간 화장실을 이용할 수 없다. 사전 준비를 철저히 하고 참여 여부 결정할 때 재검토하라.

⑤ 아프리카 여행 중 풀이나 잡초가 있는 곳에는 절대 들어가지 마라.

⑥ 장기간 여행으로 인한 건강관리에 주의하고 여독이 쌓여 피로도가 갑자기 높아지는 것에 대비하라. 그리고 비상식량을 준비하라.

⑦ 나 홀로 여행자는 싱글 룸 이용 시 흑인 여자를 조심하라. 호텔이나 로지 창문을 열지 말며, 홀로 호텔 밖으로 외출하지 마라. 특히 야간 외출은 절대 하지 마라.

⑧ 케냐에서 입국 수속과 비자 발급 시 여권 속에 비자 대금을 넣어 제출하지 마라.

⑨ 여행 중 작은 나눔은 큰 기쁨을 얻을 수 있다. 작은 것은 많이 베풀어라.

⑩ 귀국 후 말라리아 예방약을 일주일 이상 매일 반드시 복용하라.

⑪ 아프리카 풍토병에 대해 공부하고 스스로 대처하라. 말라리아(모기), 황열병(모기), 옹크병(검은 파리유충), 수면병(체체파리), 피부병(통부파리), 에이즈(감염자, 보균자와 성적 접촉 또는 상처 접촉) 등이다.

추운 겨울을 무사히 넘긴 후 다음 여행지를 선택하기 위해 아직 가보지 못한 국가와 여행지에 대한 정보를 수집했다.

제2편

시나이 반도와 이란 기행

(5개국)

여행을 통해서 진정한 발전에 이르는
여정은 새로운 풍경을 보는 것이 아니라
새로운 눈으로 볼 때 이루어지는 것이다.
— 마르셀 프루스트 –

여행을 많이 하고 자신의 생각과 삶의 형태를
여러 번 바꿔본 사람보다 더 완전한 사람은 없다.
— 알퐁스 드 라마르틴 –

시나이 반도 여행지와 경로

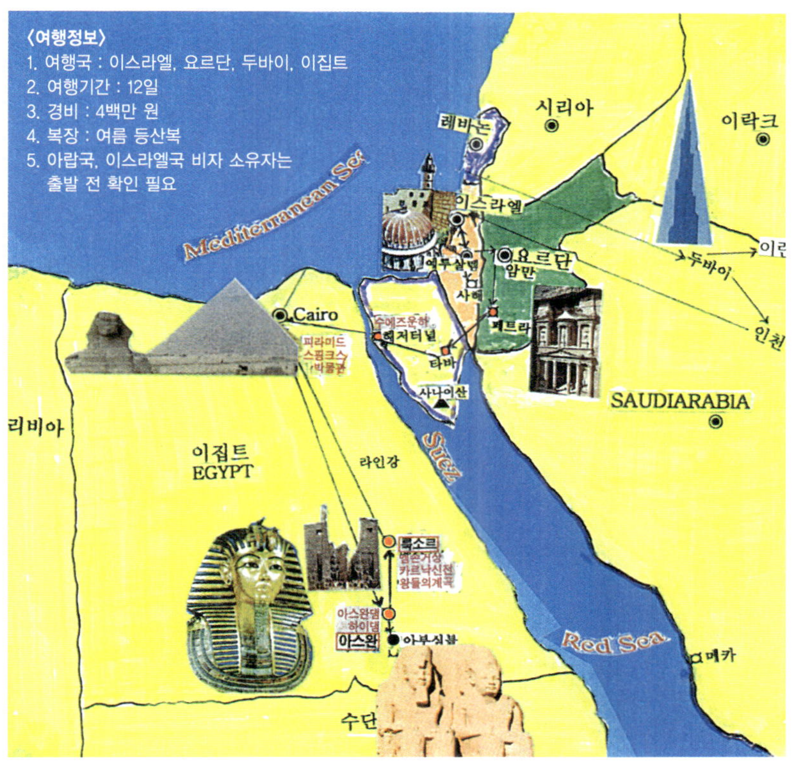

이스라엘

예루살렘/사해

2014년 1월 여행지를 선정하기 위해 여러 곳을 검토하던 중 가족으로부터 시나이 반도를 제안받고 한참 동안 망설였다. 여행 패키지에 10년 전 다녀온 이집트가 포함되어 있었기 때문이다. 그러나 이집트 코스 중에 10년 전 여행 때 가보지 못한 아부심벨 신전이 포함되어 있어 여행하기로 결정했다. 아부심벨 신전은 유네스코 세계문화유산으로 등재된 암굴 신전으로 이집트 남부지역 최대 문화유산이다.

첫 방문국은 이스라엘이었다. 인천공항에서 약 12시간 비행 후 이스라엘 벤쿠리온 공항에 도착하였다. 터미널은 규모는 작지만 깨끗하고 아담했다. 입국 수속을 밟는데 입국 시스템과 수화물 처리 시설이 선진국 수준이었다. 입국하는 사람들이 적은 탓도 있지만 그간 여행한 나라 중 입국 절차가 가장 빨랐다. 그러나 적대국인 시리아, 레바논, 이란 등 이슬람 국가를 거쳐온 사람은 검사가 까다로워 시간이 오래 걸리고 경우에 따라서는 입국이 거절되는 경우가 가끔씩 있다고 한다.

입국 수속을 마치고 수화물 처리장에서 가방을 찾아 출구로 가는데 쇼핑 가게는 보이지 않고 내부 시설도 작고 단순하다는 느낌을 받았다. 안내원이 앉아 있는 둥근 기둥에 무척 큰 이스라엘 국기가 걸려 있어 인상적이었다. 많은 나라를 여행하였지만 터미널 건물 기둥에 큰 국기를 부착한 나라는 이스라엘이 처음이었다.

터미널을 나와 버스를 타고 호텔로 이동하며 차창 밖을 보니 나무

공항 터미널 내부와 국기

나무 한 그루, 풀 한 포기 보이지 않은 척박한 땅

한 그루, 풀 한 포기 보이지 않은 척박한 땅이었다. 지형을 자세히 살펴보니, 석회석과 퇴석층으로 형성된 구릉지대라 멀리서 보면 마치 사막처럼 보였다. 한 마디로 사막처럼 보이는데 사막이 아니며 풀과 나무가 자라지 않는 황폐한 땅, 완전 벌거숭이 땅이었다.

아스팔트 도로가 깨끗한 것으로 보아 최근에 건설된 것 같았다. 약 1시간 정도 이동하며 보니 좌측 팔레스타인 땅에는 높은 장벽이 세워져 있고, 우측 이스라엘 땅에는 주거용 건물이 가끔씩 보였다. 버스는 팔레스타인과 이스라엘 간의 국경선 도로를 따라 이동하고 있었다.

이상한 것은 버스가 이동하는 땅은 분명 팔레스타인 땅인데 도로는 이스라엘이 건설하고 이용한다는 것이었다. 아마 이스라엘이 영토를 확장한 후 도로를 만들고 도로를 기준으로 일방적으로 이스라엘과 팔레스타인 간의 국경선으로 정한 것 같았다.

이동 중 이스라엘 쪽에 가끔 마을이 보였다. 집 지붕 색이 흰색과 검은색으로 나뉘어져 있었는데 이스라엘 주택 지붕은 흰색, 팔레스타인 주택 지붕은 검은색으로 구분하여 유사시 팔레스타인 주택부터 전기와 수도 공급을 끊기 위한 것이라고 한다.

아랍 국가에 포위되어 있는 이스라엘은 유럽과 미국의 도움으로 팔레스타인에 국가를 건설하였다. 중동전쟁을 통해서 계속 영토를 확장하면서 두 나라 사이에 갈등의 골이 더욱 깊어져 끊임없는 전쟁과 테러가 반복되고 있다.

이스라엘은 주변 아랍 국가는 핵무기와 막강한 군사력으로 견제하면서 국경을 마주하고 있는 팔레스타인 자치국과는 제한적으로 인적·물적 교류를 하지만 필요시 언제든지 교류를 중단하고 상대를 응징하는 강온전략을 병행하고 있다.

도로변에 흰 눈이 쌓여 있어 사막화가 진행되는 곳에 웬 눈이냐고 물으니 일주일 전에 약 80년 만에 50cm의 많은 눈이 내렸다고 한다. 한때 폭설로 교통이 마비되었다는데 지금은 대부분 녹고 그늘진 곳 일부만 남아 있었다. 사막에도 기상 이변이 발생한 것이다.

버스는 목적지인 베들레헴에 도착하여 작은 건물 앞에 멈추었다.

작은 3층짜리 단독상가 건물처럼 보였는데 이곳이 호텔이라고 했다. 세계 여러 곳을 여행하였지만 이런 호텔은 처음이라 생소했다.

호텔 안으로 들어갔는데 로비도 좁은 것이 우리나라 모텔보다 못했다. 형편 없는 이스라엘 호텔 수준에 실망하면서 안내원을 따라 안으로 이동하였다. 그런데 건물 뒤편에 도착하여 지상과 지하로 된 매우 큰 객실을 보고 크게 놀랐다. 이제껏 처음 보는 가장 특이한 호텔로 지상 객실보다 지하 객실이 더 컸다.

호텔 건물은 지상 1층 지하 3층의 기역자 형으로 건축되어 있고 지하 3층 객실 앞 넓은 공간에 정원을 만들어 나무를 심어 놓았다. 객실 주변에 큰 나무들이 있어 객실을 보호하고 있었다. 비로소 지상의 호텔 건물은 투숙객을 보호하기 위해 철저히 위장한 것임을 알게 되었다. 국경선이 호텔에서 멀지 않아 팔레스타인 하마스의 공격으로부터 호텔 투숙객을 보호하기 위해 지하에 건축한 것이다. 표적이 되지 않도록 일반 상가 건물처럼 건축하고 건물 뒤편 지하에 객실을

지상보다 지하가 큰 특이한 호텔 내부

만든 이스라엘인들의 지혜를 엿볼 수 있었고 호텔이 안전지대가 아님을 알 수 있었다.

룸으로 들어가 시설을 살펴보니 이용하는 데 전혀 불편함이 없는 선진국 수준이었다. 호텔 객실 앞을 밝혀주는 전등도 불빛이 퍼지지 않는 무발광 전등이었다.

공항에서 베들레헴 호텔까지 이동하는 도로 좌우의 전혀 새로운 사막과 도로 풍경, 지상보다 큰 지하 호텔을 보면서 가졌던 의문과 궁금증을 품은 채 이스라엘에서의 첫날 밤은 점점 깊어져 갔다.

아침에 버스를 타고 호텔을 출발하여 예루살렘 성지가 가장 잘 보이는 올리브 언덕 전망대에 도착했다. 언덕 아래는 깊은 계곡이 있고 건너편 팔레스타인 영토에 예루살렘 성지가 있다. 중동전쟁 이전에는 계곡이 국경선이었으나 지금은 이스라엘 영토다. 언덕에서 계곡 건너편 예루살렘 성지를 보니 황금색 둥근 돔 지붕의 이슬람 사원이

언덕에서 바라본 예루살렘 황금사원

가장 먼저 시야에 들어왔다.

이 사원은 이슬람교인들이 가장 신성시하는 황금사원으로 이슬람의 상징이다. 황금사원은 세계에서 가장 오래된 사원이고 이슬람의 성지다. 이슬람교인들은 무함마드가 이곳에서 승천했다고 믿으며 모세가 신으로부터 받은 십계명 석판이 발견된 곳이라고 설명했다.

언덕을 조금 내려가니 오래된 교회가 있어 안으로 들어가 창문을 통해 황금사원을 보니 창문에 있는 십자가와 황금사원이 서로 마주 보고 있어 묘한 기분이 들었다.

고대에 교회와 황금사원은 서로 사이좋게 마주 보며 건설되었는데 현재는 서로 저주하고 적대시하는 사이가 되었다. 교회 외벽에 하느님의 형상이 그려져 있는데 언제 누가 그렸는지는 모른다고 했다.

언덕 아래 교회 창문을 통해 본 예루살렘

교회 구경을 마치고 언덕 위로 올라와서 반대편으로 이동하여 다시 아래로 내려가니 올리브나무 정원이 보이는데 수종의 오래된 올리브나무가 있었다. 자세히 관찰해 보면 나무가 크지 않은데 몸통과

줄기가 무척 크고 색상과 모양이 특이해 나이가 많은 고목처럼 보였다. 이 올리브나무들은 예루살렘의 증인으로 말없이 성지를 지켜보고 있었다.

정원사에게 가장 나이가 많은 나무의 수령이 몇 년인지 묻자 4,000년이라고 했다. 4,000년 수령의 나무라는 말을 도저히 믿을 수 없었다. 어떻게 4,000년 된 나무에 나뭇잎이 무성하고 가지가 잘 자라는지 선뜻 이해가 되지 않았다. 더구나 나무 이력 팻말이 없어 더욱 신뢰할 수 없었다. 만약 사실이라면 생존하고 있는 나무 중 세계에서 가장 오래된 나무를 보고 확인하는 순간이었다.

4,000년 수령의 올리브나무

지금까지 내가 보았던 나무 중 가장 오래된 것은 4,000년 된 올리브나무와 스리랑카에서 본 2,500년 된 보리수나무 그리고 아프리카 보츠와나에서 본 2,000년 된 바오밥나무였다.

세계에서 수령이 가장 오래된 나무는 어떤 나무일까? 올리브나무도 아니고 바오밥나무도 아니다. 현재 기네스북에는 미국 캘리포니아에 있는 4,733살의 브리슬콘 소나무가 가장 나이가 많은 것으로 기록되어 있다. 그러나 캘리포니아 국립공원의 메두셀라 소나무 나이는 4,843살로 더 많다. 더욱 놀라운 것은 2004년에 스웨덴 달라르나 산악지대에서 발견된 가문비나무로 8,000~9,500살이다.

이 나무는 줄기가 죽으면 새로운 줄기가 나와 생명을 유지하고 있다. 이외에도 영국 웨일즈 주목나무 3,000~4,000살, 칠레 안데스산맥 편백나무 3,621살, 캘리포니아 그리졸리 자이언트 세쿼이아나무 3,267살, 태국 코백 올리브나무 3,000살, 브라질 파트리아카나무 3,000살, 일본 가고시마 현의 삼나무 2,170살 순이다. 모두 현대과학으로 측정한 나무들의 수령이다.

올리브나무 정원을 구경한 후 계곡 아래로 조금 더 내려가니 이스라엘에서 가장 크다는 공원묘지가 있었다. 공원묘지에는 고대부터 수많은 성직자의 유해가 안치되어 있는데 빈자리가 보이지 않을 정도로 대리석 석관으로 가득 채워져 있었다. 묘지는 계곡 아래에서 위

이스라엘 최대 공원묘지

쪽에 있는 예루살렘 성지를 향하도록 조성되어 있어 죽어서도 성지를 향해 기도하는 것처럼 느껴졌다.

공원묘지를 보면서 유대교인들이 시체를 화장하거나 땅에 묻지 않고 지상에 관을 진열해 놓는 이유가 무척 궁금했다.

유대인들은 일반적으로 시신을 부검하지 않으며, 화장해서는 더욱 안 되고 반드시 땅에 묻는다고 한다. 다만 묻을 땅이 적합하지 않아 관에 보관할 경우 관이 반드시 땅과 접촉할 수 있도록 관 아래 구멍을 뚫는다고 한다. 이유는 인간은 땅에서 태어나 땅으로 돌아가는 이치와 영혼이 있다는 믿음 때문이다.

버스를 타고 호텔로 돌아오면서 어떤 연유로 유대교 · 기독교 · 이슬람교 모두 같은 유일신을 믿으며 예루살렘이 세 종교의 성지인지 궁금했다. 그리고 성지 출입을 통제하는 것도 이상하고, 성지에서 무장 군인들이 삼엄하게 경계 근무하는 것과 수많은 사람의 목숨이 희생되는 것, 그리고 도대체 무엇 때문에 갈등의 골은 깊어지며 테러와 전쟁이 계속되는지 종교가 없는 나로서는 도저히 이해할 수 없었다.

내일 직접 예루살렘을 둘러보면 모든 궁금증을 해소할 수 있을 것이라 기대하면서 호텔에 도착하였다. 세 종교 간 갈등의 근본 원인은 무엇일까 곰곰이 생각하는 가운데 베들레헴의 밤은 점점 깊어만 갔다.

아침에 호텔을 출발하여 예루살렘으로 이동하는 길목에 검문소가 있는데 많은 차량이 대기하고 있었다. 다행히 외국인 관광객 버스는 간단한 절차만 밟고 통과시켜 주었다.

예루살렘 통행 도로변 장벽

검문소를 통과하자 예루살렘으로 진입하는 도로 한쪽은 높은 장벽이 예루살렘 입구까지 가로막았다. 장벽 너머는 팔레스타인 영토이고 예루살렘 성지도 팔레스타인 영토 안에 있다. 과거 베를린이 동독 안에 있던 것과 비슷하고 통행 도로도 비슷했다. 버스는 장벽을 따라 이동하여 예루살렘 성지 입구 주차장에 도착하였다.

예루살렘은 구 도시로 도로가 좁고 골목이 미로처럼 연결되어 복잡하다. 도로에는 노점상, 기념품 가게, 과일 노점상, 생필품 가게 등이 있어 이동하다가 일행을 놓치면 큰 낭패를 당할 수 있다. 마치 스페인의 옛 수도 톨레도(Toledo)를 연상케 한다. 현지 가이드가 성지 안에 있는 교회와 유적지 등 여러 곳을 안내하면서 소개하는데 나는 순례자가 아니라 관심이 없어 설명은 듣지 않고 교회만 구경하는데 순례자들은 열심히 설명을 듣고 메모하는 사람도 있었다.

성묘 교회(Church of the Holy Sepulchre)에 도착하자 가이드는 세계에서 가장 신성한 기독교 유적지라고 소개하였다. 이 교회는 서기 326년 동로마의 콘스탄티누스 황제가 골고다에 건축하였으나 세

예루살렘 성묘 교회 입구와 내부/보루

번의 화재로 일부 불타고 파괴된 것을 십자군의 노력으로 1810년에 완성되어 현재의 모습을 유지하고 있다.

교회로 들어가니 촛불이 있는 화려한 제단 앞에 기도하는 사람들이 모여 있고 제단을 통과하면 바닥에 돌로 만든 보루가 하나 있는데 교회를 방문한 대부분의 사람은 보루에 손을 대고 기도했다. 예수의 시신을 안치했던 보루라고 하는데 당시에 그런 고급 보루가 있었는지 의심스러웠다.

교회를 둘러본 후 골고다 바위로 이동하면서 가이드는 바위 틈 사이 촛불이 있는 곳이 예수의 무덤이며 바위에 보이는 붉은 얼룩이 예수의 핏자국으로 보이지만 확실한 근거나 기록은 없다고 설명해 주었다.

많은 교회를 보았지만 예수의 시신을 모신 돌로 만든 보루와 바위 틈 사이의 예수 무덤 그리고 성묘 교회 입구가 가장 인상적이었다.

하루 종일 걸으며 여러 교회를 둘러본 후 마지막으로 통곡의 벽에 도착하니 해가 서산에 넘어가고 어두워지기 시작했다. 통곡의 벽 광장에는 많은 사람이 모여 있고 곳곳에 2인 1조 무장 군인들이 약 10m 간격으로 경계 근무를 하고 있었다. 나는 통곡의 벽과 가까운 거리에서 종교 간 화해와 평화를 기원했다. 그러나 갈등의 골이 워낙 넓고 깊어 시간이 필요하다는 생각이 들었다.

통곡의 벽을 나와 버스로 이동하면서 어떤 이유로 '통곡의 벽'이라 부르게 되었는지 궁금했다. 서기 70년 로마군이 예루살렘을 점령했을 때 유대인들이 이미 떠났다는 것을 알고 로마군이 예루살렘 성벽을 모두 파괴하였는데 서쪽 성벽 일부만 남게 되었다. 그 후 로마

통곡의 벽에서 기도하는 사람들

군이 철수하자 떠났던 유대인이 돌아와서 성벽은 모두 무너지고 서쪽 성벽만 조금 남아 있는 것을 발견하고 남은 성벽 앞에 모여 통곡하며 기도한 후, 성벽을 복원하기 시작하였다. 서쪽 성벽을 복원한 후 '통곡의 벽'이라고 부르기 시작한 것이 현재까지 이어지고 있다고 설명했다.

다음 행선지인 기독교 최고의 성지 예수 탄생 교회(the Church of the Nativity)로 이동하였다. 예수는 마구간에서 태어났는데 예수 탄생 교회라고 해서 얼른 이해가 되지 않았다.

교회로 들어가니 어두웠고 제단이 있는 곳 대리석 바닥에 은색 별모양 촛불이 타고 있었다. 촛불이 있는 자리가 예수 탄생 지점이라고 설명하면서 저 지점 아래 지하에 예수 탄생 마구간이 있었고, 마구간을 중심으로 교회를 신축했다는 설명을 듣고서야 교회 이름에 대한 의혹이 해소되었다.

하루 종일 예루살렘을 둘러보았지만 갈등의 근본 원인과 왜 끊임없이 테러와 전쟁을 반복하는지에 대한 궁금증은 해소되지 않았다.

그런데 『예루살렘의 광기』와 『근대의 탄생』이란 두 권의 책을 요약한 글을 읽은 후 궁금한 점이 다소 풀렸다. 그 내용을 소개하면 다음과 같다.

1) 『예루살렘의 광기』의 저자 제임스 캐럴은 가톨릭 사제 출신으로서 1973년 예루살렘 성지를 방문한 후 예루살렘에서 행하는 모든 것을 보고 듣고서 크게 실망하고 돌아온 후 사제직을 내려놓고 작가로 전업하여 이 책을 집필했다. 그는 책에서 예루살렘에서 본 것을 한마디로 인간의 욕망이라고 표현하였다. 유대교(기독교)와 이슬람교 양쪽 교인들은 수세기 동안 신앙을 들먹이며 예루살렘을 성지로 만들었고, 자신들은 신앙에 도취되어 병적으로 예루살렘에 집착했다. 그리고 지나친 집착의 열병에 걸려 곧 나와 다른 것(나와 다른 신앙 및 종교)에 대한 배타적인 적대감으로 이어졌고, 적대감이 살육을 정당화시킨다고 하였다.
2) 『근대의 탄생』의 저자 폴 존슨은 저명한 역사학자로 유대인의 역사를 언급하면서, 유대인은 역사상 가장 집요한 민족이라고 표현했다. 예루살렘 남쪽 32km, 해발 900m에 자리 잡고 있는 헤브론 막벨라 동굴에 유대교 창시자인 아브라함의 유해가 안치되어 있는데 이곳은 지난 4,000년간 고대 그리스, 로마, 비잔틴 제국, 프랑크족 맘루크 왕조, 오스만제국, 아랍인들에 의해 순차적으로 점령되었고, 유대인들은 팔레스타인을 떠나 전 세계로 흩어져 나라 없는 민족으로 수천 년을 살았다. 그러나 세계 어디에도 수천 년이 지나는 동안 특정 지역(예루살렘)에 이렇게 집착했던 민족이

없다고 이 책은 기술하고 있다.

유대인들이 예루살렘에 집착하는 근본 원인은 유대교라는 종교 때문이다. 유대인은 스스로를 선민(選民)이라 여긴다. 우주에는 신의 섭리가 있으며, 신의 섭리는 무조건 따라야 하는 것으로 믿는다고 기술하고 있다. 또 이 책에서는 유대인들이 예루살렘에 병적으로 집착하여 예루살렘이 전쟁을 촉발하는 중심에 있다면서 유대교와 이슬람교 간 분쟁의 마지막은 전쟁밖에 없다며 결론을 맺는다.

유대교와 이슬람교 간의 근본적인 갈등 원인이 무엇인지 두 권의 책을 통해 어느 정도 알 수 있었다. 그러나 유대교 · 기독교와 이슬람교 간의 분쟁이 결국 전쟁을 통해서 어느 한쪽이 멸망하든가 굴복해야 종식될 것이라는 결론에 또 한 번 십자군전쟁과 같은 큰 재앙을 예고하는 것 같아 마음이 무거워졌다.

하루 종일 예루살렘을 여기저기 둘러보았더니 무척 피곤했다. 순례자가 아닌 나에게 예루살렘 관광은 기대가 큰 만큼 실망도 컸다. 잠들기 전 '현대인들은 왜 4,000년 전 고대 사람들의 신앙에 집착할까'라고 생각하면서 깊은 잠에 빠져들었다.

다음 날 사해로 가기 위해 아침 일찍 호텔을 나섰다. 완만한 내리막길을 따라 이동하던 버스는 'SEA LEVEL'이란 표지석이 있는 곳에 잠시 멈추었다. 이곳이 해수면 즉, 바다의 평균 높이인 지점이다. 표지석을 중심으로 사방 멀리까지 크고 작은 모래언덕이 있어 사막처럼 보였다. 그리고 이곳이 과거 바다였다는 표지석이 세워져 있고 도

해수면 땅에 설치된 표지석

사해 체험장 도로변 푸른 농장

로변에는 해조류와 생물들의 그림과 이름이 새겨진 석재판도 있었다. 사막처럼 보이는 주변 지형을 돌아보면서 표지석에서 사진을 찍었다. 표지석 400m 아래 지점에 사해가 있다.

버스는 약 2시간 이동하여 사해가 내려다보이는 언덕 위에 도착했다. 사해는 매우 큰 호수처럼 보였다. 이 언덕에서 버스는 경사가 심한 내리막길을 따라 천천히 이동하는데 이곳 역시 사막화가 진행 중이고 사해 체험장으로 가는 도로변에 푸른 나무가 숲을 이루고 있는 큰 농장이 보였다.

이스라엘에 도착해서 처음 보는 푸른 나무 농장인데 주변의 땅은 황폐하여 풀 한 포기 자라지 않는데 이런 곳에 농장이 있다는 것이 신기했다. 자세히 보니 해수면 아래 400m까지 바닷물이 빠지면서 아래쪽 평탄한 곳으로 토사가 흘러내려 만들어진 땅이었다. 농장은 평탄한 넓은 땅에 토사가 약 1m 이상 쌓인 비옥한 땅으로 지하수를 이용하여 야자나무, 올리브나무와 과일 등을 재배하고 있다.

사해 체험장에 도착하니 많은 사람이 물속에서 몸이 둥둥 뜨는 체험을 하고 있었다. 체험장에는 탈의실과 샤워장이 잘 갖추어져 있었다. 사해에 들어가기 위해 탈의실에서 옷을 갈아입고 모자와 안경을 쓰고 약 100m 아래에 있는 사해로 내려갔다. 그리고 물속으로 천천히 한 발씩 움직이는데 물속은 완전 검은색 진흙 펄이었다.

사해 부력 체험장 안내소

발목까지 펄 속에 묻히고 무척 미끄러워 한 발씩 움직이기 무척 힘들었다. 그러나 몸이 바다 위에 둥실 뜨는 체험을 포기할 수 없어 허리까지 차는 깊은 물속으로 들어가 모자와 안경을 쓰고 양손은 올리고 얼굴을 앞으로 약간 당긴 채 몸을 천천히 뒤로 눕히면서 양발을 들어 올리자 순간 몸이 물 위에 둥둥 떴다.

사해의 부력 체험 장면

정말 신기해서 같은 동작을 여러 번 반복했는데 똑같이 물 위에 몸이 둥실 떴다. 그런데 얼굴과 모자에 물이 전혀 닿지 않았다. TV에서 사해 체험 장면을 보면서 설마 66kg 체중이 양손과 양발을 들고 몸 전체가 둥실 떠 있는 모습을 보고 의문을 가졌었다. 그런데 지금 사해에서 몸무게 66kg인 내 몸이 물 위에 둥둥 뜨는 체험을 직접 해보고 놀랐다. 어떻게 바닷물에 둥둥 떠 있을 수 있는 걸까? 도저히 믿기지 않았다.

사해는 지진으로 홍해와 연결된 물길이 막히면서 호수가 되었고 강수량보다 강한 태양열로 증발하는 바닷물이 많아 염도가 높아져 몸이 물 위로 둥실 떠오르는 것이다.

그렇다면 평균 염도는 얼마나 되는지 궁금했다. 사해의 수면은 1년에 80cm씩 낮아지고 있으며 평균 염도는 27.5%이다. 바닷물의 평균 염도 3.5%에 비하면 매우 높으며 사해 아래의 염도는 30%나 된다. 이스라엘은 사해에 거대한 태양 연못 발전소 건설을 추진하고 있는데 태양 연못은 1㎡당 연간 2,000kw씩 쏟아지는 태양 에너지의 20%를 저장할 수 있는 규모다.

사해 밑은 각종 광물질이 포함된 토사가 빗물과 함께 사해로 흘러 들어가 쌓이면서 100여 종의 미네랄이 포함된 진흙 펄이다. 이 진흙 펄은 마사지 머드로 상품화하여 수출하고 있다. 그리고 사해는 피부 질환과 호흡기 질환 환자들에게 최고의 자연 치유 장소로 알려져 많은 사람이 찾아온다. 사해는 이스라엘의 주요 수입원의 하나로 효자 노릇을 하고 있으며 다양한 상품을 개발하여 판매 및 수출하고 있다.

하루 종일 사해에서 수영하면서 시간을 보내고 싶은데 일행 대부분은 사해에 발도 담그지 않고 더 많은 유적지를 보고자 희망하여 아쉬움을 뒤로하고 다음 관광지 쿰란(Qumran)으로 이동했다.

쿰란은 구약성서 필사본인 사해문서가 발견된 동굴로 현재 이스라엘 국립공원으로 지정되어 있다. 이동하는 차 안에서 쿰란에 대한 가이드의 설명을 들으면서 성서 필사본이 어떻게 만들어져 보관되었는지 궁금했다. 그리고 성서의 원본은 어디에 있는지도 궁금했다.

성서의 원본은 세상에 존재하지 않는다. 성서 번역본은 고대 성서 사본에서 유래한 것으로 현재 쿰란 사해 동굴에서 발견된 것이 가장 오래된 것이다.

쿰란은 유대인의 한 분파인 에세네파가 이곳에 정착하여 살면서 만든 성서 사본이다. 그들은 로마의 침입으로 이곳이 점령될 때 사람이 접근하기 어려운 동굴에 성서 사본을 두루마리 형태로 말아 항아리에 숨기고 각지로 흩어졌다. 로마군이 오랜 기간 머물다 이곳을 떠

쿰란 유적지와 사해문서

난 후 유대인들은 쿰란으로 돌아오지 않아 성서 사본이 숨겨진 동굴은 약 2,000년 동안 사람들에게 완전히 잊혀졌다.

그러나 1947년 베두인 목동이 동굴에서 7개의 두루마리를 우연히 발견한 후, 프랑스 고고학자들이 동굴에서 추가로 두루마리를 찾아내면서 사해 사본이 세상에 알려졌다.

항아리 속의 두루마리는 건조한 사막 기후 덕분에 2,000년 동안 양호한 상태로 잘 보존되었고 현재 일부 두루마리는 이스라엘 박물관에 전시 또는 보관하고 있다고 한다. 동굴 안은 어둡고 한쪽 벽 아래에 두루마리와 항아리 그리고 몇 개 유물이 희미한 불빛 아래 전시되어 있는 것이 전부였다.

쿰란 주변은 사막지대이고 유대인이 생활했던 흔적을 볼 수 있지만 볼 것이 많지는 않았다. 작은 동굴 하나뿐인 이곳을 국립공원으로 지정한 것은 세계에서 가장 오래된 성서 사본이 발견된 곳이기 때문이다. 호텔로 돌아오면서 차라리 사해에서 수영하면서 시간을 보내는 편이 훨씬 좋았을 거라는 아쉬움이 남았다.

호텔에 도착하여 사해 체험을 통해 몸이 물 위에 둥둥 뜨는 것을 생각하면서 즐거운 마음으로 잠자리에 들었다.

다음 날 아침, 국립공원인 마사다 유적지로 가기 위해 일찍 버스를 타고 출발했다. 마사다 유적지에 도착하자 곧바로 마사다 박물관 안으로 들어가 다양한 유물을 관람한 후 밖으로 나와 박물관 뒤편을 보니 마사다 요새 정상이 보이고 수직으로 가파른 요새 정상까지 케이블카가 왕래하고 있었다.

케이블카를 타고 올라가면 정상까지 5분이면 되지만 급경사의 지

마사다 요새와 정상 유적

마사다 요새 정상으로 가는 케이블카

마사다 박물관 내 요새 모형도

그재그 길을 걸어서 오르면 1시간 정도 걸린다. 요새 정상에 도착하니 예상외로 평탄하고 넓어 천연 요새로서 최적의 조건을 갖추고 있으며 여러 군사 시설물과 목욕탕, 음식 저장고, 지하수 저장 시설 등이 있었다. 정상에서 보면 사막지대와 사해 그리고 멀리 요르단까지 볼 수 있다. 요새 사면은 접근하기 어려운 가파른 절벽이라 완벽한 천연 요새임을 알 수 있다. 유대인들은 요새에서 로마 군대와 끝까지 항전하였으나 결국 더 이상 버틸 수 없게 되자 모두 자결하였다.

기원전 2세기경 하스몬 가(家)에서 사막에 우뚝 솟은 민둥산을 보고 답사한 결과 정상에 평탄하고 넓은 공간이 있음을 확인하고 요새를 만들었으며 기원전 35년에 헤롯왕이 요새를 증축 보완하였다. 그 후 로마가 유대를 점령하자 유대인 병사와 지지 세력들이 가족과 함께 이곳으로 피난하면서 완벽한 요새가 만들어졌다.

호텔로 돌아와 짐을 버스에 싣고 이스라엘 수도 텔아비브로 이동하였다. 베들레헴에서 텔아비브까지 고속도로가 있어 이동하기가 무척 편리했다. 왕복 4차선 고속도로를 이동하는 중간에 구릉지대와 터널이 많고 굴곡이 심했다.

차창 밖으로 삭막한 사막은 보이지 않고 낮은 산자락과 언덕 위에 가끔씩 나무도 보이고 푸른 숲이 우거진 언덕도 보였다. 지대가 높은 베들레헴에서 텔아비브까지 완만하게 내리막길로 만들어진 고속도로를 따라 이동하는 중간에 도로 확장공사를 많이 하고 있어 정체되는 곳도 있었지만 고속도로의 빠르고 편안함을 느끼면서 이동하였다.

여러 개의 터널을 통과한 후 마지막 톨게이트를 나와 이스라엘에서 가장 오래된 욥바(Joppa) 항에 도착했다. 삭막한 사막 풍경만 보다 방파제 넘어 시원스럽게 출렁이는 푸른 바다를 보니 가슴이 확 트이고 기분 전환도 되었다. 먼 바다에서 가끔씩 너울파도가 밀려와 방파제에 하얀 거품을 토해 내는 풍경은 마치 고향의 항구를 보는 듯하

이스라엘에서 가장 오래된 항구 욥바

공원 조각품

욥바 공원에서 바라본 텔아비브

여 무척 정감이 갔다.

선착장 주변을 거니는데 이상할 정도로 사람들이 보이지 않았다. 파도가 높아 배들이 출항하지 않은 것 같았는데 어부들의 모습도 보이지 않았다. 적막할 정도로 조용한 항구 이곳저곳을 돌아본 후 언덕 위 공원으로 이동했다. 항구가 한눈에 들어오는 공원에서 끝없는 수평선을 보며 잠시나마 옛 추억에 잠겼다.

어릴 적 벗 삼아 놀던 고향 바다를 생각하면서 해안선을 따라 먼 곳을 보니 빌딩 숲이 보였다. 이스라엘에서 처음 보는 현대식 빌딩 숲이었다. 가이드에게 저곳이 어디냐고 물었더니 이스라엘 수도 텔아비브라면서 욥바 공원에서 바라보는 텔아비브가 가장 아름답다고 알려주어 풍경을 사진에 담았다. 아이스크림을 사먹고 노점상에서 기념품을 구입하면서 시간을 보낸 후 버스를 타고 텔아비브로 이동했다.

텔아비브 시가지는 규모가 작을뿐더러 사람들과 차량 이동이 적고 볼거리도 없어 시가지를 한 바퀴 돌아본 후 고대 도시 유적지인 가이샤라 항구로 이동하였다.

가이샤라 항구는 샤론 평야 북부에 있는 타닌 강과 하데라 강 사이의 지중해 연안에 있으며, 고대부터 자연적으로 항구가 만들어져 많은 어선들이 이용하다 헤롯왕에 의해 큰 항구가 되었다. 현재는 이스라엘 최대 항구 중 하나로 발전하였고 고대 도시가 형성된 유적지와 유물이 보존되어 있다. 즉, 고대와 현대를 동시에 만날 수 있다.

가이샤라에 도착하여 고대 유적지가 있는 곳으로 이동하였는데 상수도 시설, 목욕탕, 야외극장 등이 잘 보존되어 있고, 고대 유대인들의 거주지도 잘 보존되어 있었는데 이곳에서 처음으로 넓고 평탄한 지대를 보았다. 해안도로를 따라 항구로 이동하니 일반 항구와 전혀 모습이 달랐다. 수심이 얕아 선박이 접근할 수 없어 먼 곳까지 길게 방파제 도로를 만들고 도로 끝에 선착장을 만들어놓았다.

이곳저곳을 구경하면서 해안선을 따라 상가 지역을 거닐었다. 현

가이샤라 고대 유적지

가이샤라 항구 풍경

대식 상가 건물에는 공예품, 귀금속, 갤러리, 커피숍, 잡화점, 식당, 레스토랑, 카페, 전시관 등 다양한 숍들이 있어 이스라엘에서 처음으로 즐거운 시간을 보냈다.

해변으로 가는 거리에서 데이트하는 젊은 연인들과 외국인 관광객을 보았는데 휴일에는 가족 단위나 연인 또는 친구끼리 차를 몰고 와 하루를 즐겁게 보낼 수 있는 최적의 장소 같았다.

바다에는 수많은 하얀 돛단배가 물살을 가르며 지나는데 아름다웠다. 이스라엘 사람들은 바다에서 서핑 보드를 타는 것 외에 다른 취미로 즐길 수 있는 공간이 한정되어 있는 것 같았다.

해안가에는 고대에 적으로부터 도시를 방어하기 위해 만든 방어벽이 길게 세워져 있었다.

이스라엘을 여행하면서 다른 나라와 가장 큰 차이점 하나를 발견하였는데 수도 텔아비브와 베들레헴 그리고 욥바 항구와 가이샤라 항구 거리에서 이스라엘 사람을 만날 수 없다는 것이다. 이스라엘 사람을 많이 만날 수 있는 곳은 예루살렘뿐이라는데 약 650만 명에 이르는 이스라엘 사람들은 도대체 어디에 있는지 궁금했다.

가이샤라에서 충분한 휴식을 취하며 즐거운 시간을 보낸 후 버스를 타고 이스라엘과 요르단 국경 검문소로 이동하는 도로변에는 이제까지 볼 수 없었던 가로수가 있고 도로 중앙 곳곳에 화단이 있었다. 화단에는 파이프라인이 설치되어 있고 파이프에 구멍을 뚫어 도로변 나무와 풀, 화단에 물을 공급하고 있었다.

가이샤라에서 국경 검문소로 이동하는 지형은 베들레헴과 예루살렘이 있는 지형과는 전혀 다른 넓은 평야 모래밭이었으나 비가 내리지 않아 나무와 풀이 자라지 못하는 황폐한 모래사막이었다. 그러나 이 모래 평야에 지하수로 물을 공급하여 나무를 키우고 과수원과 채소밭을 가꾸고, 가로수와 화단을 만들어 푸른 동산으로 만들어가는 것을 보면서 이스라엘 인들의 삶과 지혜를 엿볼 수 있었다.

이스라엘을 둘러보면서 유대교와 기독교, 이슬람교는 어떻게 탄생해서 민족 종교와 세계적인 종교로 발전했고 어떤 원인으로 유대교와 기독교, 이슬람교가 서로를 부정하고 비판하면서 목숨을 건 싸움을 계속하는지 그 이유가 무척 궁금했다.

이 궁금증은 이스라엘을 다녀온 뒤 읽은 홍익희의 저서『세 종교의 이야기』를 통해 해소할 수 있었다.

1) 유대교는 어떻게 탄생해서 민족 종교로 발전했는가?

아브라함은 인류 최초 유일신을 믿었던 사람이다. 유대교는 아브라함에서 시작된다. 아브라함은 수메르의 도시 우르에서 태어나 하느님으로부터 선택되어 광야로 나와 하느님과 계약을 맺었다.

그 뒤 이집트(애굽)에서 탈출하여 모세가 시나이 산에서 신으로부터 받은 십계명과 율법을 유대인들이 받아들이면서 민족 종교로서 유대교가 탄생하였다. 이 모든 과정과 율법을 기록한 것이 모세오경, 즉 토라(Torah)로 창세기, 출애굽기, 레위기, 민수기, 신명기이다.

유대교는 구약성경만 경전으로 인정하고 신약이나 코란은 인정하지 않는다. 구약은 계약을 뜻하는데 피로 약속한 '영원불변의 언약'이라는 뜻이다. 유대교 · 기독교 · 이슬람교가 순차적으로 하느님의 계시를 받고 탄생하였으며, 세 종교 모두 아브라함을 조상으로 하고 있어 하나의 뿌리이다.

유대교 · 기독교 · 이슬람교는 구약성경을 경전으로 삼고 있어 뿌리가 하나임을 확인해 준다. 기독교는 구약과 함께 예수 이후 복음서

인 신약을 경전으로 인정한다. 이슬람교는 구약과 신약에 무함마드의 코란이 추가되어 만들어진 것을 경전으로 인정하고 믿는다. 즉 이슬람인들은 율법은 모세, 복음은 예수, 예언자는 무함마드이고, 무함마드가 마지막 선지자라고 믿는다.

유대교는 크게 세 번에 걸쳐 민족 종교로 자리 잡을 수 있었던 계기를 마련했다. 즉, 아브라함과 모세 그리고 바빌론 유수 때 선지자들에 의해서다. 유대인들은 세상을 지탱하는 세 가지 기둥이 있다고 믿는다. 첫째는 모세를 통한 하느님의 말씀 즉, 토라다. 둘째는 하느님께 드리는 예배, 셋째는 자선활동이다.

유대교는 이스라엘을 중심으로 유대인들만이 믿는 종교로 세계적인 종교로 발전하지 못했다.

2) 기독교는 어떻게 탄생해서 세계적인 종교로 발전했는가?

기원전 4년 이전에 예수가 탄생했다. 유대인들이 민족을 구원해 줄 메시아를 기다리고 있던 시기에 예언자가 구원자(메시아) 탄생을 예언했다. 그리고 예수가 탄생하였다. 성장한 예수는 예루살렘에 와서 설교하며 만민 구원의 복음을 전파하면서 하느님 가르침의 본질인 사랑과 박애와 평등을 부르짖었다.

초기에 유대교와 기독교는 한동안 함께 예배를 보며 평화롭게 지냈다. 그때는 분파만 다를 뿐 서로 한 공동체로 여겼다. 그러나 서기 90년 히브리 정경의 목록을 결정하는 얌니아 회의에서 유대교 랍비 사무엘이 이단자를 단죄하는 기도문에 '나사렛 사람들' 곧 기독교인을 포함시키면서 기독교인들은 더 이상 유대 교회당 예배에 참석

할 수 없게 되었다.

이때부터 기독교는 독자적 종단으로 독립하였다. 당시 하느님의 축복은 유대인에게만 유효하다고 믿었는데 예수는 이것을 뒤집고, 유대인이든 아니든 사람은 모두 하느님의 자녀이고 신의 사랑은 무한하다는 것을 설교했다. 그리고 착한 자는 상을 받고, 죄진 자는 벌을 받는다는 믿음도 뒤집고, 죄진 사람도 하느님 앞에 진심으로 회개하면 구원을 받을 수 있다고 선포했다. 즉, 정의가 아니라 신의 은총이 가르침의 핵심이었다. 기독교는 유대교의 율법주의를 비판하며 율법을 사랑, 믿음, 소망으로 대치해 설파했다. 이것은 그 당시 혁명적인 선언이었다.

유대인에게 율법과 할례는 자신들의 정체성이자 목숨이었다. 그러나 예수는 율법과 할례 없이도 예수를 통해 하느님을 믿고 회개하면 누구나 하느님의 백성이 될 수 있다는 새로운 복음을 전파했다. 예수는 유대인의 전유물인 유일신을 인류에게 개방하여 보편적 종교로 탈바꿈하였다.

예수가 십자가에 못 박혀 죽자 몸을 숨겼던 제자들은 예수가 부활하자 비로소 하느님의 아들임을 확신하고 초기 기독교가 자리 잡을 때까지 죽음을 불사하고 전도를 하였는데 그중 사도 바울의 역할이 가장 컸다. 그 뒤 제자들이 혹독한 죽음을 받아들이고 순교하므로써 믿음과 확신은 죽음보다 강하다는 것을 몸소 보여주어 기독교는 전 인류의 구원을 지향하는 보편적인 종교로 발전할 수 있었다.

그 후 4세기경 로마의 콘스탄티누스 황제 때 기독교는 로마제국의 국교로 자리 잡았다. 그리고 로마제국에 속한 모든 나라에 기독교가 전파되면서 대부분 유럽 국가에 기독교가 자리 잡으면서 세계적인 종교로 발전하였다. 그러나 유대교는 로마제국에 박해를 받으면서 유대인은 전 세계로 뿔뿔이 흩어지게 되었다.

유대인들은 예수는 구세주가 아닌 위대한 선지자 중 한 사람으로 보고 있다. 그 이유는 예수와 그 제자들은 모두 유대인이고 유대인 가정에서 자랐으며 유대인 교사로부터 교육을 받았기 때문에 기독교 교리에 유대인 사상이 많이 포함되어 있기 때문이라고 한다. 즉, 유대교 토라의 핵심인 '네가 싫어하는 것을 너희 이웃에게 하지 마라'와 기독교의 핵심인 '이웃을 사랑하라'는 예수의 가르침은 일맥상통하므로 구세주가 아닌 위대한 선지자라고 말하는 것이다.

3) 이슬람교는 어떻게 탄생해서 세계적인 종교로 발전했으며, 왜 유대교 · 기독교와 끝없는 싸움을 계속하는가?

아라비아 반도에 살았던 아랍인들은 사막의 오아시스를 중심으로 유목 생활을 하면서 메카 등을 오가며 대상 무역을 하면서 원시 샤머니즘과 다신교를 믿었다.

그런데 6세기 후반에 페르시아가 등장하면서 전쟁이 시작되었다. 동방과 서방을 왕래하며 무역을 하던 아랍인들은 무역길이 막히자 아라비아 반도를 통해 무역을 하기 시작했는데 새로운 교역로의 중심지가 메카였다.

메카에 여러 민족의 상인들과 종교가 모여들자 무함마드도 장사를 하며 여러 종교를 접하게 되었다. 이때 무함마드는 미신과 우상에 빠져 있는 아랍 민족을 구원하려면 유대교와 기독교처럼 도덕적인 종교가 필요하다고 느껴 610년에 아브라함의 하느님을 섬기는 종교로 이슬람교를 창시했다. 다만, 신의 이름을 직접 일컫는 것을 금지하고 교리로 그들의 유일신을 알라라고 부른다. 알라는 아랍어로 'The God', 즉 신이라는 뜻이다.

무함마드는 15년간 명상과 수행을 하면서 610년 9월 40세에 히라산 동굴에서 첫 알라의 계시를 받았다. 무함마드는 계시받은 것으로 '코란'이라는 성경을 만들어 하느님의 마지막 성경이라고 하였으며 코란을 인류에게 전달할 목적으로 선택된 최후의 예언자라고 하였다.

이슬람교의 특징은 신정일치이다. 종교의 수장이 곧 국가의 최고 통치자로 종교의 가르침이 곧 국법이다. 이슬람이라는 용어는 평화롭게 되는 것, 신에게 귀의하는 것, 복종과 순종이라는 뜻을 담고 있다. 즉, 무슬림은 '복종의 행위를 취하는 사람'이라는 뜻으로 이슬람교를 믿는 사람을 의미한다.

이슬람교의 성전이 막강한 힘을 가진 이유는 신정일치의 국가로서 이슬람의 복종과 순종의 행위를 취하고 믿는 자들의 종교이기 때문이다. 이슬람교는 아라비아 반도에서 탄생하여 정복 전쟁을 통해서 급속히 팽창하면서 중앙아시아, 북아프리카, 스페인, 프랑스 일부, 시리아, 이라크, 이란, 이집트, 메소포타미아, 아르메니아, 인도 일부까지 퍼져나가면서 짧은 기간에 세계적인 종교로 발전했다.

이슬람 사회는 종교가 곧 사회와 국가의 모든 것을 지배하는 사회로, 코란은 신에 대한 복종과 현세의 통치자에 대한 복종을 가르친다. 그리고 '믿는 자들아, 알라에게 복종하라'고 강요한다. 무함마드는 유대교와 기독교가 자신을 모세, 예수 다음의 참된 예언자로 인정해 줄 것을 기대하고, 유대교와 기독교에 관대하게 대하고 예루살렘을 향해 예배하도록 했으며, 유대교의 단식 행사와 안식일도 받아들였다. 이슬람교는 처음에는 유대교, 기독교와 평화롭게 지냈다. 그러나 유대교와 기독교인들은 자신들의 신앙과 맞지 않다며 무함마드를 거부하고 오히려 무지하다고 비웃었다.

무함마드는 유대인들의 냉대에 격분하면서 이때부터 종교적 반격을 시작하였다. 맨 먼저 예루살렘이 아닌 메카를 향해 예배하도록 하였으며 유대교(기독교)의 종교적 역사를 부정하기 시작했다. 아브라함은 유대교나 기독교가 아닌 순수한 유일신을 믿었으며 아브라함이 믿었던 신앙이 바로 이슬람교였다고 주장했다.

무함마드는 아브라함이 믿었던 유일신교를 다시 회복했으며 코란은 모세와 예수의 가르침과 동일하다며 유대교와 기독교가 성경을 잘못 해석하고 일부 조작하거나 감추었다고 비난했다. 무함마드의 이러한 주장은 이슬람교를 아랍인의 민족 감정과 전통 위에 정착시키는 데 성공했다. 그리고 유대인에 대한 보복을 결심했다.

코란은 아랍어 동사로 '읽다'에서 파생된 단어로, 읽는 것 곧 '독경'이라는 뜻이다. 코란은 무함마드 사후 20년 후에 완성되었다. 코란의 권위는 절대적으로 거친 문장을 수정하지 않고 그대로 수용한다. 코란은 신조, 윤리, 규범 세 가지로 나뉜다. 코란이 구약과 신약의 종합판이며, 태초부터 존재해 온 유일신 종교의 마지막 완성된 체계라고 생각한다. 그러므로 아담의 하느님, 노아의 하느님, 아브라함과 모세, 예수의 하느님, 무함마드의 하느님에 전혀 구별이 없으며 똑같은 하느님을 신앙의 대상으로 믿고 있다.

앞에서 언급했듯이 이슬람교도 처음에는 유대교, 기독교와 평화롭게 지냈다. 그러나 코란은 성전으로 번역된 지하드에 대한 언급이 많으며 '너희에게 싸움을 걸기 전에는 그들과 싸우지 마라'(2장 191절) 다만, '너희를 공격할 때는 그들이 공격했던 것처럼 그들을 공격하라'는 구절이 있다.

코란 5장 45절에 '생명은 생명으로, 눈은 눈으로, 상처는 상처로 대하라'는 보복을 인정하는 구절이 있다. '유대인에게 너그럽게 대하라'는 구절이 있는가 하면 그들을 죽이라고 명령하는 구절도 있다. 이율배반적인 구절이 모두 기록되어 서로 갈라서는 단초가 되었다.

이슬람교에서는 가장 중요한 여섯 선지자로 아담, 노아, 아브라함, 모세, 예수, 무함마드를 꼽는데 그중 무함마드를 가장 중요한 선지자로 여긴다. 이슬람교 전사들은 한쪽 손에는 코란을 들고 다른 손에는 칼을 들고 이슬람교를 포교했다. 그리고 유대교의 야훼, 기독교의 예수, 이슬람교의 알라를 하나로 보았다.

무함마드는 죽기 전 메카를 순례하면서 모든 무슬림은 형제지간이니 서로 도우라고 당부했다. 그래서 무슬림은 무함마드를 본받아 죽기 전에 메카를 한 번은 순례해야 하는 종교적 의무를 행한다.

세 종교의 공통점은 모두 유일신을 섬기며, 아브라함으로부터 유래한 한 뿌리의 종교이며, 구약성경이 세 종교의 근본이다. 세 종교 모두 아브라함의 신 야훼를 창조주 유일신으로 믿는다.

세 종교의 가장 큰 차이점은 예수에 대한 관점이다. 이슬람교와 유대교는 예수를 신의 아들로 보지 않고 선지자 중 한 사람으로 본다.

유대교에서는 모세와 이슬람교의 무함마드와 기독교의 예수는 모두 신의 아들이 아닌 선지자라고 한다.

유대교의 선민사상이 반유대교를 강화하였고, 기독교가 로마제국의 국교로 되면서 예수를 못 박아 죽인 죄목으로 유대교와 유대인 박해가 시작되었다. 산업화 과정에서 부를 축적한 유대인들의 자본력에 의해 이스라엘이 팔레스타인 영토에 창설되면서 국토를 빼앗긴 이슬람교를 믿는 팔레스타인들의 비극과 갈등이 현재도 계속되고 있다.

세 종교의 기본을 이해하고, 갈등의 근본 원인이 무엇인지 해소되자 이스라엘이 어떤 나라인지 궁금했다.

국가 공식 명칭은 이스라엘(State of Israel)이다. 지중해 동남방 연안에 위치하며 해안선 길이가 273km로 길고 폭이 좁으며 사막으로 형성된 쓸모없는 땅이 대부분이다. 기후는 지중해성 기후로 여름은 37℃의 높은 온도를 유지하고 12~1월에만 비가 오며 강수량이 매우 적다.

기원전 12~8세기경 고대 이스라엘 왕국이 신바빌로니아에 침략당하여 멸망하면서 이스라엘 왕국은 완전히 사라지고 유대인 민족은 전 세계로 흩어져 수천 년 동안 나라 없는 민족으로 살아왔다. 1948년 5월 14일 유럽과 미국의 도움으로 팔레스타인 땅이었던 현재의 위치에 나라를 세우고 1949년 UN에 가입했다.

대외적으로 이집트를 제외한 인접 아랍 국가들과 적대관계에 있으며 외교관계도 단절하고, 중동에 있는 선진국으로 주변 아랍국가와 분쟁이 많은 나라이다.

1993년 이스라엘과 팔레스타인 해방기구(PLO) 간의 상호승인이 이루어지고 시리아와 요르단 등과도 관계개선을 하였다.

그러나 유대인과 아랍계 주민 간의 마찰이 끊임없이 계속되어 사회적 불안요인으로 작용하고 있으나 정부는 의회민주주의제도를 확립으로 정치적 안정도가 높은 나라이며, 대통령제도 임기 7년 단임제를 채택하여 대통령은 국가를 대표하고 총리가 내각을 맡아 운영하고 있다.

우리나라는 1962년 4월 9일 수교하여 대사관이 설치되어 있으며 양국관계는 여러 분야에서 협력과 협정을 체결하여 교류가 활발하게 진행되고 있다. 대표적인 것은 ① 학술 및 문화교류협정 ② 항공운수 및 항공우주기술 교류협정 ③ 비자 면제 및 군사기밀 보호협정 ④ 산업기술투자 보장 및 이중과세방지 협정 등이다.

KOTRA, 현대상선, 삼성전자, 현대중공업이 진출해있으며 교민은 16명이 있다.

종교는 유대교 80%, 이슬람교 14.6%, 기독교 2%이다. 교육제도는 유대교 율법에 따른 가정교육을 행하고 남자아이는 출생 8일 후 세례를 받고 13세 때 성인식을 통해 유대율법 준수를 약속하는 행사가 거행된다.

세계 10대 무기수출국이며, 다이아몬드 가공 산업이 발달하고, 제조업 비중은 적고 수출의존도가 낮은 나라이다. 특히 벤처산업과 창업이 활발하고 IT(정보/통신)산업이 발달하여 우리나라와 비슷한 경제 비중을 차지하고 있다. 특이한 것은 무역수지는 적자이지만 경상수지는 흑자 국가라는 점이다. 이는 외국으로부터 유입되는 돈이 많다는 뜻이다.

놀라운 사실은 GDP 대비 연구개발투자는 세계 1위이며, 노벨과학상 수상자를 9명 배출하였으며 핵무기를 보유하고 있는 작지만 강한 국가다. 지중해 연안에서 유전과 가스층이 발견되어 경제발전에 크게 기여할 것으로 기대되고 있다.

예루살렘에는 유대교·기독교·이슬람교의 성지가 있으며 아라비아인들은 이곳을 신성한 땅이라 부른다. 세 종교가 분리하여 예루살렘을 관리하던 중 1967년 6월 중동전쟁이 발생하여 이스라엘이 승리하면서 예루살렘 전 지역은 이스라엘이 관리하고 있다.

특히 예루살렘 성지는 세 종교의 상징인 황금사원(이슬람교), 통곡의 벽(유대교), 종묘교회와 예수탄생교회(기독교)가 있어 순례자들의 발길이 끊이지 않는다. 그러나 6일 전쟁 후 이슬람교인들은 예루살렘 성지에 들어갈 수 없게 되었다.

유대교는 천지 만물의 창조주인 유일신을 신봉하면서 스스로 신의 선민임을 자처하고 메시아의 도래 및 지상천국을 믿는다. 유대교는 창시자 아브라함과 모세의 율법에 의한 종교로 율법을 지키지 않는 것은 신의 분노를 초래한다면서 유대인은 율법을 준수하라고 강요했다. 그리고 BC 2000년경 팔레스티나로 이주한 사람들 중 헤브라이어로 말하는 사람과 그 자손들을 유대인이라고 규정하고 있다.

구약성경에 인류의 조상 아담과 노아, 아브라함에 대해 씌어 있는데 그중 가장 자세히 다룬 인물이 아브라함이다. 아브라함은 2000년경 사람으로 유목 출신이 아니라 수메르 문명이 가장 발달했던 도시 우르에서 태어나 가나안에 들어와 유목 생활을 했다.

사무엘 노아 크레이머는 저서 『역사는 수메르에서 시작되다』에서 인류 최초 문자, 학교, 천문학, 야금술, 민주적 대의제도 등 인류 문명사에 중요한 39가지를 수메르인이 발명한 것으로 기술하고 있다. 이것은 20세기에 수메르 점토판 문자가 판독되면서 알려졌다.

수메르 문명이 번성하자 사회는 타락과 부패, 음란과 무질서 그리고 우상 숭배로 전체가 타락하게 되었는데 하느님이 아브라함을 선택하여 때 묻지 않은 땅 광야로 보내 인류를 구원하도록 했다는 것이다.

세계를 여행하면서 기독교 국가의 교회와 성당에서 나를 위한 기도를 하였고, 불교 국가를 여행할 때는 불상 앞에서 삼배절을 하였으며, 중동을 여행할 때는 모스크에서 나를 위해 반절로 기도하였다. 그리고 힌두교 국가를 여행할 때는 이마에 붉은 점을 찍고 맨발로 힌두교 사원에서 세 신에게 기도했다.

내게 종교에 대한 편견은 없으며 때와 장소를 구분하지 않고 자신을 위해 기도하고 삼배절을 하면 마음이 무척 편안해졌다.

이스라엘의 일반적인 사항

- 국토 면적 : 22천km²
- 인구 : 약 800만 명
- 수도 : 텔아비브
- 언어 : 헤브라이어, 아랍어, 영어
- 종교 : 유대교, 이슬람교, 기독교
- 1인당 GNI : 28,930달러/2012
- 화폐 : 셰켈(Shekel)
- 대사관이 설치되어 있음

요르단

요단강과 암만

가이샤라 유적지와 항구 관광을 마친 후 버스가 벳산 국경 지대 이스라엘 국경 검문소에 도착했을 때 출국 대기자들이 없어 신속히 수속을 빨리 마쳤다.

수속을 마치고 이스라엘 국경 검문소에서 요르단 국경 검문소를 왕래하는 셔틀버스를 타고 요르단 국경 검문소에 도착했다.

요르단 국경 검문소와 정문

요르단 국경 검문소에서 요르단 현지 가이드를 만난 후 입국 수속과 비자 발급을 받아 현지 가이드가 타고 온 버스에 올라 국경 지대를 흐르는 강을 건너자 농사짓기 좋은 땅과 마을이 보이고 거리를 오가는 사람들이 많이 보였다.

가이드는 지나온 강이 요단강이고 다리를 건너 요르단으로 왔다면서 이곳이 성경에 농사짓기 좋은 땅으로 나오는 가나안이라고 하였다. 이스라엘에서 한 번도 보지 못한 황토 흙이 있는 들판과 나무들

그리고 농촌 마을과 주민들 모습을 보니 우리나라 1970년대 농촌 풍경이 떠올라 무척 반가웠다.

요단강 주변에 농사짓기 좋은 넓은 평야가 있어 마을 사람들 대부분이 농사를 짓는다고 한다. 도로변에는 잡화 상점과 자전거와 경운기 수리점 그리고 소를 몰고 가는 사람이 보였다. 이스라엘에서 보지 못한 마을 풍경과 사람들의 왕래하는 모습을 보면서 물과 흙이 있는 대자연의 중요성을 다시 한 번 깨달았다. 이스라엘 땅과 비교하면 정말 축복받은 땅이다.

버스는 농촌 마을을 벗어나 계속 이동하는 창밖 풍경은 완만한 경사가 있는 넓은 들판에 농작물은 하나도 보이지 않고 들판 한가운데 주택 몇 채가 모여 있는 작은 마을만 보인다. 계속 이동하는 버스는 점점 높은 지대로 이동하여 요르단의 수도 암만이 높은 지대에 위치하고 있음을 알 수 있었다. 암만까지 이동하는 동안 메마른 산과 들판만 보았다. 이곳 역시 강수량이 적어 사막화 현상이 진행되고 있는 것 같았다.

저녁 무렵, 암만 시내에 도착했다, 높은 건물이 많지 않아 우리나라 중소 도시와 느낌이 비슷했는데 예상외로 인구가 300만 명인 큰 도시였다. 버스가 암만 시내를 경유하여 중심 도로를 통과할 때 도로변 상가 옥상에 삼성과 LG 간판이 보여 무척 반갑고 자랑스럽게 느끼면서 호텔에 도착했다.

호텔로 들어가는데 전용 건물이 아니라 우리나라 무역 센터 같은 빌딩 내에 있는 호텔이었다. 여장을 풀고 암만 시가지를 구경하러 호텔 밖으로 나가려다 포기하고 휴식을 취하였다.

요르단 수도 암만에서 숙박한 호텔

느보 산과 모세기념교회

아침 일찍 일어나 짐을 챙겨 버스에 싣고 아침 식사도 하지 않고 버스에 탑승했다. 오늘 일정을 소화하기에 시간이 부족하여 이동 중 버스에서 미리 준비한 도시락으로 식사하기로 하고 느보 산으로 향했다. 아침밥도 먹지 못하는 일정이 불만스러웠지만 시간이 부족하니 어쩔 수 없다는 가이드의 말에 할 말을 참았다.

오늘 일정은 느보 산과 페트라를 관광한 후 요르단 국경과 이스라엘 국경을 통과, 이집트로 입국하여 시나이 반도를 둘러보는 정말 빡빡한 일정이었다.

버스가 암만을 벗어나 느보 산으로 향하는 동안 나무가 없는 크고 작은 민둥산들이 계속 이어지는 오르막길을 지나 높은 산 중턱의 평탄한 도로에 접어들자 아침 식사를 하기 위해 버스가 잠깐 멈추었다. 식사가 끝나자 버스는 곧바로 이동하여 8시 30분경에 느보 산 정문에 도착했다. 입장권을 구입하여 출입문을 통과하니 완만한 오르막길을 따라 느보 산 정상으로 오르기 시작하였다. 중간에 무척 큰 석재 조형물이 있고 반대편에는 여러 종류의 석재 조각품들이 전시되어 있었다.

조형물을 뒤로하고 오르막길을 올라 느보 산 8부 능선에 도착하니 모세기념교회 신축 현장이었다. 현장 천막 안으로 들어가니 모세 사진과 유품들이 전시되어 있었다.

모세기념교회 신축 현장의 유품전시관

신축 현장은 기초공사를 하기 위해 땅을 파놓은 상태였다. 현장 내부와 전시관을 둘러보고 오르막길을 조금 더 올라 느보 산 정상에 도착했다. 정상에 방향 표지석이 있고 주변에서 가장 높은 산이 느보 산이었다. 주변 산들을 바라보니 모두 벌거숭이 민둥산이었다. 이곳 역시 강수량이 적어 나무가 자라지 못하는 것 같았다.

방향 표지석이 알리는 방향으로 예루살렘을 보니 예루살렘은 보이지 않고 요단강과 가나안 지역이 희미하게 보였다.

느보 산 정상 및 방향 표지석

모세는 유대 민족을 이끌고 이집트를 탈출하여 시나이 사막을 지나 시나이 산에 도착한 후 산에서 신으로부터 십계명을 받았다.

그러나 결국 요단강을 건너지 못하고 느보 산 정상에서 가나안을 바라보며 생을 마감했다. 그동안 모세의 무덤을 찾지 못했는데 최근 느보 산에서 모세의 유품이 발견되어 이곳을 모세의 무덤이 있던 곳으로 추정하여 모세기념교회를 건축하고 있다. 교회가 완공되면 요

모세 비석과 거대한 조각품

르단에 또 하나의 성지 순례 코스가 생기고 수많은 순례자와 관광객이 찾아올 것으로 예측한다.

모세 기념 비석과 거대한 석재 조형물 앞에서 기념사진을 찍고 길 반대편에 전시되어 있는 여러 조각품을 감상하면서 내리막길을 따라 내려오는데 도중에 현지 가이드가 모세기념교회가 완성되기 전 느보 산 오르는 길목에 땅을 구입하여 식당을 운영하면서 여생을 보내고 싶다고 하였다.

느보 산을 떠난 버스는 약 1시간 반을 이동하여 페트라 진입로에 있는 작은 마을에 도착했다. 도로 주변에는 많은 외제 승용차들이 주차되어 있었다. 모두 암만에서 숙박 후 당일 코스로 페트라를 관광하거나 마을에서 숙박한 차들이었다. 차량이 많다는 것은 페트라를 찾는 사람이 많아 장사가 잘된다는 것을 의미한다.

마을에는 숙박 시설과 여럿이 식사할 수 있는 큰 식당이 있고 상가에서 공예품, 생필품, 카메라 부품 및 배터리, 간식용 과자 등 필요한 모든 물건을 구입할 수 있다. 점심을 먹기 위해 3층 식당으로 올라가서 창문을 통해 페트라가 있는 방향을 바라보자 이제까지 전혀 보지 못한 산 모양과 지형이 신비스럽게 느껴졌다.

식사를 마치고 페트라 입구 주차장까지 이동하는 동안 창밖으로 넓게 분포되어 있는 논밭을 볼 수 있었다. 주차장에 도착하니 이제까지 한 번도 보지 못한 크고 작은 움막형 바위 돌산이 여러 곳에 분포되어 있었다. 모든 것이 신비롭고 경이로웠다.

고대 도시 페트라와 보물창고

주차장 주변에는 많은 움막형 돌산이 산재되어 있는데 과거 우리나라 농가 지붕을 연상케 하였다.

차에서 내려 페트라 매표소까지 걸어가는 내리막길은 넓은 하천 바닥이고 하천에는 물이 말랐다. 넓은 하천 바닥과 하천 길 경사로를 보면 과거 이곳에 비가 많이 내렸음을 추정할 수 있다.

암만은 높은 고지대에 위치하고 페트라 입구 마을은 암만보다 낮은 중간 지역에 있으며 페트라 고대 도시는 매우 낮은 하천 바닥에 위치하고 있어 비가 내리면 높은 지역에서 마을로 빗물이 모여들고 다시 마을에서 페트라 고대 도시까지 이어지는 하천을 따라 빗물이 흘러내려 간다.

계곡물이 흘러내리는 하천 바닥 옆으로 내리막길이 만들어져 있고 이 길을 따라 걸어가면 길 좌우에 크고 작은 움막 모양의 바위 돌산 군락이 형성되어 행렬을 이루고 있는 특이한 풍경을 볼 수 있다.

내리막길을 따라 걸어가던 도중 길옆 가까이 있는 큰 움막형 돌산에 접근하여 자세히 살펴보니, 큰 바위에 크고 작은 구멍이 자연적으로 만들어져 있었다. 이곳에서 거주한 고대 원주민들은 큰 바위 구멍은 주거지로 이용하였고 보통 크기 구멍은 가축을 사육하고, 작은 구멍에는 창고나 무덤으로 이용했다고 한다. 움막형 바위를 살펴본 후 약 20~30분간 내리막길을 따라 천천히 걸어서 매표소 앞에 도착했다.

매표소 앞에는 넓은 광장이 만들어져 있고 광장 주위에는 매점과 공예품점 그리고 화장실이 있어 이용하기 편리하다. 가이드가 매표소에서 입장권을 구입하는 동안 휴식을 취하며 시간을 보내는데 입장권을 구입해 온 가이드는 입장료가 너무 비싸다고 말했다. 입장권을 나누어 주면서 세계 유네스코 자연 보존 문화유산으로 지정된 곳 중 페트라의 입장료가 가장 비싸다며 1인당 입장료가 80,000페트라라고 하였다.

가이드는 페트라에 대한 설명과 주의 사항을 알려주면서 고대 도시 페트라는 사람이 많아 단체로 움직일 수 없어 개인별로 페트라 관광을 해야 하는데 관광을 마치고 매표소 앞 광장에 정각 17시까지 도착해야 한다고 알려준 후 페트라 관광이 시작되었다.

입장권을 제출하고 내리막길을 따라 계속 이동하는데 페트라는 매우 깊은 계곡 아래에 위치하고 있다는 것을 알게 되었다. 하천을 따

페트라 가는 길옆의 특이한 바위 풍경

라 내리막길을 한참 걸어가는데 갑자기 길이 없어지고 넓고 평탄한 하천 바닥에 높고 웅장한 붉은 바위 돌산들이 정면을 가로막고 우뚝 솟아 있었다. 높고 웅장한 붉은 돌산을 처음 보자 나도 모르게 "야, 정말 대단하다"는 감탄사가 절로 나왔다.

더 이상 길은 없고 사방에 높은 돌산만 보였다. 그런데 관광객들이 앞을 가로막고 있는 높고 웅장한 돌산과 돌산 사이 틈새 길로 이동하고 있어 따라갔다.

바위와 바위 틈새 사이 좁은 협곡 길은 구불구불하게 계속 이어지고 햇빛이 들어오지 않아 서늘했다. 어두운 협곡 길을 따라 한참 이동하다 잠시 걸음을 멈추고 사방을 살펴보니 마치 우물 안에 갇혀 있는 것처럼 느껴졌다.

사방이 약 100m 이상 높은 붉은 사암 돌산으로 둘러싸여 있는 좁은 공간에 햇빛도 들어오지 않아 음침한 분위기에 높은 하늘만 푸르게 보였다. 나는 이렇게 높은 돌산의 깊고 좁은 바위 협곡 속으로 걸어본 적이 한 번도 없다.

발걸음을 재촉하여 빠른 걸음으로 이동하는데 저 멀리 높은 붉은 돌산 상부에 햇빛이 스며들어 돌산이 붉은색으로 빛나고 있었다. 앞으로 좀 더 나아가니 높은 붉은 돌산 전체가 햇빛을 받아 온통 붉은색으로 불타오르는 것 같았다.

붉게 빛나는 바위산을 감상하면서 좁은 협곡 길을 따라 천천히 이동하는데 높은 돌산과 돌산 사이로 페트라 보물창고 일부가 햇빛을 받아 붉은 얼굴을 조금 내밀고 있는 모습이 무척 신비스러웠다. 걸음을 재촉하여 페트라 앞에 도착하니 전면은 햇빛을 받아 붉은 장미꽃

바위 틈새 협곡 길과 웅장한 붉은 돌산

처럼 더욱 화려하게 내 앞에 아름다운 자태를 뽐내었다.

페트라 보물창고는 매우 크고 높은 붉은 사암 바위산 수직 표면에 3층 규모로 붉은 대리석 정문처럼 아름답고 섬세하게 바위를 깎아

바위 틈 사이 페트라 모습과 기념사진

조각하여 만들었는데 무척 화려하고 신비스러운 모습이 최고의 조각 예술품의 걸작이라 칭할 만했다. 사진에서 보는 것보다 햇빛에 반사된 실제 모습이 더욱 아름다웠다.

감탄사가 끊임없이 흘러나왔다. 고대인들이 높은 돌산 수직 표면에 무슨 도구로, 어떤 방법으로, 무슨 목적으로 3층 높이 규모로 섬세하고 아름답게 조각했는지 궁금했다.

한참 동안 페트라 보물창고 예술품을 바라보면서 높고 웅장한 붉은 바위산의 신비스러움과 아름다움에 감탄하면서 요르단에 석유는 없지만 페트라가 있다는 말의 뜻을 직접 확인하면서 이해하게 되었다.

페트라 보물창고 안으로 들어가서 내부를 보고 싶었는데 입구에 출입금지 팻말과 경비원이 지키고 있어 들어가지 못했다. 고대인들은 페트라 바위 속 보물창고에 무엇을 보관했을까? 금은보화를 보관했을까? 아니면 향신료 등을 보관했을까? 궁금했다.

페트라 보물창고 정면에서 페트라 전체 모습을 사진 찍기 위해 노력했지만 거리가 가깝고 너무 높아 페트라 보물창고 전체 모습을 사진에 담을 수 없었다. 사방이 모두 높은 돌산이고 돌산과 돌산 사이 폭이 좁아 바닥에 누워서 찍어야 전체 모습을 사진에 담을 수 있다. 사진 찍기에 좀 더 좋은 장소를 찾아 협곡 아래로 조금 이동하여 겨우 페트라 전체 모습을 사진에 담았다.

그리고 내가 페트라에 도착했다는 것을 증명하기 위해 바위 위로 조금 올라가서 가장 좋은 위치에서 기념사진도 찍었다. 사진을 찍은 후 좀 더 협곡을 따라 내려가 원형 광장과 유적지를 살펴보면서 페트라 주차장부터 시작하여 원형 광장까지 전 지형이 하나의 붉은 사암 돌산 군락으로 형성되어 있다는 것을 알 수 있었다.

원형 광장 주변에 병풍처럼 솟아오른 붉은 돌산에는 크고 작은 구멍이 여러 개 보이는데 대부분 무덤 또는 보관 장소로 이용한 자연적으로 패인 구멍이었다. 그리고 또 다른 곳에 신전처럼 보이는 조각된 돌산도 있었다.

무덤과 신전 그리고 원형극장을 돌아본 후 매점에서 계란 모양의 붉은색 작은 돌 하나를 구입하고 사방을 살펴보니 일행이 한 사람도 보이지 않아 시계를 보니 약속 시간이 얼마 남지 않았다. 다급한 마음에 뛰기 시작했지만 얼마 가지 못해 숨이 차서 더 이상 뛰지 못하

페트라 바위 구멍과 신전

고 빠른 걸음으로 걸었다. 그러나 아무리 빨리 걸어도 내 걸음으로 매표소까지 오르막길을 올라 약속 시간에 도착하는 것은 무리였다. 주변을 살펴보니 페트라 키즈네 앞 길목에 노인 한 분이 낙타 끈을 잡고 낙타를 이용할 사람을 기다리는 것 같았다.

노인에게 다가가 낙타를 타고 매표소까지 가자고 하니 10달러를 달라고 하여 10달러를 주고 낙타를 탔다. 그런데 노인은 빨리 가자고 말하지 않았는데 뛰기 시작했다. 여러 번 낙타를 타봤지만 말처럼 달리는 낙타는 처음이었다.

노인은 한 번 더 왕복하기 위해 낙타와 함께 뛰는 것이었다. 낙타가 뛰면서 이동한 결과, 약속 시간보다 빨리 약속 장소에 도착하여 매점과 공예품점을 이용하는 여유를 가졌다.

일행 모두 약속 시간에 도착하여 버스로 이동하면서 페트라의 또 다른 아름다운 야경을 보지 못하고 떠나는 것이 아쉬웠다. 페트라 야경은 어두운 밤 페트라 키즈네 앞 광장에 약 2,000개의 촛불을 밝혀 촛불 불빛이 페트라 조각품을 비추면 페트라 보물창고 예술품은 더욱 아름다운 붉은색 옷을 갈아입고 새로운 모습을 보여주고 어두운 밤 촛불을 밝힌 페트라는 또 다른 분위기를 만들어준다.

이런 분위기 속에서 아랍의 전통 술을 마시며 아랍 전통 악기로 연주하는 노래를 들으면서 하룻밤을 즐기는 것도 페트라의 좋은 추억 중 하나인데 우리 일정에는 없었다.

페트라 관광을 마치고 버스를 타고 국경 검문소로 이동하면서 고대 도시 페트라가 요르단 사막 끝자락 시크 계곡에 어떻게 탄생해서 번창하다 사라졌는지 궁금했다.

페트라(Petra)는 그리스어로 '산'이라는 뜻이며, 암만에서 남쪽으로 약 300km 지점 떨어진 남부 사막 끝자락 낮은 지대 사암 군락이 형성된 시크 계곡 깊은 곳에 자리 잡았다.

기원전 6~10세기경 고대 유목민 나바테아인들이 시크 계곡에 풍부한 지하수와 사방이 높은 돌산으로 둘러싸여 적으로부터 보호하기 좋은 자연 요새로서 손색없는 조건을 갖추고 있어 이곳에 정착하기 시작하면서 점점 도시로 발전하기 시작했다.

그 당시 페트라는 동쪽은 페르시아만, 서쪽은 홍해, 서북쪽은 지중해를 연결하는 고대 무역통로와 교통의 요충지로 상인들이 이곳을 통과하면서 숙박과 통행료 그리고 보관료와 안전한 안내 및 호위 역할을 해주고 돈을 받아 부를 축적하기 시작하면서 사람들이 점점 많이 모여들어 페트라 고대 도시가 탄생하였다.

그러나 많은 세월이 흘러 다른 무역 통로가 열리면서 상인들이 새

페트라 예술품 키즈네 전체 모습

로운 무역통로를 따라 이동하기 시작하면서 페트라 고대 도시에 모여든 사람들이 새로운 무역통로를 따라 하나둘 떠나기 시작하면서 점점 도시 기능이 상실되어 갔다.

도시 기능이 상실되자 이곳에 로마인과 기독교인 그리고 오스만 제국과 십자군이 들어오면서 도시에 남아 있던 마지막 주민들도 모두 떠났고, 군인들이 머물다 떠나면서 시크 계곡 요새에 형성된 고대 도시 페트라는 폐허가 되고 인간으로부터 영원히 잊혀졌다.

그러나 1812년 스위스의 탐험가 부르크르타에 의해 발견되어 다시 알려지게 되었다. 발견 당시 페트라 키즈네 전체 모습이 햇빛을 받아 붉은색으로 변하는 아름다운 모습이 장미꽃처럼 아름답다고 하여 붉은 장미 페트라라고 불렸다.

현재 페트라 입구 작은 마을에는 원주민인 유목민 베두인 후손들이 살면서 페트라 유적지 안내와 장사로 생계를 이어가고 있다.

그리고 페트라의 붉은 돌 사암 군락지 면적이 얼마나 넓은지도 궁금했다. 붉은 돌산 군락지로 형성된 고대 페트라는 바위 지반 폭이 약 1.1km 이상 사암바위로 넓은 면적에 형성되어 있는 특이한 암반 지형을 갖추고 있는데 지하는 전부 암석층이다.

관광을 마친 버스는 빠르게 이동하여 요르단 국경 검문소에 도착하자 해는 서산을 넘어가고 출국 수속을 마친 후 다시 버스를 타고 이스라엘 국경 검문소로 이동하는 중에 날이 완전히 어두워졌다. 차로 이동하면서 페트라가 있는 요르단에 대해 생각해 보았다.

요르단의 정식 국명은 요르단 하심 왕국(The Hashemite Kingdom, of Jordan)이다. 오스만 제국의 침략으로 나라를 빼앗긴 아랍

전 지역에서 왕족과 부족들의 대봉기가 일어나 사우디아라비아, 이란 등의 신생국들이 건국될 무렵인 1949년 아랍 왕가의 한 명인 하심 왕이 영국의 보호 아래 왕권을 확립하고 요르단 하심이란 국가를 건국했다.

요르단의 수도 암만은 겉으로 보기에는 우리나라 중소 도시와 비슷하지만 인구가 300만 명인 대도시로 정치 · 경제 · 문화 · 사회 등 중심적 역할을 하고 있다. 서남부 중동에 위치한 국왕 중심 입헌 군주제 국가이며 하심 왕가는 마호메트 가(家)의 한 뿌리이다. 후세인 왕 사망 후 아들이 왕위를 계승하고 있으며 국민들로부터 신뢰를 받아 사회 불안이 없는 안정된 국가를 유지하면서 경제 발전을 계속하고 있다.

기후는 지중해 기후로 농업과 광공업이 발달하고 주요 농산물은 밀, 보리이며 중동 국가 중 유일하게 기름이 없는 비산유국으로 사우디아라비아 원조로 국가를 운영하고 있다. 서부는 산악지대이며 동부는 사막으로 전 국토의 80%는 사막인 내륙 국가이다. 페트라가 유네스코 자연 보존 지역으로 지정되어 전 세계 많은 관광객이 페트라를 관광하기 위해 찾는다. 1962년에 한국과 수교, 1975년에 대사관이 설치되었다. 북한과는 1974년에 수교를 맺었다.

요르단의 일반적인 사항

- 국토 면적 : 89천km²
- 인구 : 793만 명
- 수도 : 암만
- 언어 : 아랍어, 영어
- 종교 : 이슬람교, 기독교
- 1인당 GNI : 4,720달러/2012
- 화폐 : 요르단 디나
- 대사관이 설치되어 있음

캄캄한 어두운 밤, 이스라엘 국경 검문소에 많은 사람이 모여 있었다. 모두 시나이 반도를 경유해서 이집트로 입국하기 위하여 대기 중이었다. 이스라엘 국경 검문소에서 입국 수속과 출국 수속을 동시에 받은 후 좁은 외길을 따라 도보로 한참 이동하여 이집트 국경 검문소에 도착했다.

이집트

이집트와 시나이 반도 지도

고대 문명과 유적지

시나이 반도 이집트 국경 검문소에서 입국 수속을 마치고 출구로 나오니 사방은 칠흑같이 어두워 아무것도 보이지 않았다. 시계를 보니 저녁 8시가 넘었다.

검문소 밖으로 나와서 이집트 현지 가이드를 만나 대기하고 있는 버스를 타고 호텔로 이동했다. 많은 여행을 하였지만 짧은 시간에 3개국을 가까운 거리에서 동시에 입국과 출국 수속을 연속으로 해본 경험은 처음이었다. 이곳이 어디인지 궁금해졌다.

세 국가가 동시에 국경을 맞대고 있는 곳이 어디인지 알아보기 위해 지도를 펼쳐 보니, 사해가 홍해와 연결되는 이스라엘 국경선 영토 최남단 끝자락에 이스라엘 · 이집트 · 요르단 3개국이 국경을 마주하고 있다. 즉, 홍해 아카바(Aqaba) 만에서 3개국이 만난다. 홍해와 접하는 시나이 반도 삼각형 모양 사막을 중심으로 좌측에는 걸프 만, 수에즈 운하가 있고, 우측에는 아카바 만이 있는데 아카바 만 끝부분에 3개국 국경이 접하고 있음을 알 수 있다.

사방이 캄캄한 어두운 밤, 버스를 타고 이동하는데 어디로 가는지 창밖은 아무것도 보이지 않았다. 약 1시간 후 작은 호텔 앞에 도착하였는데 시계는 밤 9시 30분을 가리켰다.

주변 건물들은 소등되어 어디인지 전혀 알 수 없었다. 호텔로 들어가 보니 우리나라의 모텔 수준인데 사막에 이 정도면 대단한 숙박시설이다. 곧바로 취침 준비를 하고 침대에 눕자 금방 깊은 잠에 빠져들었다.

아침에 일어나 창문을 통해 주변을 보니 작은 마을같이 보이는데 주변 건물들은 5층 이하 저층 건물들로 형성되어 있었다. 도로는 아스팔트 포장으로 깨끗하고 가로수도 보였다.

이곳은 이집트 시나이 반도 사막지대로 이스라엘과 국경을 접하고 있는 작은 휴양 마을이 만들어진 '타바'라는 곳이다. 타바는 이스라엘에서 이집트로 육로로 이동할 경우 또는 이집트에서 이스라엘 또는 요르단을 육로로 이동할 경우도 반드시 경유하는 국경 관문이다. 그리고 성지 순례자들이 시나이 산을 방문할 경우 숙박 또는 경유하는 교통의 요충지이다.

휴양 마을 타바와 시나이 산이 있는 시나이 반도는 어떤 곳인가? 시나이 반도는 아프리카 동쪽 끝과 아시아 서쪽 끝이 만나는 삼각형 모양의 땅으로 두 대륙을 연결하는 육상통로이며 지중해와 홍해를 잇는 해상 요충지에 자리 잡고 있는, 사람이 살 수 없는 사막이다.

시나이의 어원은 아카디아어로 달(Moon)을 의미하는 신(God)이라는 뜻으로, 고대부터 주변 국가들이 시나이 반도를 서로 차지하려고 전쟁이 빈번했다. 중동 전쟁이 발생하였을 때 이스라엘이 승리하여 이스라엘 영토로 귀속되었으나 1982년부터 현재까지 이집트 영토이다.

시나이 반도 남쪽 사막지대에 해발 2,286m의 민둥산인 시나이 산이 있다. 그런데 왜 나무와 풀 그리고 물이 없는 민둥산에 많은 성지순례자가 찾아오는지 궁금했다. 모세는 이집트(애굽)에서 유대인들을 이끌고 탈출하여 시나이 반도 사막지대를 이동하여 시나이 산에 도착했다. 그리고 모래와 바위로 형성된 풀 한 포기, 나무 한 그루 없는 높은 시나이 산에 올라 신으로부터 십계명을 받았다고 알려져 성

시나이 반도 사막지대 모습

지 순례자가 찾아온다는 것이었다. 특히 산기슭에 있는 수도원에서 히브리어 성서 사본이 발견되면서 시나이 산을 찾는 성지 순례자가 점점 많아졌다고 한다.

그러나 시나이 반도 사막에는 이슬람 극단주의자와 테러분자들이 많아 타바에서 매년 순례자들과 관광객들이 납치 또는 사망자가 자주 발생하는 위험한 지역이다.

타바 호텔에서 아침 식사를 마치고 호텔을 출발하여 타바 시내를 통과할 때 주변을 살펴보니 저층 건물과 아스팔트 도로변에 가로수가 잘 자라고 있었다. 도로변에는 생필품 가게와 주유소, 식당 등이 보이는데 이른 시간이라 그런지 사람들의 모습은 전혀 보이지 않았다.

버스가 타바 마을을 벗어나자 끝없는 사막지대가 나타나고 사막을 가로질러 2차선 아스팔트 도로가 타바에서 홍해 수에즈 만까지 시원스럽게 연결되어 버스는 빠르게 이동하였다.

사막 도로변에는 가끔 군대 막사가 보이고 나무와 풀이 없는 황폐한 사막지대를 몇 시간 지루하게 이동하는데 갑자기 전방 먼 곳에 푸른 바닷물이 보이기 시작하더니 점점 넓게 보였다. 이곳이 어디일까?

이곳은 홍해로 홍해를 따라 한참 이동하면 여러 척의 큰 화물선이 바다 위에 떠 있는 모습이 보이는데 여기가 수에즈 운하가 있는 홍해 수에즈 만이다. 버스는 수에즈 만을 따라 계속 이동더니 점점 속도를 줄이면서 검문소 앞에 멈추었다.

검문소 앞에는 중무장한 탱크가 있고 여러 명의 무장 군인이 경계 근무를 하고 있었다. 버스가 검문소 앞에 멈추자 무장 군인 2명이 버

해저터널 입구 검문소

스에 올라 버스에 탑승한 관광객과 물건들을 확인한 후 이상이 없자 통과시켜 주었다. 이 검문소는 수에즈 운하 바다 아래 해저터널을 통과하는 모든 차량을 검문하는 중요한 검문소이다.

해저터널을 통과해야 이집트로 갈 수 있고 이집트의 수도 카이로로 갈 수 있는 육로가 열린다. 검문소를 통과한 버스가 천천히 해저터널 입구로 이동하는 전방에 8톤 트럭 한 대가 느린 속도로 이동하고 있어 버스가 빨리 통과할 수 없었다.

얼마 후 버스와 트럭이 동시에 해저터널 입구에 도착했을 때 터널 입구 상부에는 이집트를 대표하는 건축물과 피라미드 그림이 그려져 있고, 좌측 벽과 우측 벽에는 이곳이 해저임을 알리는 바닷물고기와 바다 풍경 그림으로 가득 채워져 있었다. 그리고 터널 상부 산 중턱에는 미사일처럼 보이는 물체가 설치되어 있었다.

버스가 해저터널 입구에 가까워지자 뒷자리에서 맨 앞자리로 이동하여 해저터널 입구를 카메라에 담았다. 그러자 가이드가 깜짝 놀라면서 사진을 찍으면 안 된다고 외쳤다. 그러나 이미 사진은 찍었고

수에즈 운하 해저터널 입구

버스는 수에즈 운하 해저터널 안으로 진입하는 중이었다.

가이드는 이곳은 특별 군사 보호 지역으로 사진 촬영 금지 구역이며 사진 찍는 장면이 발견되면 터널 출구에서 버스를 멈추게 한 후 모든 카메라를 검사하고 터널 사진을 찍은 카메라는 압수하며 가이드에게 문책이 따른다며 미리 알려주지 못한 자기 불찰이라고 하였다. 그러는 동안 버스는 해저터널을 천천히 빠져나와 다시 사막지대로 이동하였다.

수에즈 운하는 이집트 영토로 이집트가 관리하고 있으며 특별 군사 보호 지역이다.

중요한 해상 통로로 이집트의 주요한 수입원 중 하나이다. 이집트 수도 카이로 방향으로 이동하는 중간 교차로 길목마다 무장 군인들이 임시 검문소를 설치하고 지나가는 차량을 모두 검사하였다.

최근 카이로에서 민주화 시위가 자주 일어나 경찰이 치안을 담당할 수 없게 되자 계엄령이 선포되고 이집트 전 지역에 군인들이 주요 건물이나 도로 길목마다 경계 근무를 강화하고 있다. 임시 검문소 몇 개를 통과하자 주택들이 보여 카이로 도심 외곽 지대에 접근했음을 알 수 있었다.

얼마 후 버스가 4차선 대로에 진입하자 주택 건물과 차량 수가 많아지더니 버스는 가다 서다를 반복하였다. 버스 안에서 지루한 시간을 보내는데 높은 건물이 많이 보이면서 버스는 카이로 중심 시가지로 접어들어 이집트 고고학 박물관 앞에 도착했다.

예정 시간보다 1시간 늦게 고고학 박물관에 도착하였다. 그런데 고고학 박물관 관람 가능 시간이 1시간 남짓이란다. 오늘 일정이 박물관까지 관람하는 것으로 되어 있어 관람하기로 하였다.

이집트 고고학 박물관

이집트 고고학 박물관은 세계에서 가장 유명한 고고학 박물관 중 하나다. 박물관에는 황금 마스크와 역대 파라오들의 미라 그리고 찬란한 고대 유물 수십 만여 점이 보관되어 있는 고대 유물의 보고이다. 부득이 박물관을 1시간 관람하기 위해 박물관 안으로 들어갔으나 시간이 부족하여 가이드가 중요한 것 몇 개를 선택하여 설명하는 것으로 박물관 관람을 마쳤다.

10년 전에는 돈을 주면 플래시 없는 카메라를 지참할 수 있었는데 지금은 금속탐지기를 통과해야 박물관으로 들어갈 수 있어 사진 촬영은 불가능하다.

일행은 시간 부족으로 아쉬워하였지만 나는 10년 전 박물관을 시간을 갖고 충분히 관람하였기 때문에 아쉬움이 없었다. 박물관을 나와 버스가 있는 곳까지 걸어가는 이면 도로에 장갑차 여러 대가 박물관을 보호하기 위해 박물관 주위를 경계 근무를 서고 있었다.

버스를 타고 호텔로 이동하는 카이로 시내 중심 도로변 주요 건물 입구에 무장 군인들이 경계 근무를 하고 있는 모습이 적잖이 보였다. 이집트에 독재 정부가 무너지고 새로운 문민 정부가 출현하면서 카이로 곳곳에 수시로 민주화 데모가 발생하여 민간인과 경찰이 충돌하면서 질서가 무너지자 군인들이 치안과 질서유지를 위해 경계 근무를 하고 있어 카이로 시내는 평소와 동일하게 모든 것이 질서 있게 움직였다.

10년 전 카이로를 방문했을 때와는 너무 다른 모습이었다. 10년 전에는 도로에 차선이 없어 차량 · 우마차 · 사람이 도로에 뒤엉켜 매우 혼잡스러웠는데 지금은 도로에 차선이 있어 차들이 질서 정연하게 이동하고 있으며, 10년 전에는 도로 건널목에 신호등이 없어 사람, 차량, 우마차 등으로 뒤엉켜 차가 움직이지 못했는데 현재는 신호등에 의해 차와 사람들이 질서 있게 건널목을 건너고 있었다.

그리고 도로 주위는 각종 쓰레기와 오물들로 더러웠는데 지금은 매우 깨끗했다. 특히 이집트 정부는 관광객을 자국민보다 우대하는 정책을 수행해 왔고, 도로상에서 차와 사람이 충돌하여 사고가 발생하면 차량 우선 정책으로 운전자를 처벌하지 않았는데 지금도 이러한 정책이 그대로 유지되는지 궁금했다.

호텔에 도착하여 호텔 로비로 들어가니 매우 깨끗하고 이용하는데 전혀 불편함이 없을 듯했다. 선진국 수준 호텔이었다. 그러나 10년 전에는 4성 호텔로 겉보기는 무척 크고 호화로웠는데 호텔 복도에 깔려 있는 카펫에는 오물이 묻어 있었고, 룸은 전반적으로 청소가 안 되어 있었다. 게다가 시트와 이불까지 세탁이 안 되어 불쾌한 냄새로 도저히 잠을 잘 수 없어 호텔을 바꾼 경험이 있었다.

호텔 룸에서 나일강 야경을 보니 문득 10년 전 카이로를 방문했을 때 보았던 나일강 크루즈 선상 디너쇼가 생각났다. 그 당시 아랍국에서는 옷을 벗은 무희들이 많은 사람 앞에서 노래와 춤을 추는 것은 생각조차 할 수 없는 일이었는데 외화를 벌기 위해 정부 허락으로 옷을 벗은 무희들이 선상에서 춤추는 모습이 매우 인상적이라 기억에 오래 남았다. 그러나 이번 일정에는 크루즈 선상 디너쇼가 포함되지 않아 호텔에서 카이로 시내와 나일강 야경을 감상하면서 카이로의 밤은 점점 깊어갔다.

아침에 일어나 커튼을 열고 창밖을 보니 저 멀리 피라미드가 한눈에 들어왔다. 피라미드는 카이로 시내에서 13km 떨어진 곳에 위치하고 있어 버스로 약 30분이면 갈 수 있다.

호텔에서 버스를 타고 피라미드가 있는 가자 지구에 도착한 후 피라미드 관광을 시작하는데 과거와 사뭇 분위기가 달랐다. 피라미드 주변은 매우 깨끗하게 정리되어 있었는데 피라미드와 스핑크스로 이동하는 도로와 피라미드와 피라미드를 이동하는 도로가 아스팔트로 포장되어 있었다.

고대 유적지 도로에 아스팔트를 깔아 깨끗하다는 인상을 주지만 옛 유적지의 분위기와 느낌은 반감되었다. 차라리 보도블록을 깔거나 나무 숲길을 만들어 차량이동을 통제하는 편이 나았을 텐데… 하는 아쉬움이 있었다.

가자 지구에 있는 피라미드와 스핑크스를 관광하면서 고대 이집트인들의 과학기술과 지혜에 다시 한 번 감동받았다.

스핑크스와 피라미드

피라미드는 약 4,500년에서 5,000년 사이에 건축된 것으로 추정되는데 누가, 왜 만들었으며 피라미드란 무엇인가?

피라미드는 그리스어의 피라미스(Pyramis)에서 유래했는데 고대 이집트의 무덤을 피라미드라고 한다. 고대 이집트인들은 피라미드를 메르(Mer)라 하고 상형문자로 표시했다고 설명한다.

피라미드는 고대 이집트뿐만 아니라 수메르, 바빌로니아, 메소포타미아 문명에서도 볼 수 있다. 수많은 피라미드 중에서 가자 지구에 있는 3개의 피라미드가 가장 대표적이다. 3개의 피라미드 중 4대 쿠푸 왕의 피라미드가 가장 크고, 쿠푸 왕보다 약 10m 낮은 5대 카프라 왕의 피라미드가 그 다음이고, 카프라 왕의 아들 6대 멘카우레 왕의 피라미드 순이다.

가장 큰 쿠푸 왕의 피라미드는 높이 약 146m(현재 137m), 밑면 한 변의 길이 약 230m, 경사각도 51도, 사용된 바위 수 261만 개로, 바위 1개의 무게가 최소 약 2톤에서 최고 약 10톤이다. 바닥에서 맨 위 꼭대기까지 210단(현재 200단), 전체 무게 약 700만 톤 이상으로 그 당시 이렇게 큰 축조물을 완벽하게 건축한 것은 수수께끼로 세계 7대 불가사의 중 하나다.

세계 7대 불가사의는 ① 이집트 쿠푸 왕의 피라미드 ② 그리스 올림피아 제우스 신전 ③ 할리카르나소스의 마우솔로스 왕릉 ④ 바빌론의 공중정원 ⑤ 로도스의 크로이소스 대거상(大巨像) ⑥ 알렉산드리아의 파로스 등대 ⑦ 에페소스의 아르테미스 신전(神殿)이다.

스핑크스는 카프라 왕 피라미드 앞에 있는 스핑크스가 가장 크고 오래되었다. 이 스핑크스는 BC 2650년경 전후에 만든 것으로 추정되며 사람의 머리와 사자의 몸체를 조각하여 권력을 상징하는 모습을 표현하였다. 길이 70m, 높이 21m, 얼굴 폭 4m의 거대한 자연석으로 조각된 세계 최대 스핑크스다.

피라미드 내부 지하에 있는 쿠푸 왕의 무덤을 보기 위해 무덤으로 내려가는 출입구에 도착했는데 원래 피라미드 지하로 내려가는 출입구는 막혀 있어 내려갈 수 없고 원래 출입구보다 아래쪽에 도굴꾼들이 만든 출입구에서 겨우 한 사람이 허리를 굽히고 내려갈 수 있는 좁은 통로를 따라 철재 사다리로 약 30m 지하로 내려가야 한다.

좁은 사다리를 따라 천천히 내려가는데 중간지점에서 산소가 부족하여 가슴이 답답하고 숨쉬기가 힘들어졌다. 외길이고 사람들이 계속 뒤따라 내려오기 때문에 되돌아 올라갈 수 없었다. 답답함을 참고 끝까지 내려가니 3개의 작은 방이 있는데 그중 한 방에 왕의 석관이 보관된 곳이라고 알려주었다. 그러나 현재는 3개 방 안에 아무것도 보관하지 않아 빈방이다.

산소가 부족한 좁은 지하 공간에 많은 사람이 모여 있어 답답함을 더 이상 참을 수 없어 설명 듣기를 생략하고 맨 먼저 올라왔다.

피라미드 내부를 구경한 후 왜 이렇게 높은 피라미드를 만들었으

피라미드 지하로 내려가는 통로 입구

며, 피라미드 지하 깊은 곳에 돌로 방을 만들어 왕의 시신을 보관했는지 궁금했다.

그 당시 왕은 신과 같은 존재로 절대적 권위와 권력의 상징으로 거대한 피라미드를 만들어 왕의 권위를 과시하였고, 하늘의 신과 가장 가까운 거리에서 신과 같은 동격 존재로 부각시키기 위해 만든 것으로 추정한다. 그리고 누구도 파괴할 수 없도록 영원히 보존하기 위해 수백 톤 무게의 돌로 만들었으며 피라미드 내부 지하 깊은 곳에 공기를 차단하여 왕의 시신이 부패하지 않도록 영원히 보존하기 위해 석재로 만든 방에 시신을 방부 처리 후 석관 속에 넣어 출입구를 밀폐한 것이다.

결국 시신 부패를 방지하고 누구도 시신을 훼손할 수 없도록 영원히 보존하여 영생에서도 신과 같은 존재로 남기 위해 만든 것이다. 이 피라미드는 1979년 유네스코 세계문화유산으로 지정되었다. 왕의 무덤인 피라미드를 보면서 고대나 현대 권력자들의 욕망이 끝이 없음을 보는 것 같아 기분이 씁쓸했다.

피라미드와 스핑크스 관광을 마치고 호텔로 돌아와 저녁 비행기 편으로 아스완을 방문하기 위해 곧바로 짐을 챙겨 카이로 공항으로 이동하였다. 아스완은 이집트 최남단에 위치한, 인구 약 25만 명의 도시로 피라미드와 대등한 수준의 평가를 받고 있는 유네스코 세계문화유산인 아부심벨 암굴 신전이 있는 곳이다. 북쪽 카이로 공항에서 최남단 아스완 공항까지 약 900km 먼 거리이지만 비행기 이륙 약 1시간 후에 아스완 공항에 도착했다.

공항에서 버스를 타고 나일강변으로 이동, 강변 선착장에 도착하

아스완 나일강변 크루즈선 선착장

니 선착장에 크루즈선 2척이 정박해 있는데 그중 1척이 우리 일행이 2박 3일 동안 숙소로 이용할 크루즈선이다.

모두 짐을 갖고 크루즈선에 승선하여 선상 로비에 모였다. 크루즈선은 룸 종류가 다양하기 때문에 룸 배정에 불평불만이 많아 룸 키를 모두 테이블 위에 올려놓고 순서대로 원하는 키를 갖도록 하는 방식으로 룸을 배정한다.

내 차례가 오자 로비 층 룸을 선택하기 위해 1자로 시작하는 번호 키를 선정했다. 그런데 호텔과 다르게 크루즈선 로비층은 2층이다. 배정된 1층 룸으로 가보니 마음에 들지 않았다. 그러나 내가 선택한 룸이니 바꿀 수 없었다.

내일 룸을 바꾸어 달라고 신청한 후 나일강 크루즈 선상에서 처음으로 물소리를 들으며 잠을 청했다. 언제 잠들었는지 요란한 벨소리에 일어나 시계를 보니 새벽 4시였다

아직 사방이 캄캄한 새벽이라 모두 잠이 부족하여 버스를 탑승한 후 눈을 감고 있는데 현지 가이드가 아부심벨 신전으로 이동하는 도

로는 왕복 1차선으로 날이 밝으면 길이 막혀 오늘 관광 일정을 소화할 수 없어 부득이 아침 식사는 도시락을 준비해서 새벽에 출발한다고 설명하였다.

차창 밖으로 아무것도 보이지 않아 버스가 목적지에 도착할 때까지 잠을 자기로 했다. 버스가 아부심벨 입구 주차장에 도착한다는 소리에 잠에서 깨어 시계를 보니 오전 8시였다.

버스에서 내리는데 아직 해가 비추지 않아 쌀쌀하게 추웠다. 식당에서 식사하려고 했는데 이곳 역시 민주화 시위로 관광객이 많이 감소하여 모든 식당이 잠정 휴업 상태라 식사할 마땅한 장소가 없었다. 할 수 없이 주차장 옆에 있는 작은 매점 테이블에 앉아 커피 한 잔을 주문해 놓고 도시락으로 아침 식사를 간단하게 마친 후 관광을 시작하였다.

주차장에서 아스완 댐 호수가 보이는 길을 따라 약 30분 이동하는데 갑자기 거대한 바위산이 보였다. 바로 이 바위산 전체가 아부심벨 신전이다. 아부심벨 신전은 세계문화유산으로 지정된 이집트 남부의 대표적인 유적지로 사암 바위를 뚫어 바위 안에 건립한 매우 크고 특이한 신전이다.

이 신전은 피라미드와 대등한 최고의 유물로 평가받고 있다. 아스완 댐의 건설로 수몰 위기에 처하자 유네스코는 아부심벨 신전을 보호하였다. 그 결과 우리나라를 포함한 50개 국가가 기금을 출연하여 1968년 호수에서 원형 그대로 현재 위치에 옮겨놓았다.

아부심벨 신전은 람세스 2세가 건립한 기념물로 파라오를 상징하는 대신전과 왕후를 상징하는 소신전으로 구분하여 큰 바위 속에 넓은 공간을 확보한 후 암굴 내부를 조각품으로 가득 채운 특이한 신전이다. 대신전에서 약 150m 거리를 두고 나란히 소신전이 있다.

대신전 앞에 도착하여 정면을 보면서 가이드는 높이 32m, 넓이 18m의 암벽에 4명의 인물 조각상이 조각되어 있고 조각상 밑에 암굴 신전으로 들어가는 출입구가 있다고 설명하였다.

4명의 거대한 조각 인물은 람스세 2세와 파라오들의 조각상으로 추정한다. 안으로 들어가면 여러 개의 방과 기둥이 있고 기둥과 벽에

아부심벨 대신전과 소신전

대신전 입구 인물 조각상

다양하고 수많은 조각상들이 빈틈없이 암벽을 깎아 조각되어 있다.

특히 암굴 내부 약 51m 깊숙이 신전 단상이 조성되어 있고 가장 깊숙한 곳에 위치한 성소에는 태양의 신 아문-라, 라-라크테, 신과 람세스 2세 석상이 안치되어 있는데 매년 람세스 2세 생일인 2월 21일과 대관식 기념일 10월 21일에는 아침 햇빛이 암굴 약 51m 깊숙이 안으로 들어와 신과 람세스 석상에 비추도록 설계되었다. 그러나 호수에서 현재 위치로 옮긴 후에는 빛이 들어오지 않는다고 한다.

이 신전은 람세스 2세가 후루스 신(하늘의 신)에게 바친 신전으로 추정하는 사람도 있지만 인물 조각으로 보아 파라오 자신을 포함한 왕족들의 신전으로 추정한다. 왜냐하면 신전 입구 4개 조각상 모두 상이집트와 하이집트 의복 모양으로 조각되어 상 · 하 이집트를 통일하여 통합 이집트를 통치한 람세스 2세 본인과 왕족들 모습으로 추정하기 때문이다.

또한 거대한 바위산을 여러 개로 나누어 원형 그대로 아스완 댐 호수 아래에서 이곳 높은 곳으로 옮겨 복원해 놓은 현대기술에 감탄사가 절로 나왔다.

돌산 전체를 수십 개로 정밀하게 절단하여 원형 그대로 옮겨놓았는데 조립 또는 접합한 흔적을 알 수 없을 정도로 정교했다. 대신전 관람을 마치고 150m 떨어진 소신전으로 이동하였다. 소신전 정면을 보니 높이 10m, 폭 16m 암벽에 6명의 인물상이 조각되어 있는데 모두 람세스 2세의 가족 및 왕족으로 추정한다.

소신전 안으로 들어가니 6개의 기둥이 보였다. 기둥에는 신의 얼굴을 조각해 놓고 그 밑에 왕과 왕비에 관한 이야기를 상형문자로 새

소신전 입구 6명의 인물 조각상

겨 놓았다. 이 상형문자 내용을 우리말로 표현하면 '상 · 하 이집트의 왕이며, 신의 아들이고, 두 땅의 통치자로 태양처럼 영원한 생명을 가진 자'라는 의미라고 알려주었다.

아부심벨 신전을 둘러보고 나니 람세스 2세에 대해 궁금했다. 약 3,310년 전 고대 이집트 신왕국시대 제19 왕조 람세스 2세는 자신을 태양신 '라'의 아들이라 자처하고 이집트 왕으로는 가장 오랜 기간(66년간) 통치자로 군림하면서 상이집트와 하이집트를 통일시킨 고대 이집트의 역대 왕 중에서 가장 위대한 왕이다.

람세스 2세는 이집트 남부 누비아 지역에 여러 개의 암굴 신전을 만들었는데 그중 아부심벨 신전이 가장 웅장하고 정교해 예술적 가치가 높은 대표적인 신전이다.

람세스 2세의 파라오 황금 마스크를 보면 이마에 독수리와 코브라가 조각되어 있는데 두 마리 동물은 상 · 하 이집트 통합을 뜻한다.

고대 이집트 신왕국 시대 독수리는 상이집트를 상징하는 동물이고 코브라는 하이집트를 상징하는 동물로, 상 · 하이집트 통일 후 이집트를 통치한 파라오 황금 마스크에 두 동물을 조각하였다.

그런데 그 당시에는 왜 왕을 파라오라고 부른걸까? 파라오는 고대 이집트의 왕을 지칭하는 고유명사로 원래 큰 집이라는 의미로 이집

파라오 가마와 황금 마스크

파라오의 거대한 석관

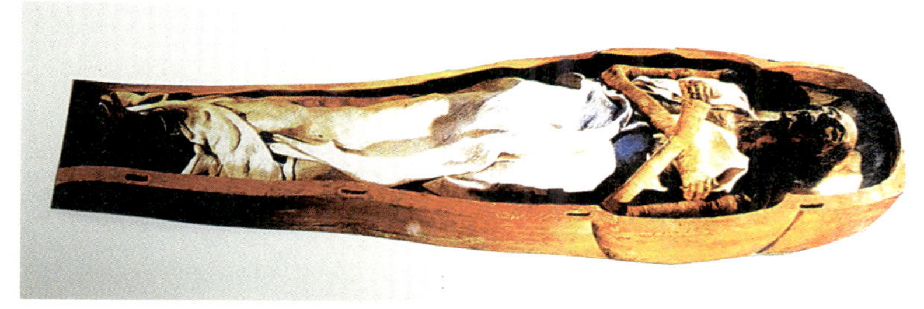

람세스 2세 미라 복제 사진

트 상형문자 페르-아(Per-aa)의 그리스어 표기에서 유래되었다.

초기에 페르-아는 왕이 있는 궁전을 의미했지만 신왕국 시대부터 왕의 호칭으로 발전했다. 고대 이집트 사람들은 파라오를 살아 있는 신으로 믿었다. 창세 신화에 나오는 하늘의 신 후루스, 태양의 신 라, 아몬, 아텐 등 여러 신과 동일시했던 절대적 존재로 죽은 뒤에도 신성을 유지하며 신과 동격 대우를 받았다.

고대 이집트의 30왕조 약 3,000~3,100년 동안 170여 명의 파라오가 존재한 것으로 기록되어 있어 한 파라오가 고대 이집트를 통치한 기간은 평균 약 20년으로 추정하는데 람세스 2세는 가장 오랜 기간인 약 66년을 통치한 위대한 왕이었다.

아부심벨 관광을 마치고 아스완 댐 발전소와 기념탑이 있는 곳으로 이동하여 아스완 댐 위에 건설된 다리 위에 도착했다. 다리 위 기념탑에서 아스완 댐을 바라보면 댐의 크기에 또 한 번 놀란다. 아스완 댐은 폭이 3,600m, 높이 110m로 전체 면적은 바다처럼 끝이 보이지 않는다.

이 댐은 영국이 건설하였으며 특징은 호수 물속에서 낙차를 이용하여 발전하는 방식을 채택하여 지상에서 낙차에 의해 발전하는 댐

바다처럼 보이는 아스완 댐

과 다르다.

아스완 댐 관광을 마치고 버스를 타고 크루즈 선착장으로 돌아와 나일강변에 정박한 페루카 보트를 타고 물살을 가르며 나일강 상류와 하류를 이동하며 나일강의 아름다운 석양을 감상하는데 나일강은 점점 황금빛으로 변하면서 나일강의 석양 풍경은 무척 아름다운 모습으로 변한다. 해가 서산에 넘어갈 무렵 선착장으로 돌아와 크루즈선에 승선한 후 새로운 룸을 배정받아 짐을 옮겨놓고 식사했다.

크루즈선에서 숙박할 때 반드시 참고해야 할 사항은 로비층보다 아래층 룸은 선택하지 않은 것이 좋으며 엔진룸이 가까이 있는 룸도 피하는 것이 좋다. 만약 배정된 룸이 마음에 들지 않으면 카운터에 미리 룸 변경 신청을 해두면 다음 날 룸 변경이 가능하다. 이때 감사의 표시로 팁을 주어야 한다.

식사 후 룸 안에서 창문을 통해 어두워지는 나일강을 바라보면서 휴식을 취하고 있는데 크루즈선이 움직이기 시작한다.

오늘밤은 아스완 선착장에서 약 300km 하류에 위치한 룩소르 선착장까지 이동한다. 나일강에서 운항하는 크루즈선상 숙박을 처음 경험하면서 크루즈선의 속도가 점점 빨라져 크루즈선이 물살을 가르고 지나가면서 철썩거리는 파도 소리와 선체가 조금씩 흔들리는 것이 무척 편안하게 느껴져 나도 모르게 깊은 잠에 빠져들었다.

다음 날 아침 일어났을 때 크루즈선은 이른 새벽 룩소르 선착장에 도착했다. 16세기경 고대 이집트 신왕국 시대 수도인 룩소르를 관광하기 위해 서둘러 선상 식사를 마치고 버스에 올랐다.

룩소르는 신왕국 시대 문명을 가장 많이 간직하고 있는 이집트 최대 유적지로, 곳곳에 수많은 유적지와 신전이 산재해 있어 고대 이집트의 번영과 풍요로움, 찬란한 문화와 유적지 그리고 고대인들의 기술과 지혜를 엿볼 수 있다. 이집트를 여행하면서 룩소르를 관광하지 못했다면 이집트를 여행했다고 할 수 없을 정도로 중요한 곳이다.

제일 먼저 룩소르 나일강 서쪽 지역에 2개의 큰 석상이 우뚝 서 있는 멤논 거상(clossi of Mennon) 앞에 도착했다. 멤논 거상 뒤편에 있는 아메노피스 3세 신전 터에는 아무것도 없었다. 신전 터를 지키고 있는 멤논 거상은 오랜 세월 동안 지진과 비바람에 침식과 균열이 반복되면서 원래의 모습은 사라지고 자연이 만들어준 전혀 다른 모습으로 신전 터를 지키고 있다.

오랜 세월을 이겨낸 고목처럼 천년 세월의 흔적을 간직한 채 홀로 자리를 지키고 있다. 멤논 거상을 돌아본 후 이어서 음보 신전과 호루스 신전을 관광한 후 악어 신전이라 부르는 콤 옴보 신전으로 이동하였다.

신전 터를 지키는 멤논 거상

콤 옴보 신전 입구

콤 옴보 신전은 악어를 신으로 섬겼던 신전으로 프톨레마이오스 왕조 때 세워진 신전이다. 신전 형체가 잘 보존되어 왕궁처럼 웅장한 모습을 간직하고 있으며 신전 입구를 통과하면 또 다른 문이 계속 이어져 있다.

콤 옴보 신전 관광을 마치고 '왕들의 계곡'이라 부르는 곳으로 이

왕들의 계곡 입구

동하였다. 계곡 입구에 도착하니 주변은 모두 벌거숭이 민둥산이고 산 중턱에 여러 개 구멍이 보이는데 도굴된 왕들의 무덤이 있던 곳이다.

왕들의 계곡은 기원전 3000년이 지속된 고대 이집트 왕들이 묻혀 있는 왕들의 공동묘지이다. 10년 전 이곳을 방문했을 때 왕들의 무덤을 여러 개 관람했기 때문에 이번에는 보고 싶은 무덤 하나만 골라 볼 생각으로 붉은 화강암으로 만들어진 석관과 채색된 벽화가 있는 무덤을 보기 위해 지하 통로를 따라 이동하였다.

통로 벽면에 조각되어 있는 수많은 조각물을 보면서 통로 맨 끝에 도착하니 붉은 석관이 있는 방이 나타났고 방을 중심으로 주위 벽에는 다양한 조각들이 아름다운 색상으로 채색되어 있었다.

고대 이집트 신왕국 시대 무덤 벽화에 채색된 색상이 변색되거나 퇴색되지 않고 아름다운 색상을 그대로 유지하고 있는 것을 보니 고

무덤 내 붉은 석관

왕의 무덤 속 벽화의 아름다운 색상

유리벽으로 처리된 벽화 표면

대인들의 미적 감각과 채색 기술에 감탄하면서 무슨 재료를 사용하여 현재까지 색상을 유지하는지 궁금했다.

10년 전 이 무덤을 방문했을 때는 손으로 채색된 표면을 직접 만져 볼 수 있었는데 현재는 색상의 퇴색을 방지하기 위해 표면에 유리벽을 설치하여 직접 손이 닿지 않도록 보호하고 있다.

왕들의 무덤에서 마지막 발견된 투탕카멘 왕의 무덤은 도굴되지 않은 원형 그대로 1922년~1923년 영국의 고고학자 하워드 카터에 의해 발견된 것으로 고고학적 가치가 매우 높다.

투탕카멘 왕의 무덤 안에서 110kg 황금 관, 11kg 황금 마스크, 황금 보검, 금 · 은, 3,000년 동안 마르지 않은 향료 등 진기한 문화재 2,000여 점이 출토되어 현재까지 발견된 왕의 무덤 중 가장 많은 유물이 완벽한 상태로 발견된 최초의 무덤이다.

이 무덤은 이집트 제18대 왕조의 12대 파라오이며 10세에 왕위에 올라 18세 어린 나이로 갑작스럽게 죽어 천국에서 영생을 누리기를 기원하면서 많은 부장품을 무덤 속에 함께 묻은 것으로 추정한다. 투탕카멘 왕의 무덤 입구 돌문에는 '이 무덤에 들어가는 자, 저주가 있을 것'이라는 글씨가 새겨져 있는데 실제 무덤 발굴자 중 여러 명에게 불행한 일이 있었다고 한다.

그러나 이곳에서 발견된 유물은 모두 이집트 고고학 박물관에 전시되어 있고 무덤 안에는 없다. 왕들의 무덤을 관람한 후 하트셉수트 여왕의 장제전(葬祭殿 : 제사를 지냈던 곳)이 있는 곳으로 이동하여 도착했을 때 먼 거리에 있는 높은 민둥산 아래 보이는 현대식 건물이 하트셉수트 장제전이다.

장제전 입구 매표소에서 장제전까지 가려면 약 1,000m 거리의 광장을 걸어야 한다. 장제전 앞 계단에 도착하여 2층으로 올라가니 건물 기둥에 여러 명의 인물 조각상이 있었다. 고대 건축물을 보면서 현대 테라스 건축물과 같은 구조로 장제전이 건축된 것에 놀랐다. 장제전 내부를 한 바퀴 돌아본 후 하트셉수트 여왕에 대해 알아보았다.

하트셉수트 여왕은 이집트 제18왕조의 5대 여왕으로 22년간 이집트를 통치한 유일한 여왕이다. 투트모세 1세와 아메스 네페르티티 왕비 사이에서 태어난 하트셉수트는 여자이기 때문에 왕위를 계승할 수 없어 부득이 후궁 소생의 이복동생 투트모세 2세와 결혼했다. 그러나 병약한 투트모세 2세는 투트모세 3세가 태어난 후 병사하여 하트셉수트는 어린 투트모세 3세와 공동으로 왕이 되어 이집트를 통치하였다. 그 후 투트모세 3세가 사망하면서 하트셉수트는 이집트 여

투탕카멘 왕과 왕비(복제사진)

왕으로 파라오가 되었다.

그녀는 스스로 상하 이집트의 여왕, 여왕 호루스 '라'라 칭하고, 파라오의 남성 정장을 착용하고 파라오의 전통 방식에 따라 남장에 수염까지 달고 이집트를 지배했다. 그녀는 자신을 신성한 빛 '라'의 딸로서 아몬과 한 몸이 된 여인이라는 뜻으로 '케네메트 이멘', 즉 가장 존경받을 만한 여인이라는 뜻으로 스스로를 '하트 체페수트'라고 칭했다. 그리고 하트셉수트 여왕은 다른 파라오와 같이 새로운 신전을 건축하였는데 그것이 바로 하트셉수트 장제전이다.

기원전 1500년경에 만들어진 이 신전은 멀리서 보면 현대식 건축물처럼 보이는데 고대 이집트 건축물의 걸작으로 평가받고 있다.

건물 각 층마다 넓은 테라스가 있고 신을 모시고 기도한 장소가 있

하트셉수트 장제전의 기둥 조각상

으며, 건물 앞쪽 기둥에는 여러 명의 인물 조각상이 있는데 당시 여왕 주위 핵심 권력자들의 조각상으로 추정한다.

하트셉수트 장제전을 돌아본 후 다시 룩소르 서쪽 지역에서 룩소르 동쪽 지역 나일강으로 이동했다. 룩소르 동쪽 지역에는 신왕국 시대에 세워진 세계 최대 신전인 카르나크 신전과 그 부속 신전인 룩소르 신전이 있다.

카르나크 신전은 1895년 프랑스 학자 조르주 루그랑의 지휘하에 모래 속에 묻혀 있는 것을 발견하여 복원한 신전이다. 이 신전은 신왕국 시대에 세워진 세계 최대 신전으로 신전 남쪽 길이 약 541m, 동쪽 길이 약 510m, 서쪽 길이 약 610m의 사다리꼴 모양 형태로 약 41만 평 위에 수많은 신전을 세워 거대한 태양신을 모시는 신전이다.

신전은 역대 왕들을 추모하고 기도하는 장소로 이용하였고 또 국가 중대사가 있을 때마다 다목적 신전으로 활용한 것으로 추정한다. 신전 안에는 10개의 탑문과 오벨리스크 그리고 20개의 스핑크스가 입구 양쪽으로 나란히 사열하고 있어 권위와 위용을 나타낸다. 안으로 들어가면 거대한 원추형 돌기둥이 줄지어 세워져 있는데 돌기둥은 모두 136개이며 돌기둥 하나의 길이가 23m, 둘레가 15m라고 설명한다. 돌기둥과 돌기둥 사이에는 지붕을 만들었던 흔적이 남아 있다.

카르나크 신전을 관람하면서 고대 이집트 신왕국 시대는 세계 최강국으로 찬란한 문화와 과학기술이 발달한 국가였다는 것을 알게 되었다. 그리고 그 당시 왕들의 권력은 상상을 초월하고 신과 동격

카르나크 신전 입구 양쪽 스핑크스

의 존재이며, 왕의 권력은 신전으로부터 나온다는 것을 알게 되었다. 카르나크 신전에서 본 것 중 가장 인상적인 것은 역시 거대한 줄기둥이다.

카르나크 신전은 면적이 워낙 넓고 문이 여러 개 있어 전체를 구경하기에는 시간이 부족하다. 또 다른 탑문으로 들어가니 탑문 입구에 2개의 거대한 인물 조각상이 탑문을 지키고 있었다. 카르나크 신전 관람을 마치고 카르나크 신전에서 약 3km 떨어진 룩소르 신전으로 걸어갔다. 룩소르 신전은 제18대 왕조 아멘호테프 3세가 카르나크 대신전의 부속 신전으로 착공하여 람세스 2세가 완공하였다.

카르나크 신전 터와 룩소르 신전 터는 모두 모래밭이고 가까운 거리에 나일강이 흐르고 있다. 룩소르 신전으로 이동하면서 왜 모래밭에 신전을 건설했는지 궁금했다. 그 당시 이곳은 나일강이 범람하여 농사짓기 좋은 비옥한 땅으로 추정한다. 룩소르 신전은 람세스 2세에 의해 세워진 것으로 신전 주위에는 6개의 거상과 2개의 오벨리스크가 세워져 있다. 그러나 2개의 오벨리스크 중 하나는 이집트 정부가 프랑스에 기증하여 프랑스 콩코드 광장에 세워져 있다.

오벨리스크를 한참 동안 살펴보니 무척 큰 대리석 한 개로 만들었

거북형 스핑크스와 오벨리스크

신전 내부 거대한 줄기둥

카르나크 신전 탑문 입구 조각상

으며 사각 표면에는 글씨와 그림이 가득 조각되어 있었다. 피라미드 모양으로 아래에서 위로 올라갈수록 가늘어지면서 맨 꼭대기는 뾰족하게 만들었다. 이러한 형태의 오벨리스크 높이는 약 30m, 무게 약 310톤이다. 나는 고대 이집트인들의 석재 가공 기술에 놀라움과 깊은 감동을 느꼈다. 그뿐만 아니라 룩소르 신전 내에는 둥근 기둥이 중앙 통로 좌우에 나란히 정렬되어 있고 기둥에도 동물과 글씨가 가득 조각되어 있다.

다시 한 번 고대인들의 석재 가공 기술과 지혜에 감탄하면서 오벨리스크는 무슨 목적으로 어떻게 만들었는지 궁금했다.

오벨리스크를 만든 목적은 고대 이집트 왕조 때 태양신을 숭배하고 상징함과 동시에 전쟁 승리의 기념비로 만든 것이다. 룩소르 신전을 돌아본 후 어떻게 크고 무거운 하나의 원석 대리석을 대리석 광산에서 절단하였으며 그리고 가공 후 먼 거리를 어떻게 운반하여 수직으로 똑바로 세울 수 있었는지 궁금했다. 오벨리스크의 궁금증을 해

룩소르 신전 입구 모습

룩소르 신전 거대한 인물 거상

소하기 위해 대리석 채석장으로 이동하니 낮은 언덕으로 형성된 대리석 광산이 분포되어 있었다.

대리석 광산 언덕 위로 올라가 언덕 중간지점에서 대리석을 정교하게 절단 및 채석하는 과정을 보고 설명을 들은 후 어느 정도 궁금증이 해소되었다. 좀 더 높은 언덕으로 이동하여 언덕 위에서 아래를 내려다보니 세계 최대 미완성 오벨리스크가 채석장에 놓여 있었다. 이 미완성 오벨리스크의 길이는 41.7m이다. 이곳 채석장에서 사면

룩소르 신전 거대한 원주열 기둥

으로 절단된 오벨리스크는 가공 작업을 거쳐 작업이 완성된 후 룩소르 신전으로 이동한다고 한다.

그런데 매우 무겁고 길이가 긴 오벨리스크를 고대인들은 어떻게 운반하여 수직으로 똑바로 세웠을까? 이 궁금증은 수십 년 동안 오벨리스크 설치 및 절차를 연구해 온 프랑스 건축학자들의 자료를 통해 해소할 수 있었다.

프랑스 건축학자들이 밝힌 내용을 살펴보면 이렇다.

1) 오벨리스크 제작은 붉은 화강암 채석장에서 전문가들이 결함이 없는 거대한 대리석 바위에 필요한 크기로 선을 긋고 그 다음 석공 여러 명이 선을 따라 작은 구멍을 촘촘히 만들고 구멍에 나무 쐐기를 박은 후 물을 잔득 부어놓으면 나무 쐐기가 부풀어 오르면서 선을 따라 석재가 분리된다.
2) 운반은 목재 썰매를 오벨리스크 크기로 만든 후 채석한 대리석을 나무 썰매 위에 올려놓고 단단히 묶은 후 평탄한 바닥 위에 통나무를 깔아 수십 명의 사람이 양쪽에서 끌어당겨 이동하여서 운반선은 누비아의 돌 무화과나무로 만들어 가볍고 단단한 운반선을 만들었다. 운반선 크기는 너비 21m, 길이 63m로 했다.
3) 예인선은 10여 척으로 구성하고, 예인선에 3개 팀이 앞에서 노를 저어 끌고, 이동 시기는 강의 범람 시기와 물 흐름을 맞추면서 방향을 조정하면서 이동했다.
4) 오벨리스크 수직 설치는 신전 앞에 도착한 오벨리스크는 흙으로 만든 벽돌로 임시 경사로를 설치하고 정좌할 방향으로 모래더미

완성된 오벨리스크

미완성 오벨리스크

를 만들었다. 경사로는 묽은 진흙을 발라서 미끄럽게 하고 밑둥을 앞세운 오벨리스크를 수백 미터 행렬을 이룬 노동자들이 높이 2/3 이상 되게 끌어올렸다. 그리고 그 상태에서 모래더미 위에 얹어 밧줄로 기울기를 조정하면서 미리 자리 잡은 기초석 위에 맞도록 설치하였다.

5) 마무리 작업은 오벨리스크 전체를 60kg이나 소요되는 호박금으로 덧씌우고 각축부에 봉헌 장면을 하고 몸통에는 상형문자로

판각 문을 새겼다.

이렇게 설치 공사를 마무리하는데 19개월이 소요되었다고 기술하고 있다. 그 당시 고대인들의 과학적 기술과 지식 그리고 지혜를 엿볼 수 있다.

채석장 관람을 끝내고 크루즈선으로 돌아와 나일강의 아름다운 석양을 보면서 저녁 식사를 일찍 마친 후 버스를 타고 룩소르 공항으로 이동하여 카이로행 저녁 비행기에 탑승했다.

룩소르 공항 이륙 약 40분 후 카이로 공항에 도착하니 사방이 캄캄한 밤이다. 곧바로 호텔로 이동하여 내일 출국을 위한 짐을 정리하면서 여행국에서 수집한 자료와 취미로 수집한 파손되기 쉬운 물건들을 별도 작은 가방에 정리한 후 창밖 카이로의 야경을 감상하면서

나일강의 아름다운 석양과 페루카

이집트에서의 마지막 밤을 정리하였다.

다음 날 아침, 호텔 주변 상가 거리에 한 남자가 빵을 담은 판자를 머리에 이고 빵을 팔러 가는 진풍경을 카메라에 담았다.

아침 식사 후 곧바로 버스를 타고 카이로 공항에 도착, 두바이행 비행기를 탑승하면서 이집트는 어떤 나라인지 궁금했다.

이집트의 공식 명칭은 이집트 아랍공화국(Arab Republic of Egypt)이다. 아프리카 동, 북쪽에 있는 국가로 동쪽은 이스라엘과 가자 지구, 서쪽은 리비아, 북쪽은 지중해와 홍해를 국경으로 접하고 있다.

기후는 건조하고 국토의 대부분은 사막이며, 16세기 중에는 인구가 많고 국력이 강했으며 현재도 중동 및 아랍권의 정치 문화 중심 국가로 발전하고 있다.

빵을 팔러 가는 상가 거리 풍경

1882년에 영국이 수에즈 운하 보호를 위해 이집트를 통치하였으나 1992년에 영국으로부터 이집트 왕국으로 독립한 후 1992년 2월 28일 이집트로 국명을 변경하였다. 인구 중 94%가 이슬람교(수니파)이며, 나일강을 중심으로 한 세계 문명의 탄생지 중 한 곳으로 찬란한 고대 문화유산을 가진 대표적인 국가이며 이집트 고고학 박물관에 수많은 고대 유물이 보관되어 있다.

대표적인 것이 피라미드와 스핑크스, 아부심벨 신전, 카르나크 신전, 룩소르 신전, 왕의 무덤에서 출토된 황금 마스크와 부장품 그리고 고고학 박물관 등이다.

이집트의 일반적인 사항

- 국토 면적 : 1,001천km^2
- 인구 : 8,689만 명
- 수도 : 카이로
- 언어 : 아랍어
- 종교 : 이슬람교
- 1인당 GNI : 3,000달러/2012
- 화폐 : 이집트 파운드
- 대사관 설치되어 있음

두바이

부르즈 할리파

두바이는 두 번째 방문하는 여행지로 오전 8시에 두바이 국제공항에 도착했다. 제일 먼저 세계에서 가장 높은 건축물 두바이 부르즈 할리파 빌딩이 있는 상업 지구에 도착하여 쇼핑몰 건물 내부 통로를 따라 부르즈 할리파 빌딩 앞 분수대로 이동했다.

세계 최고층 건물인 버즈 두바이가 왜 두바이 부르즈 할리파로 이름을 변경했는지 궁금했다. 미국의 리먼 브러더스가 파산하면서 세계 경제 역시 큰 위기를 맞이하였다. 그때 두바이 역시 부동산 폭락으로 부도 위기를 맞이하여 아랍에미리트 대통령에게 도움을 요청하여 위기를 극복하면서 세계 최고층 빌딩 이름을 부르즈 두바이에서 아랍에미리트 국왕 이름을 본따 부르즈 할리파로 바꾼 것이다.

할리파 초고층 빌딩 주위에 높고 낮은 빌딩들이 많아 우리나라 여의도 빌딩 숲을 연상케 했다. 부르즈 할리파 빌딩을 보면서 이 빌딩을 건축한 삼성물산과 대한민국의 위상과 긍지를 다시 한 번 느꼈다.

부르즈 할리파 빌딩 앞 분수대를 중심으로 형성된 두바이 상업 지구는 두바이에서 두 번째 큰 상업지구로 분수대 주변에 호텔과 각종 쇼핑상가들이 많이 자리 잡고 있어 사람들이 많이 모여드는 곳으로 대부분은 관광객들이다.

세계 최고층 빌딩을 카메라에 담으려고 여러 번 시도했지만 너무 높아 빌딩 전체 모습을 사진 찍기가 무척 어려워 분수대 끝자락 호텔 방향으로 이동하여 겨우 전체 모습을 카메라에 담고 기념사진도

세계 최고층 건축물(부르즈 할리파, 162층, 높이 828m)

찍었다.

그리고 분수대를 한 바퀴 돌아 모노레일 탑승 장소로 이동하여 모노레일을 타고 인공섬 팜 주메이라의 멋진 풍경을 구경한 후 점심을 먹기 위해 식당으로 이동하면서 현지 가이드가 두바이에서 현지식 메뉴 중 한국인 입맛에 가장 맞는 식당으로 안내하겠다고 하기에 기대를 했다.

식당에 도착하여 음식을 먹어보니 정말 한국인 입맛에 맞는 메뉴였다. 점심 식사 후 외국인 부유층이 많이 살고 있는 지역에 도착하니 고층 빌딩 앞에 수많은 요트가 보이고 백사장에는 수영복 차림의 외국인들이 일광욕과 수영을 즐기고 있었다. 이슬람 국가에서는 상

부유층 지역 요트장과 해변 수영장

상할 수 없는 풍경으로 34℃나 되는 무척 더운 날씨 때문에 백사장에 오래 머물 수 없었다. 해변 수영장을 돌아본 후 버스를 타고 두바이 왕궁 입구에 도착했다. 입구에서 왕궁 정문까지의 거리는 약 1,000m로 추정되는데 500m 지점에 경찰차가 더 이상 접근을 할 수 없도록 막고 있었다.

왕궁 입구에서 사진만 찍은 후 버스로 다시 이동하여 축구장 50배 규모의 세계 최대 쇼핑몰 두바이 몰에 도착하여 실내 스키장과 초대형 수족관을 관람하였다. 다시 주메이라 해변으로 이동하며 창밖을 보니 두바이 전체가 모래사막에 높은 콘크리트 건물로 가득하고 들판과 도로에 나무와 풀이 없어 삭막했다.

즉 모래 위에 큰 성을 쌓아놓은 것처럼 느껴지고 모래성은 쉽게 무너진다는 생각을 해보았다. 두바이는 최고 온도가 40℃로 무척 덥고 바람이 많이 불며 밤과 낮 기온차가 심한 최악의 환경조건인 사막인

두바이 왕궁 정문

데 왜 전 세계인들이 많이 찾는지 그 이유가 궁금했다.

첫째, ① 두바이는 국내외 돈을 송금할 때 수수료가 없다. ② 두바이는 관세가 없다. ③ 두바이는 노조가 없다. ④ 두바이는 부가세가 없어 기업하기 좋은 조건을 만들어준다.

둘째, 두바이는 세계 최고 높은 빌딩과 최고급 호텔, 각종 위락 시설과 다양한 쇼핑몰을 갖추고 관광객 유치에 노력하고 있으며, 아프리카 대륙의 길목에 위치하고 있는 지리적 이점을 최대한 살려 두바이 국제공항은 저렴한 항공료와 최고 서비스로 전 세계 대륙을 연결하는 국제 환승 공항의 중심 역할을 담당하고 있다.

셋째, 금융 산업 발달과 금융 서비스를 다른 나라와 차별화하여 호평을 받고 있으며 항공물류, 부동산, 관광특구 등을 지정하여 집중개발 운영하자 세계인들이 모여들고 있다. 특히 두바이 국제공항은 8시간 이내 유럽, 아시아, 아프리카의 주요 도시를 연결하는 지리적 이점을 최대한 살려 세계 환승공항의 중심으로 꾸준히 성장하여 왔으며 2014년에는 두바이 국제공항 극제선 이용객 수가 약 7,000만 명으로 영국 히드로 국제공항의 이용객 수 6,800만 명을 처음으로 앞질러 세계에서 국제선 이용객이 가장 많은 공항으로 선정되었다.

주메이라 비치 주차장에 도착하니 백사장과 푸른 바다가 시원스럽게 보였다. 바다에는 수영하는 사람, 파도타기를 하는 사람 그리고 신발을 들고 모래 해변을 산책하는 사람들이 많아 우리나라 여름 해수욕장 분위기와 비슷했다.

버스에서 내려 신발을 벗어 들고 뜨거운 백사장을 걸으면서 먼 수평선 바다를 바라보니 가슴이 확 트이고 잔잔한 파도가 밀려와 백사

주메이라 비치 바다 풍경

장에 철썩 소리를 내며 하얀 거품을 토해 내며 밀려왔다 사라지는 풍경은 한 폭의 그림같이 아름답게 느껴졌다. 백사장에서 바닷물에 발을 적시며 밀려왔다 사라지는 물길을 따라 발자국을 남기며 걸었다.

나만의 사색과 낭만의 시간을 즐기고 있자니 문득 고향 해수욕장에서 보냈던 학창 시절의 즐거운 추억이 떠올랐다. 한참 동안 걷다 뒤돌아보니 파도가 밀려와 내가 남긴 발자국은 하나씩 지워지고 있었다. 그 광경을 보며 이제 나의 삶도 과거의 발자국을 하나씩 지워 가야 하는 시간이 점점 다가오고 있음을 깨닫게 되었다.

낭만적이고 멋있는 나만의 시간에 빠져 홀로 백사장 반대편 끝자락으로 계속 걷고 있는데 내 앞에 하얀 돛단배 하나가 점점 다가왔다. 하얀 돛단배 모양의 건물로 무엇인지 궁금했다. 백사장 끝자락에 하얀 돛단배 모양으로 점점 다가오는 건물은 세계 최고급 호텔 중 하나인 7성급 호텔 버즈알 아랍 호텔이었다. 백사장 위에 우뚝 선 하얀 돛단배 같은 호텔은 정말 돛단배와 똑같은 모양과 색상으로 건축되어 하얀 백사장, 푸른 바다와 어우러져 한 폭의 그림 같았다.

옛 추억을 떠올리며 백사장을 하염없이 거닐고 있는데 어느덧 해변은 황금빛 물결로 변하고 석양은 점점 수평선 바닷물 가까이 내려오고 있었다.

7성급 버즈 알 아랍 호텔과 석양

버즈 알 아랍 호텔 주변 풍경

붉은 옷으로 갈아입은 버즈 알 아랍 호텔은 출렁이는 황금빛 바다 물결과 어우러져 멋진 풍경을 만드는데 삭막한 사막을 가장 아름답고 멋있게 느낄 수 있는 최고의 석양 풍경이었다. 그런데 이 아름다운 석양 풍경을 사진에 담을 수 없었다. 석양이 나를 정면으로 비추고 있어 사진이 선명하게 찍히지 않기 때문이다.

석양을 감상하는 동안 해가 수평선 아래로 얼굴을 감추자 금방 어두워져 백사장을 나와 한식당으로 이동하였다. 불고기와 된장, 김치로 저녁 식사를 한 후 호텔 쇼핑가에서 쇼핑하면서 즐거운 시간을 보냈다. 쇼핑가에서 즐거운 시간을 보내면서 두바이 사막의 밤은 점점 깊어가고 늦은 밤에 버스는 공항으로 이동하였다.

화려한 두바이 밤거리

공항으로 이동하는 두바이 밤거리는 불빛이 화려한데 택시를 제외하고 차와 사람들의 모습은 보이지 않았다. 밤 12시에 두바이 국제공항에 도착하여 곧바로 출국 수속을 밟고 대한항공 인천행 비행기에 탑승했다. 비행기가 이륙하자 두바이는 국가인가? 도시국가인가? 궁금했다.

두바이는 한마디로 표현하면 세계에서 가장 빨리 성장하고 있는 최첨단 사막 도시로, 현대적인 문화가 어우러진 특이한 사막 도시이다.

두바이의 국가 명칭은 아랍에미리트연합(Unite State Arab Emirite)이며, 아랍에미리트연합국의 국기를 사용한다. 그리고 아랍에미리트연합의 한 토후국으로 아랍에미리트연합을 대표하는 도시로 부른다. 즉, 아랍에미리트연합의 수도 아부다비보다 더 많이 알려지고 수도처럼 부르는 도시가 두바이이다.

특히 사막에 최고의 골프장, 사막 사파리, 사막 스키, 해변 리조트, 세계 제일 높은 빌딩, 세계 최고급 7성급 호텔, 사막 실내 스키장 및 수영장, 사막의 아름다운 석양, 카지노 등 위락 시설과 금융, 물류, 항공, 쇼핑몰 등을 갖추고 관광특구를 만들어 전 세계 국가로부터 많은 사람들이 찾아오도록 만든 복합 도시다.

두바이는 독립된 국가도 아니고, 도시국가도 아니며, 아랍에미리트연합의 토후국 중 하나로 경우에 따라서 아랍에미리트연합을 대표할 때 두바이를 표기하기도 한다. 아랍에미리트연합에는 7개의 토후국이 있는데 그중 두바이 토후국이 현대 도시로 탈바꿈하여 아랍에미리트연합을 대표하는 도시 역할을 담당하고 있다. 두바이는 1971년 아랍에미리트연합에 마지막 가입한 토후국이며 가입하기 전에는 영국의 지배를 받았다.

두바이 기후는 더운 사막기후로 여름은 매우 덥고, 바람이 세며, 습하다. 두바이 국민 약 400만 명 중 20만 명이 토후국 원주민이고 나머지는 외국인이다.

아랍어를 사용하고 이슬람교를 숭배하며 아랍에미리트의 무역 허브 중심 역할과 관광, 항공, 부동산, 금융 서비스를 중심으로 경제특구를 지정하여 발전하고 있다. 아랍에미리트연합은 세계 석유 수출 5위 국이지만 두바이는 석유 매장량이 적어 1916년부터 사막 인공도시를 만들기 시작하여 현재의 모습으로 재탄생했다.

특히 두바이 왕자의 지도력과 미래를 바라보는 넓은 식견으로 석유 고갈을 대비해서 석유로 벌어들인 돈으로 현재와 미래의 두바이를 건설하고 있다.

아랍에미리트의 일반적인 사항

- 국토 면적 : 84천km²
- 인구 : 790만 명
- 수도 : 아부다비
- 언어 : 아랍어, 영어
- 종교 : 이슬람교
- 1인당 GNI : 36,040달러/2012
- 화폐 : Dirham
- 대사관이 설치되어 있음

이란

찬란한 페르시아 제국의 문명이 살아 숨 쉬는 나라

페르시아 제국의 대왕 조각상

전설적인 새 호마상

페르시아 제국을 상징하는 라마수 조각상

이란 여행 경로 지도와 안내

여행정보

1. 여행 경로 : 인천 – 두바이 – 테헤란 – 카샨 – 이스파한 – 야즈드 – 쉬라즈 – 테헤란 – 두바이 – 인천
2. 여행 기간/방문일 : 9일(4월 중순)
3. 여행비 : 380만 원(기타)
4. 기후 및 복장 : 아열대성 기후(여름 복장, 긴팔/바람막이 겉옷 필요)
5. 호텔 및 음식 양호. 치안 양호
6. 이스라엘 방문자는 여행사와 사전 협의 필요

이란 여행은 이 책의 마무리 단계에서 여행을 제의받고 망설이다 여행사에 이스라엘 여행을 다녀왔는데 이란 여행이 가능한지 물어보았다. 여행사는 여권에 이스라엘 출입국 도장이 없으면 가능하고 이스라엘 여행자 중 이란을 여행한 사례가 있다고 알려주었다. 여권을 자세히 살펴보았는데 이스라엘 입출국 도장을 발견하지 못해서 여행사에 여권을 전달하면서 여행사에서 여권을 재검토해서 가능하다면 이란 여행에 참여하겠다고 말하고 답변을 기다렸다.

약 10일 후 여행사로부터 여행이 가능하다는 답변을 듣고 여행비를 납부했다. 그런데 여행 출발 4일 전 갑자기 여행사에서 여권에 문제가 있어 이란 비자를 발급받을 수 없다는 연락을 받았다. 여행사의 실수를 인정하면서 금일 중 신규 여권을 신청하면 비자를 발급받아 여행에 불편함이 없도록 하겠다고 하기에 어떻게 이틀 만에 신규 여권을 발급받고 하루 만에 비자를 받을 수 있는지 물어보니 여행사에서 대사관과 협의해서 책임지고 하겠다는 것이었다.

만약 이란에서 입국을 거절하면 어떻게 하느냐 물었더니 그것도 비용 포함 모든 책임을 지고 계약서에 명기하겠다는 약속을 받고 신규 여권을 이틀 만에 발급받아 전달했더니 정말 하루 만에 비자를 받아 여행을 떠날 수 있었다.

참고해야 할 사항은 이스라엘 정부는 이스라엘을 방문하는 관광객이 이스라엘로 입국해서 이스라엘로 출국할 경우, 여권에 입출국 도장을 찍지 않고 다른 방법으로 관리하기 때문에 여권에 도장이 없다.

그러나 저자의 경우는 이스라엘에 입국해서 육로를 이용해 요르단을 입국한 후, 다시 육로로 이동해 이스라엘 재입국 그리고 육로로 이동하여 이집트로 입국하면서 여권에 흔적이 남아 있어 비자를 발급받지 못했다. 이런 경우는 신규 여권을 발급받아야 이란을 여행할 수 있다.

이란 여행 당일 오전 10시 인천공항에서 미팅 후 13시 대한항공편으로 인천공항을 이륙하여 약 9시간 후 두바이 공항에 도착했다. 그리고 약 2시간 후 이란행 비행기를 탑승하여 두바이 공항 이륙 약 2시간 10분 후에 이란의 테헤란 국제공항에 도착했다. 현지 시간으로 밤 12시 30분이었다. 입국장을 무사히 통과한 후 대기 중인 현지 가이드를 만나 버스로 호텔로 이동하여 약 1시간 후 호텔에 도착했을 때 무척 큰 현대식 호텔에 놀랐다.

다음 날 아침 식사 후 짐을 챙겨 버스에 탑승하면서 버스 투어로 이란 여행을 시작하였다. 호텔을 출발해 첫 도착지 카샨(Kashan)으로 이동했다. 테헤란에서 약 250km 떨어진 카샨은 다음 여행지로 이동하는 길목에 있는 작은 도시로, 고대부터 타일이 유명하다. 카샨은 '타일'이라는 뜻이고 타일 이름을 지명으로 부른다.

카샨은 유서 깊은 도시로 BC 4세기경 고대 페르시아 원주민들이 거주하면서 타일을 만들었고 타일을 이용해 만든 건축물이 현재도 남아 있다. 카샨 외곽 자그로스 산맥 기슭에는 약 3,000년 된 흙으로 만든 고대 마을 아비야네가 현재까지 잘 보존되어 있다.

카샨에 도착, 제일 먼저 사파비 시대(1500~1700년) 귀족과 부자들의 호화로운 주택에 만들어진 전통 정원이 원형 그대로 잘 보존되어 있는 핀 정원에 도착했다.

과거 이란의 귀족이나 거부들은 집에 공원처럼 큰 정원을 만들어 정원에는 오래된 나무들로 가득했다. 정원 입구에서 전통 가옥 정문까지 일직선으로 큰 길을 만들어 길을 따라 직선으로 긴 분수대를 설치하여 물이 흐르도록 만든 것이 핀 정원의 특징이라 할 수 있다. 분수대 모양이 핀처럼 가늘고 길게 보였으며 마치 꼭 공원을 산책하는 기분이었다.

사파비 시대 귀족 전통 정원

핀 정원을 산책한 후 버스로 이동, 약 7,000년 전 고대인 주거지로 알려진 시알크 언덕 입구에 도착했다. 사방이 평탄한 높은 언덕에 우뚝 솟아 있는 언덕이 시알크 언덕이고, 언덕 아래에는 토굴형 고대 주거지가 여러 개 분포되어 있다. 언덕 위로 올라가면 언덕 8부 능선에 토굴 형태의 주거지가 있고 토굴 입구 계단 아래에는 토굴에서 발견된 유물이 전시되어 있다.

시알크 언덕을 중심으로 언덕 아래 평지에 토굴형 주거지가 형성되어 있는 것으로 보아 그 당시 지도자나 지위가 높은 계급일수록 언

시알크 언덕 7,000년 전 고대 가옥

덕 위쪽에 토굴을 만들어 거주한 것으로 추정한다.

시알크 언덕 출입구 옆에 작은 박물관이 있는데 이곳에서 발굴된 유물들이 많이 진열되어 있으며 무늬와 색상이 특이한 토기들을 관람할 수 있다. 그런데 놀라운 것은 이 지역에 7,000년 전부터 사람이 거주하면서 토기를 만들어 사용했다는 것이다.

시알크 고대 가옥과 유물을 관광한 후 자그로스 산맥 기슭에 자리 잡은 3,000년 된 전통 마을을 관광하기 위해 이동하였다. 전통 마을(아비야네)은 높은 산자락 아래 계곡을 따라 전통 마을이 자리 잡고 있다. 그리고 이곳 전통 마을은 높은 산자락 아래 계곡을 따라 평탄한 곳에 위치하고 있는데 공기가 매우 서늘했다.

마을로 들어가니 주택은 모두 황토집으로 가장 높은 주택은 3층으로 건축되었는데 건물을 자세히 살펴보면 각 층에 통나무로 가로 세로 지지대를 만든 후 흙으로 집을 지었다. 3,000년 된 황토 주택은 예상외로 양호하고 일부 건물에는 사람들이 아직 거주하고 있었다.

어떻게 3,000년 동안 이 마을이 유지하였을까? 궁금했다. 이곳은 기후가 건조하고 강수량이 적으며 높은 산자락 아래 계곡을 중심으

3,000년 된 전통 가옥 마을

로 주거지가 건축되어 항상 서늘한 기후 조건을 갖추고 있으며 지진이 없고 특이한 것은 이곳의 건축 재료는 붉은 흙과 비둘기 똥 그리고 건초 등을 반죽하여 2~3일 숙성시킨 후 사용한 것이다.

3,000년 된 전통 마을을 관광한 후 이스파한(Isfahan)으로 이동하여 도시 중심가에 있는 호텔에 도착하니 해는 서산에 기울고 어두워지기 시작했다.

다음 날 아침, 이스파한에 있는 유적지를 관광하기 위해 이동하는 차 안에서 가이드가 이스파한을 소개해 주었다. 16세기 초 사파비 왕조시대에 이스파한에 거주했던 몽골족을 모두 몰아낸 후 샤 아바스 왕 1세는 이스파한 지역을 통치하면서 점점 세력을 확대하여 페르시아의 많은 영토를 차지하고 있던 오스만 투르크족까지 몰아냈다. 그리고 샤 아바스 왕은 이스파한을 이란의 수도로 정하고 위대한 수도를 건설했다.

그러나 1세기를 넘기지 못하고 아프가니스탄족의 침략으로 이스파한이 황폐화되자 샤 아바스 왕조는 수도를 쉬라즈로 옮겼다.

그 당시 이스파한은 고대 페르시아의 최고 도시이며 이슬람 국가 중 가장 아름답게 건설된 도시였다. 현재 이스파한에 남아 있는 이슬람 모스크는 특이한 디자인으로 건축되었고 모스크 외부 및 내부는 푸른 모자이크 타일로 시공되어 고대 이슬람 건축의 최고의 아름다움을 간직하고 있다.

특히 이스파한에는 이슬람 국가 중 가장 큰 이맘 광장이 있으며 광장을 울타리처럼 둘러싸고 있는 직사각형 건물에는 이맘 모스크(Imam Mosque)와 세이크 로트폴라 모스크(Sheikh Lotfollah Mosque), 알리 카푸 궁전(Ali Qapu Palace), 체헬 소툰 궁전(Chehel Sotun Palace)이 있어 고대 페르시아 문화와 고대 건축양식을 모두 볼 수 있다.

이맘 광장은 유네스코 세계문화유산으로 지정되어 있다. 이맘 광장 안으로 들어가니 규모가 매우 크고 아름다웠다. 현지 가이드는 중국 천안문 광장 다음으로 세계에서 두 번째 큰 광장이라고 소개하였다. 그러나 내가 알고 있는 광장 순위는 ① 천안문 광장 ② 붉은 광장 ③ 소칼로 광장 ④ 이맘 광장 순이다.

이맘 광장은 2층 높이의 직사각형 구조로 건축되어 있고 광장 중앙에는 직사각형 분수대가 설치되어 있으며 분수대와 건물 사이에 경마장처럼 말을 타고 각종 경주나 시합을 할 수 있는 넓은 경마 코

아름답고 매우 큰 이맘 광장

스가 만들어져 있는데 왕은 알리 카푸 왕궁 2층 베란다에서 각종 시합이나 경주를 관람하였다고 한다.

이맘 광장 건물에는 2개의 모스크와 2개의 왕궁이 있으며 넓은 경마장 코스는 현재 마차에 관광객을 태우고 이맘 광장을 한 바퀴 돌아오는 관광 코스로 활용하고 있다.

맨 먼저 이맘 모스크로 이동하였다. 모스크 정문의 특이한 디자인과 푸른 모자이크 타일로 건축된 아름다움에 감탄하면서 이맘 모스크가 세계에서 가장 아름다운 모스크 중 하나라는 사실을 알게 되었다. 그 당시의 건축 기술과 타일 기술에 감탄할 수밖에 없었다.

이맘 모스크 안으로 들어가서 내부 건물을 살펴보면 모스크 내부

아름다운 이맘 모스크

모스크 내부. 특이한 디자인과 타일 색상

도 푸른 모자이크 타일로 시공되어 있고 특이한 디자인과 구조로 건축되어 있으며, 일부 파손된 타일을 보수 공사하는 타일 시공자도 만날 수 있다. 이맘 모스크를 관광한 후 점심을 먹기 위해 이스파한 도심에 있는 식당으로 이동하였다.

현지식으로 점심을 먹는데 메뉴는 쌀밥과 야채 그리고 소고기를 다져 탕수육 비슷하게 만든 음식이었다. 현지식 음식이라 생각되지 않을 정도로 입맛에 맞았다.

점심 식사 후 이맘 광장을 지나 알리 카푸 궁전에 도착했다. 16세기 말 사파비 왕조의 힘과 권위를 자랑하기 위해 만든 궁전이다. 6층으로 된 건물 2층에는 베란다가 설치되어 있어 왕은 이곳에서 각종 경기를 관람하였을 것이다. 6층에는 특이한 천장 구조로 음악의 방이 꾸며져 있어 왕비는 음악을 좋아한 것으로 추정할 수 있다.

이맘 광장 외곽 건물 1층에 자리 잡고 있는 바자라(전통 시장)

알리 카푸 궁전 베란다

를 구경하면서 물건을 구입하는데 이곳에서는 이란 달러로 환전해야 물건을 구입할 수 있다. 그러나 현지 가이드의 이란 카드로 결제한 후 이란 달러를 미국 달러로 계산해서 물건 값을 가이드에게 지불하는 방식으로 물건을 구입할 수 있다. 바자라에서는 물건을 구입하지 않고 구경만 해도 이란의 문화와 정서를 이해하는 데 많은 도움이 된다.

이맘 광장 관광을 마치고 17세기에 댐 모양으로 건축된 시오세 다리로 이동하였다. 이 다리는 2층 구조에 길이 29m, 33개의 아치 교각으로 건축되었으며 다리 내부에는 카페형 찻집이 있어 시민들의 휴식 공간으로 이용되고 있었다. 현재까지 다리의 기능과 댐의 기능을 동시에 가지고 있는 특이한 다리이다. 반대쪽으로 건너가면서 다리의 특징을 살펴본 후 버스를 타고 기독교회로 이동하면서 문득 이란에 종교의 자유가 있는지 궁금했다.

이란의 아르메니아인들은 고대 페르시아 시대부터 기독교를 믿었는데 몽골과 오스만 투르크족의 침입으로 교회는 파괴되고 기독교인들은 타 지역으로 계속 옮겨 다녀야 했다. 마지막으로 이스파한에 정착하면서 이곳에 교회를 건축하고 현재까지 기독교를 믿는다고 알려주었다.

이란 정부는 고대부터 이어오는 소수민족의 종교를 탄압하지 않지만 소수민족 2세들은 이슬람 교육을 받기 때문에 소수민족의 종교를 믿는 인구는 자연적으로 계속 감소하여 현재는 겨우 명맥만 유지하고 있다.

반크 교회에 도착하니 교회 건물이 예상외로 매우 크고 3층 옥탑

반크 교회와 기독교 박물관

에는 종과 십자가가 세워져 있었다. 내부는 명동성당처럼 천장과 벽이 화려한 각종 기독교 그림으로 꾸며져 있었다. 교회 건물 옆에 있는 작은 기독교 박물관으로 발길을 돌렸다. 세계 최초 성경 인쇄기와 수많은 기독교 관련 자료와 유물이 전시되어 있었다. 그중에서 가장 인상적인 것은 아브라함의 초상화와 머리카락에 새겨놓은 성경 구절을 현미경을 통해서 보는 것이었다.

여러 이슬람 국가를 여행하였지만 기독교회와 교인 그리고 기독교 박물관이 파괴되지 않고 원형 그대로 남아 있는 나라는 이란이 처음이었다. 이란이 다른 이슬람 국가와 가장 큰 차이점 중 하나는 소수민족이 고대부터 믿고 있는 종교를 탄압하지 않는다는 것이다.

기독교회와 박물관 그리고 기독교인들이 이란에 존재하고 교회에서 예배드리는 모습을 보며 이란에 대한 새로운 인식을 갖게 되었다. 반크 교회와 기독교 박물관 관람을 마치고 호텔로 돌아오는 길, 이스파한은 어둠이 짙게 깔리고 도시의 불빛은 점점 밝아지고 있었다.

다음 날 아침, 이스파한에서 야즈드(Yazd)로 이동하였다. 이스파한에서 야즈드로 이동하는 사막지대에 고대 대상(隊商)들이 쉬어가던 오아시스 도시 메이보드가 있다. 메이보드는 고대 사막 도시의 모습을 그대로 간직하고 있다. 점심을 먹기 위해 메이보드 내의 식당으로 이동하면서 가이드는 메이보드에 대해 설명해 주었다.

메이보드는 고대 사막 도시로 실크로드의 중간지점에 위치하고 있으며 지하에서 물이 솟아 물이 풍부하여 도시가 형성되었고 주택과 건물은 모두 흙으로 만들었다고 한다.

실크로드 교역이 활발하였을 때 수많은 대상이 이곳으로 모여들어 숙박과 휴식 후 다음 장소로 이동하는 경유지로 이용하였는데 대상들이 머물 수 있는 방이 999개 있었다고 한다. 그 당시 대상들의 규모를 짐작할 수 있었다.

흙으로 건축된 고대 오아시스 사막 도시

마을 내부에 지하수로를 만들어 지하수로를 따라 전 주거지로 물이 흐르도록 만들어졌음을 알 수 있었다. 예전 우리나라 농촌처럼 공동 우물이 있는데 흙으로 만든 돔형 건물로 우물 안으로 들어가는 통로 외에는 완전 밀폐되어 있고, 공기통 네 개가 굴뚝처럼 돔 지붕 위로 만들어져 우물 안 공기를 외부로 빠져나가도록 건축되어 있다.

공동 우물 안으로 들어가면 매우 서늘한 찬바람이 불고 우물 안에는 지하수가 솟아오르고 있다. 대상들은 우물가에서 목욕도 하고 낙타에게 물을 먹이고 물통에 물을 가득 채워 다음 여정을 위한 출발 준비를 했다.

조로아스터교 사원

메이보드에서 야즈드로 이동하여 제일 먼저 불을 숭배하는 조로아스터교 사원(Zoroastrians fire Temple)을 방문하였다.

조로아스터교는 고대 페르시아 시대부터 불을 숭배하는 소수민족 종교로, 사원은 470년부터 현재까지 한 번도 불씨를 꺼뜨리지 않아 현재도 타오르고 있는 불씨를 볼 수 있다.

이 사원 역시 외세의 침략으로 계속 이동하다 1943년 야즈드에 정착하면서 건축되었다. 불의 사원을 관람한 후 야즈드 구 시가지로 이동하여 이란에서 가장 큰 자메 모스크(Jameh Mosque)에 도착했다.

자메 모스크는 20,000㎡로 규모가 매우 크고 내부에는 여러 개의 방이 있으며 남녀 구분하여 기도하도록 설계되었다. 건물과 건물 사이에 넓은 마당이 있는데 이 공간에서 각종 종교 행사를 한 것으로 보인다.

이란에서 가장 큰 자메 모스크 전경

자메 모스크는 800년 역사의 이슬람의 다양한 건축양식을 한눈에 볼 수 있는 모스크로 셀주크 건축양식, 몽골식 건축양식, 바로크 건축양식, 사파비드 건축양식 등 다양한 건축양식으로 건축되었다.

자메 모스크는 페르시아 역사의 연결 고리를 이어주는 역할을 하는 모스크로, 11세기 초에 건축되어 12세기에 화재로 파손된 것을 1121년에 원형 그대로 복원한 모스크이다. 특히 자메 모스크에는 무척 높은 두 개의 첨탑을 세워 야즈드 어느 곳에서나 모스크를 볼 수 있고 누구나 모스크를 쉽게 찾을 수 있게 건축되었다. 그런데 모스크에서 기도하는 사람을 보지 못했고 기도 시간을 알리는 이슬람 특유의 소리를 한 번도 듣지 못해 아쉬웠다. 자메 모스크에서 고대에서 현대까지 이란의 모스크 건축양식을 모두 관람할 수 있었다.

자메 모스크를 나와 저녁 무렵 야즈드 호텔로 돌아왔다. 현재까지 이란을 여행하는 동안 호텔 시설은 전혀 불편함이 없었다. 다음 날 아침, 침묵의 탑으로 이동하면서 가이드는 불을 숭배하는 조로아스터교의 장례 문화를 볼 수 있는 곳이라고 소개해 주었다.

침묵의 탑에 도착하고 보니 두 개의 작은 민둥산 정상에 지붕이 없는 석조 둥근 탑이 보였다. 입구에서 민둥산까지 이동하는 중간지점에 흙벽돌로 만든 움막형 집들이 여러 채 있는데 장례 순서를 기다리며 대기하는 장소라고 한다.

움막형 집들은 빈 공간만 있는 곳과 내부에서 음식을 만들어 먹을

둥근 석조 탑과 대기 장소

수 있는 시설과 잠을 잘 수 있는 공간이 마련된 곳도 있다. 이곳에서 순서를 기다리다 차례가 오면 시신을 민둥산 정상 석조탑 아래에 내려놓으면 독수리가 시체를 깨끗하게 청소하는 장례 문화다.

둥근 석조탑에 도착하여 내부를 살펴보니 바닥에는 평평한 넓은 바위돌이 깔려 있고 중앙에는 물을 저장하도록 구덩이가 파져 있다. 독수리가 물을 먹을 수 있도록 물 저장 공간으로 배려한 구멍이다. 이 장례 문화는 1960년까지 이어 오다 현재는 사라지고 없다. 침묵의 탑을 둘러본 후 야즈드 구 시가지로 이동하였다.

가이드는 이동하면서 13세기에 만들어진 야즈드 구 시가지는 가옥과 건물들이 모두 흙으로 건축된 고대 도시라고 설명하였다.

구 시가지에 도착하니 옛날 우리나라 농촌에 볏짚 지붕과 황토로 지은 집이 연상되었으나 우리나라 농촌처럼 작은 규모가 아니라 도시 규모로 컸다. 야즈드 구 시가지는 이란에서 가장 오래된 고대 주

이란에서 가장 오래된 도시형 고대 주거지

거지로 아직도 일부 주택에는 사람이 살고 있으며 마을 한가운데에 고대 흙 건물 호텔이 있고 호텔 내부에 찻집도 있다.

구 시가지에는 다양한 건물들이 건축되어 있는데 상가와 주거형 주택 그리고 공공건물과 성곽처럼 높은 건물들 모두 흙으로 만든 것으로 도시 기능을 갖추고 있다. 구 시가지를 둘러보면서 고대의 흙으로 만든 지하 호텔에서 차 한 잔 하면서 휴식도 하고 고대 도시 분위기를 느껴보는 색다른 경험을 할 수 있다.

마르코 폴로는 실크로드를 따라 야즈드 구 시가지를 지나면서 직물로 유명한 곳으로 기록하였다. 14~15세기까지 인도와 중앙아시아를 연결하는 교역의 중심지로 번창하다 사파비 왕조 말기부터 쇠퇴하기 시작했다.

야즈드 구 시가지를 둘러본 후 버스는 쉬라즈로 이동하였다. 야즈드에서 쉬라즈까지 고속도로로 약 4시간 이동하는 구간은 끝없는 황토 사막과 민둥산만 보였다.

이곳은 모래가 아니고 황토 사막이며 민둥산은 광물자원이 풍부하

황토 흙 사막지대 풍경

다. 즉, 사막은 물만 공급하면 옥토로 변하고 민둥산은 개발하면 희귀 광물이 쏟아져 나온다는 것이다. 사막을 이동하는 동안 황토 바람이 불어 하늘이 보이지 않은 구간이 있을 때는 버스 안에서도 황사 마스크를 착용했다.

사막지역을 이동하는 동안 식당이 없어 사막 끝자락에서 식당을

페르시아 제국 시루스 대왕 돌무덤과 왕궁 터

발견하여 점심을 늦게 먹은 후 다시 이동하였다. 쉬라즈 도시 외곽 지역에 도착하니 파사르가데(Pasargadae) 유적지가 보였다.

파사르가데는 유네스코 세계문화유산으로 지정된 곳으로 쉬라즈에서 약 130km 떨어진 황야에 위치하고 있다. 아케메네스 왕조가 페르시아를 건국할 때 최초 수도로 정한 곳으로 페르시아 제국의 초기 정치, 문화, 군사의 중심지였다.

이곳에 페르시아 대왕 1세 시루스의 돌무덤과 고대 왕궁 터가 남아 있다. 파사르가데는 매우 넓은 평야에 사방이 산으로 둘러싸여 분지를 형성하고 있어 적으로부터 방어하기 좋은 자연적 조건을 갖추고 있다. 왕궁으로 가는 길목에 페르시아 대왕 시루스의 무덤이 6층 돌계단 형태로 만들어져 있어 홀로 외롭게 페르시아 제국의 영광을 지키고 있다. 돌무덤에는 시루스 왕과 왕비의 시신이 안치되어 있는데 알렉산더 대왕이 페르시아를 정복하기 위하여 침입하였을 때 이곳에 있는 모든 것을 파괴하였지만 시루스 왕의 무덤은 파괴하지 않아 원형 그대로 보존하게 되었다.

무덤을 지나면 넓은 황야 먼 곳에 왕궁 터가 보인다. 왕궁 터에는 고대 왕궁의 규모를 짐작할 수 있는 받침돌과 높은 돌기둥이 여기저기 흩어져 있다.

파사르가데를 관광한 후 저녁 무렵 쉬라즈 호텔에 도착했다. 일찍 저녁 식사를 마치고 쉬라즈 밤거리를 둘러보기 위해 나 홀로 호텔을 나와 대로를 한참 걸었다. 거리에는 차와 사람들이 넘쳐 나고 상가에는 삼성과 엘지전자 제품이 많이 진열되어 있었다. 레스토랑에도 젊은 남녀가 많이 보였는데 도로변에 있는 카페에서는 여자들이 차를 마시며 담소를 즐기고 카페 앞 주차장에 차를 주차한 두 명의 아가씨가 카페 안으로 들어갔다.

이슬람 국가는 여성의 차량 운전을 금지하는 것으로 알고 있는데 내가 잘못 알고 있는 것인지 궁금했다. 사우디아라비아는 여성의 운전을 금지하지만 이란은 허용한다고 하는데 이슬람 전통 복장(차도르)을 한 여성을 볼 수 없는 것도 여타 이슬람 국가와 다른 점이다.

밤거리 구경을 마치고 호텔로 돌아와 쉬라즈에 대해 알아보았다. 쉬라즈는 페르시아 제국의 영광을 한눈에 볼 수 있는 유적지와 유물이 잘 보존되어 있는 곳이며, 페르세폴리스(Persepolis)는 세계문화유산 보전 지역으로 지정된 고대 페르시아 제국의 수도였다.

쉬라즈는 아케메네스 시대부터 사람들이 정착하여 살았던 곳으로 카람카 왕조와 잔드 왕조까지 이곳을 수도로 이용하였으며 1789년에 왕조의 수도를 테헤란으로 옮기기 전까지 이란의 수도였다.

쉬라즈에서 페르시아 제국의 찬란한 문화와 유적지를 관광하지 않고서는 이란을 여행하였다고 할 수 없다. 쉬라즈는 페르시아 제국의 찬란한 문화가 살아 숨 쉬는 많은 유적지가 보존되어 있는 페르시아 제국 황금기 수도였다.

쉬라즈의 밤 풍경을 보면서 페르시아 제국의 찬란한 문화와 유적을 생각하는 동안 고도의 밤은 점점 깊어갔다.

다음 날 아침, 페르세폴리스의 아파다나 궁전과 만국의 문이 있는 유적지로 이동하였다. 페르세폴리스 입구에서 궁전이 있는 성벽까지 약 2km 직선거리에 우리나라 광화문 거리처럼 매우 넓은 도로가 직선으로 뻗어 있고 도로변에는 수십 년 된 나무가 정렬해 있었다. 직

18m 높이 암석 성벽 위에 만국의 문

선으로 뻗어 있는 길을 따라 걸어서 성벽에 도착하면 18m 높이의 암석 성벽이 길을 가로막았다.

성벽 좌우에는 만국의 문으로 통하는 돌계단이 있는데 경사가 완만해서 말을 타고 오를 수 있게 만들어졌다. 18m 높이의 돌계단을 올라가니 매우 큰 암석으로 만들어진 만국의 문이 길을 가로막아 섰다.

만국의 문 뒤편과 우측에는 매우 넓은 궁전 터가 자리 잡고 있으며 궁전 터 뒤편에는 높은 돌산이 병풍처럼 감싸고 있었다. 즉, 만국의 문을 통과해야 궁전 안으로 들어갈 수 있다. 만국의 문 앞에 도착하면 정면 돌기둥에는 페르시아를 상징하는 동물 라마수(Lamassu) 두 쌍이 조각되어 있는데 한 마리는 동쪽을 바라보고 다른 한 마리는 서쪽을 바라보고 있다.

라마수는 사람의 얼굴에 황소의 몸통, 새의 날개를 가진 황소상(像)으로 상징적인 동물이다. 날개에는 세 개 언어로 글자가 새겨져 있다. 만국의 문을 통과해 의장대 사열장으로 들어서니 사열장 왼편 돌

만국의 문과 라마수 조각상

기둥에 행복을 의미하는 전설상의 새 호마상이 보였다. 먼 곳에 아파다나 궁전과 백주 궁전 터의 높은 돌기둥과 부러진 돌기둥도 보였다.

아파다나 궁전에 도착하여 안으로 들어가는 돌문을 통과하며 돌문에 새겨 있는 조각품을 감상하며 경탄을 금치 못했다.

만국의 문에서 바라본 아파다나 궁전과 백주 궁전

아파다나 궁전에는 외국 사신을 접견할 수 있는 넓은 공간이 있는데 약 1만 명이 들어갈 수 있는 거대한 홀이었다고 한다. 그 당시 아파다나 궁전의 규모와 크기를 짐작할 수 있었다. 궁전 터에는 20m 높이 72개의 원기둥꼴 돌기둥이 받치고 있었는데 현재 13개의 돌기

아파다나 궁전으로 통하는 돌문

둥만 남아 있다.

돌기둥 상부에는 황소 뿔을 달고 있는 사자 머리가 조각되어 있다. 궁전 안은 동서남북 네 갈래 길로 갈라지는데 북쪽과 동쪽 출입문을 통과하는 벽에는 사자가 황소를 공격하는 조각을 볼 수 있는데 사자는 페르시아 대왕을, 황소는 적국을 의미한다고 설명해 주었다. 이어서 23개국의 조공 행렬이 조각되어 있는데 각국 사신들의 옷차림과

통로 벽에 사자가 황소를 공격

조공을 바치는 행렬 모습 1

조공을 바치는 행렬 모습 2

가지고 온 조공품의 종류를 알 수 있다.

대표적인 조공품을 소개하자면 인도는 향수병, 바빌로니아는 황소, 에티오피아는 상아, 아르메니아는 말을 그리고 또 다른 나라는 양을 조공으로 바쳤다.

조공 행렬 앞에는 페르시아 대왕이 의자에 앉아서 외국 사신을 맞이하고 있는 모습이 조각되어 있다. 이 모든 것들이 찬란했던 페르시아 제국의 영광과 권위를 말해 주고 있었다.

아파다나 궁전을 둘러본 후 이어서 백주 궁전 터로 이동했는데 이곳은 왕과 왕비가 거주하는 별궁이었다고 소개하였다.

백주 궁전 터에는 아직도 고대 왕궁의 구조물이 많이 남아 있다. 그런데 유적지가 너무 방대하여 전체를 관광하기에는 시간이 부족하여 대표적인 것 몇 개를 선정하여 관람한 후 점심을 먹기 위해 식당으로 이동하면서 페르시아 제국의 영토는 얼마나 크고 제국의 수도

백주 궁전 터 구조물

를 파사르가데에서 왜 페르세폴리스로 옮겨 건설했는지 궁금했다.

페르시아 제국은 동쪽은 인도, 서쪽은 그리스, 남쪽은 이집트와 에티오피아, 북쪽은 러시아까지 영토를 확장하였으며 23개국에 30개 언어를 가진 민족을 지배한 세계 최초의 거대한 제국이었다.

페르시아 제국을 건설한 아케메네스 왕조 1세 시루스 대왕이 세력을 확장하여 초기 페르시아 제국을 건설하면서 파사르가데를 수도로 정하였다. 그러나 페르시아 제국의 영토는 계속 확장되어 대제국으로 발전하면서 시루스 대왕 이후 후세 왕들 중 다리우스 대왕과 사이러스 대왕 때 페르시아 대제국의 수도를 파사르가데에서 페르세폴리스로 옮기기 시작하여 약 150년에 걸쳐 후세 왕들이 계속 증축하여 완성했다.

특히 페르세폴리스를 건설할 때 페르시아 제국이 지배하는 모든 나라에서 최고의 기술자들을 데려와 건설에 참여시켜 건축한 결과 가장 규모가 크고 다양한 디자인과 다양한 문화를 섞어서 왕궁을 건축한 고대 도시는 페르세폴리스뿐이다.

뿐만 아니라 뛰어난 기술과 지식을 결합해서 만든 페르세폴리스는 기술적 · 예술적인 면에서 가치가 매우 높다. 즉, 현존하는 고대 건축물 중 피라미드, 콜로세움, 앙코르와트와 대등한 수준의 고대 건축물로 평가하고 있다. 수세기 동안 먼지와 모래에 묻혀 있던 페르세폴리스는 1930년에 대대적인 발굴이 시작되어 페르시아 제국의 영광을 다시 세계에 알리게 되었다.

점심 식사 후 페르시아 제국 왕들의 무덤이 있는 부쉐르탐으로 이동하여 입구에 도착하니 매우 큰 바위산이 보였다. 바위산 아래에 다

고대 왕의 암벽 무덤

가가 중턱을 쳐다보니 바위산 수직 암벽 중간지점에 암벽을 조각하여 만든 후 암굴을 파서 만든 왕의 암벽 무덤이 여러 개 보였다.

암벽 무덤 옆에는 말을 탄 왕의 조각품 등 다양한 조각품이 바위산 전체에 조각되어 있다. 고대 페르시아 왕들 역시 죽어서도 왕의 권위를 유지하기 위해 무덤의 훼손을 막고 시신을 영원히 보존하기 위

고대 왕의 암벽 무덤과 조각품

해서 사람이나 짐승의 접근이 어려운 높은 수직 바위산 암벽에 암굴을 만들어 시신을 보관하였는데 이것은 고대 국가들의 공통점이었다. 그러나 이곳에 있는 암벽 무덤은 다른 나라에서는 볼 수 없는 특이한 무덤이었다.

암벽 무덤을 둘러본 후 하피즈(Hafiz) 시인이 묻혀 있는 쉬라즈의 하피즈 공원으로 이동하였다. 입장권을 구입하여 공원으로 들어가니 정면에 팔각형 모양의 구조물이 보였다. 그쪽으로 걸어가니 구조물 한가운데 흰 대리석 석관이 놓여 있었다.

이 석관 속에 시인 하피즈의 시신이 안치되어 있다. 석관 상부 표면에 글씨가 새겨져 있는데 아직도 무슨 뜻인지 밝혀내지 못했다고 한다. 하피즈는 이란에서 가장 존경받는 국민 시인으로 추앙된 인물이다.

하피즈 시인 무덤 공원

이란 국민들은 누구나 두 권의 책을 갖고 있는데 한 권은 코란이고 다른 한 권은 하피즈 시집이라고 한다. 공원에는 나무가 많고 정원이 잘 가꾸어져 있으며 커피와 차를 마실 수 있는 카페도 있어 도시인들의 휴식 공간으로 최적의 장소로 이용되고 있다.

공원을 산책하다 보면 젊은 남녀가 벤치에 앉아 정담을 나누는 모습을 볼 수 있고 데이트하는 젊은이도 보인다.

잠시 휴식을 취한 후 쉬라즈 공항으로 이동하는데 날이 어두워지고 있었다. 공항에 도착하여 약 2시간 후 테헤란행 비행기에 탑승했다. 쉬라즈 공항 이륙 약 1시간 30분 후에 테헤란 상공에서 테헤란의 밤풍경을 보며 넓은 면적에 불빛이 가득하여 큰 도시라는 것을 알 수 있었다. 공항에서 호텔로 이동하며 테헤란 밤거리를 보니 자동차와 사람들의 왕래는 많으나 높은 건물은 보이지 않았다. 호텔에 도착하고 보니 이란 도착 첫날 숙박한 큰 호텔이었다.

테헤란 번화가 밤거리를 구경하고 싶었지만 호텔이 테헤란 도심에서 조금 떨어진 대로변에 있고 동행자도 없고 케냐 밤거리가 떠올라 구경을 포기했다. 내일 하게 될 테헤란 관광에 큰 기대를 하면서 테헤란의 밤은 깊어갔다.

호텔 상점에서 기념품을 하나 구입했는데 달러나 카드 사용이 가능해서 편리했다. 나의 경험으로 이란을 여행하는 동안 기념품은 공항, 호텔, 바자르 세 곳에서 구입할 수 있는데 바자르는 환전하는 불편이 있고, 공항 터미널은 이용 시간이 맞지 않아 호텔에서 구입하는 것이 품질을 믿을 수 있고 결제 방법도 편하여 이란 여행 중 기념품 구입은 호텔 상점에서 구입할 것을 권한다.

다음 날 아침 제일 먼저 팔레비 궁전(사드아바드 궁전)을 방문하였

팔레비 궁전 정문

다. 팔레비 궁전은 높은 산자락 아래 나무숲이 우거진 곳에 자리 잡고 있는데 산 정상에는 눈이 쌓여 있었다.

버스가 궁전 정문에 도착했을 때 높고 큰 정문만 보이고 정문 안쪽은 공원처럼 나무들로 가득하고 건물은 볼 수 없다. 정문을 통과해 궁전으로 들어가니 수목이 울창한 산림욕장에 온 것 같았다.

정문에서 오르막 직선 도로가 약 1km 뻗어 있는데 이 길을 따라 산책하는 기분으로 오르막길을 천천히 걸어가면 산속에 들어온 것처럼 느껴지면서 신선한 공기로 기분이 매우 좋았다.

팔레비 궁전 내부 집무실 가는 길

길 끝에 궁전 별관 하나가 자리 잡고 있는데 궁전을 경비하는 부대가 주둔했던 장소이다. 부대에는 왕의 전용 헬기와 전투 헬기가 있고 포대가 정문을 향해 배치되어 있다. 이곳에서 다시 좌측으로 오르막길이 길게 뻗어 있는 길을 따라 올라가니 작은 건물 하나가 보였다.

이 건물은 집무실 경비원 초소인데 약 100m 거리에 팔레비 왕의

팔레비 왕의 집무실이었던 건물

집무실이 있었다. 집무실로 가는 길은 조경이 잘 되어 있고 산자락 아래 언덕처럼 돌출된 지형으로 경비원 초소 건물을 통과하지 않고는 집무실에 접근할 수 없도록 되어 있다.

집무실 건물은 예상외로 규모가 크지 않았다. 분수대를 지나 집무실 안으로 들어갔더니 여러 개의 방과 회의실로 구성되어 있는데 각종 가구와 장식품이 진열되어 있었다.

그런데 내부 시설을 돌아본 후 팔레비 왕의 호화로운 집무실이 보이지 않아 궁금했다. 이란의 민중혁명으로 폭동이 일어났을 때 시민들이 팔레비 왕궁을 습격하여 왕궁의 많은 물건이 유실되었고 팔레비 왕의 집무실에 있던 물건들이 도난 또는 파손되어 유사 제품으로 채워져 있기 때문이란다.

팔레비 궁전은 산자락 아래 왕의 집무실을 포함하여 19개 부속 건물로 구성되어 있는데 한 건물에서 다른 건물이 보이지 않도록 분산되어 있다. 왕의 집무실만 관람한 후 궁전을 나와 버스로 이동, 도심

도심에서 바라본 왕궁이 있는 높은 설산

에 있는 바자르에 도착했다.

테헤란 바자르는 이란에서 가장 큰 바자르로 안에는 학교, 병원 등 모든 것이 갖추어져 있어 테헤란 속 작은 도시라 부른다. 바자르는 미로 같은 좁은 길에 사람들의 왕래가 많아 무척 복잡하고 어수선했다. 규모의 차이는 있지만 바자르를 많이 보았기 때문에 나는 바자르 안으로 들어가지 않고 희망자만 바자르 안으로 들어가 물건을 구입하였다. 다음 목적지는 카펫 박물관이었다.

카펫 박물관은 팔레비 왕의 지시로 건축을 시작하였으나 팔레비 왕은 카펫 박물관의 완공을 보지 못하고 왕의 자리에서 물러났다. 카펫 박물관은 현대식 건물로, 15세기부터 20세기까지의 진귀한 명품 카펫들이 전시되어 있었다.

카펫 재료는 모두 자연 재료를 이용하는데 수작업으로 다양한 디자인과 색상으로 섬세하게 만들어진 카펫을 보고 감탄하였다. 이곳에 전시되어 있는 카펫은 하나하나가 예술품이고 명품이다. 이란은 카펫 기술이 뛰어난 나라 중 하나이며 카펫 수출국이다.

박물관에서는 카메라 촬영을 금지하여 눈으로만 구경한 후 이란 고대 국립박물관으로 이동하였다. 이란 고대 박물관 앞에는 도심 공원이 있어 사람들이 많이 모여 있었다. 입구에서 바라보니 고대 박물관은 예상외로 건물 규모가 작고 오래된 것 같았다.

박물관에는 여러 종류의 고대 유물들이 전시되어 있는데 대부분 고대 페르시아 시대 유물이었다. 가장 대표적인 유물은 도자기와 세라믹, 석상과 조각품, 날개 달린 사자 기둥과 동물 모양 주전자, 함무라비 법전이 새겨진 비석(원본은 루브르박물관 보관) 등인데 그중 가장 특이한 것은 3~4세기경 소금 광산에서 발굴된 소금 인간이었다. 소금 인간의 해골에는 흰 머리카락과 턱수염이 떨어지지 않고 원래 모습으로 남아 있다.

그리고 광부의 옷과 신발, 사용했던 도구들이 모두 원형 그대로 보존된 것을 보고 놀랐다. 이 소금 인간은 소금 광산에서 일하다 지진

이란 국립 고대 박물관

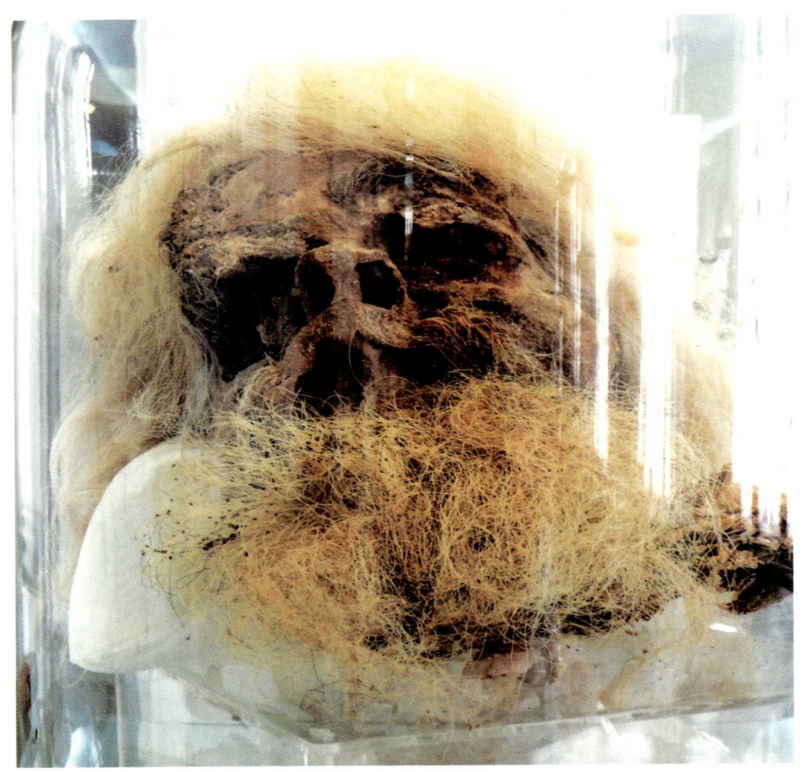

3~4세기경 소금 인간 모습

으로 소금 광산이 무너져 소금 속에 수세기 동안 염장된 상태로 묻혀 있다 발견되었다. 박물관에서는 플래시 카메라로 사진을 촬영할 수 없는데 힘들게 사진 몇 장을 카메라에 담았다.

고대 박물관 관광을 마치고 호텔로 이동하는 동안 도시는 점점 어두워지기 시작했다. 테헤란 관광은 기대가 컸던 만큼 실망도 컸다. 이란의 수도 테헤란은 어떤 도시인지 궁금했다.

테헤란은 인구 약 1,400만 명의 대도시이다. 테헤란 시민들은 외국인에게 매우 친절하다. 팔레비 집무실에서 만난 이란 시민이 "차

돌에 새겨진 시루스 대왕의 인권선언문

이나? 노스 코리아?"라고 물었을 때 "사우스 코리아"라고 대답하자 매우 반갑게 악수를 청하며 노스 코리아는 싫어한다는 말을 듣고 깜짝 놀랐다.

테헤란 거리에서 이슬람 전통 복장(차도르)을 한 여자를 한 사람도 보지 못했으며 시민들이 매우 개방적이었는데 특히 젊은이들의 개방된 태도와 옷차림에서 이슬람 국가란 것을 잠시 잊었다. 테헤란은 발전이 멈추고 정체되어 있고 서방국가의 경제제재로 이란 경제는 침체되어 있는 것을 느낄 수 있으며 팔레비 왕조 때 친서방정책과 개방정책을 펼쳐 시민의식은 여행한 이슬람 국가 중 가장 개방적이었으며 이슬람 종교 색체가 가장 적은 나라였다.

날씨는 사계절이 뚜렷하고 가장 더운 달은 7월(22℃~27℃)이며 가장 추운 달은 1월(-3℃~-7℃)로 겨울에는 폭설이 내린다. 약 1,500m 높은 고지대에 위치하고 있으며 마지막 팔레비 왕조가 무너지고 공화국 시대를 맞이한 도시다. 테헤란은 '길의 끝'이라는 의미를 가지고 있다.

내일 새벽에 공항으로 이동해야 하므로 저녁 식사를 마치고 짐을 정리했다. 테헤란에서의 마지막 밤은 9시에 취침해서 새벽 2시에 기상이다.

새벽 2시, 요란한 벨소리에 일어나 출국할 준비를 마친 후 호텔에서 준비해 준 도시락과 짐을 버스에 싣고 테헤란 공항으로 이동하여 공항 터미널에서 도시락으로 간단히 아침 식사를 하고 출국 수속을 마친 뒤 아침 6시 두바이행 비행기에 탑승했다.

기내 좌석에 편히 앉아 관광한 도시의 유적지를 떠올리며 이란 여행을 정리해 보았다. 그런데 이란의 역사에 대한 개략적인 내용을 정리하지 않으면 이란 여행을 정리할 수 없을 것 같았다. 그래서 고대 왕조시대부터 마지막 팔레비 왕조까지 이란의 역사를 개략적으로 알아보기로 했다.

1) 이란 역사를 대표하는 것은 페르시아 제국이다. BC 3000~4000년경 신석기 시대 후반에 유라시아 유목민들이 두 갈래로 갈라져 현재의 이란 지역으로 이주했다. 한쪽은 이란 북부 산악지대로 이동하여 쿠르드족의 원조가 되고, 다른 한쪽은 이란 고원지대로 이동하여 이란의 원조가 된다. BC 12~19세기경 철기시대에 이란 고원지대로 이동한 이란족이 파르스(Fars)로 진출하면서 페르시아

이름이 유래되었다.

2) BC 550~330년경 이란족의 한 파(派)인 페르시아족의 시루스가 아케메네스 왕조를 창건한 후 파르스 지방 파사르가데를 제국의 수도로 정했다. 아케메네스 왕조는 리디아와 바빌론을 정복하고 이어서 이집트 아르메니아 한주국시까지 점령하면서 페르시아 제국의 수도로 기초를 다진 후 흑해와 나일강 그리고 인더스 강 북부에서 불가리아 남부까지 영토를 확장하면서 페르시아 제국의 건설과 전성기를 누렸다. 그러나 알렉산더 대왕의 침입으로 페르시아 제국은 멸망하고 수도는 폐허가 된다. BC 750~550년경 이란족의 한파인 아리안계 메데(Medes)족이 메디아 왕조를 건설한다.

3) BC 651~1037년경 이슬람의 창시자 무함마드가 사망한 후 이란은 이슬람화가 급속히 진행되면서 이슬람 국가의 기초가 만들어진다.

4) 1037~1220년경 이란의 혼란기에 셀주크 투르크족의 지배자 투그릴 베크(Tughril Beg)가 이란을 장악하고 세력을 넓혀 현 아프가니스탄, 시리아, 메소포타미아, 인도까지 진출한다.

5) 1220~1502년경 사파비 왕조가 탄생하여 이스파한을 이란의 수도로 정한 후 이스파한은 세계 중심 도시로 발전하고 번영을 누렸지만 몽골의 침입으로 이란은 몽골 제국의 지배하에 놓이고 칭기즈칸(Chingiz Khan)의 손자 훌로구 칸의 지배를 받는다.

6) 1502~1722년경 이란의 서북부 지방 이슬람 시아파 집단의 수장인 이스마일(Ismail)이 창건하면서 수도를 타브리즈(Tabriz)로 정

하고 시아파 이슬람 국교를 채택하면서 수니파인 오스만 투르크와 종교적으로 갈등을 빚어 현재까지 시아파와 수니파 종교 갈등은 계속되고 있다.

7) 1747년~1779년경 잔드 왕조 창건자 카림 칸은 1750년에 쉬라즈를 수도로 정한다. 이 시기에 아름다운 건물들을 많이 건축하고 파괴된 도시를 재건하여 세계에서 가장 중요한 도시 중 하나인 이란의 수도를 건설했다.

8) 1795~1925년경 엘부르즈 산맥 북부 투르크계 카자르족의 아가 무함마드 칸이 카자르 왕조를 수립하고 수도를 쉬라즈에서 테헤란으로 옮긴다.

9) 19세기 중 러시아와 영국이 이란으로 진출하여 이란을 할당하면서 현재 이란 국경선이 되었다. 1906년 입헌 의회가 수립되었으며, 1908년에 유전이 발견되면서 1919년 이란에 진출한 영국과 보호조약을 체결한다.

10) 1926년~1979년 팔레반 출신 육군 장교가 쿠데타를 일으켜 카자르 왕조를 폐위하고 팔레비 왕조를 수립한 후 친미노선으로 국가를 운영한다. 이에 반감을 가진 종교 지도자 호메이니를 강제 출국시킨 후부터 반정부 시위가 일어나고 1979년 1월 16일 팔레비 왕이 외국순방 차 출국한 틈을 이용, 호메이니가 귀국하여 민중혁명을 주도하면서 1979년 4월 1일 마지막 왕조인 팔레비 왕은 폐위되고 이란 역사상 공화국 시대가 탄생하게 된다.

11) 1980년대 이란 · 이라크 전쟁이 발발하여 양국은 엄청난 인명과 재산 피해를 입었고 승자도 패자도 없이 1990년에 종전되었다.

12) 이란은 전쟁 후 더욱 강력한 이슬람 시아파 국가로 거듭나고 최고 종교 지도자가 정치의 수장이 되는 신정 국가로 운영되고 있다.
13) 이스라엘과 이란 간 적대 감정이 격화되면서 이란은 핵개발을 추진하고 핵개발을 반대하는 서방국가의 제재를 받으면서 이란의 경제는 정체 상태가 지속되고 있다.

이란은 중동 국가 중 가장 근대화된 나라로, 1936년 이슬람 국가 중 처음으로 검은 차도르 착용을 금지했으며, 여성은 미니스커트를 입고 다닐 수 있게 되었다. 그리고 1963년부터 여성에게도 투표권이 주어졌다.

그러나 지나친 서구화와 팔레비 왕조의 비민주적인 통치로 종교 지도자 호메이니가 주도하는 민중 봉기에 팔레비 왕은 폐위되고 공화국 정권이 탄생하여 민주적인 선거로 대통령을 선출한다. 그러나 종교 지도자는 입법부와 행정부, 사법부 위에 군림하는 존재로 그들에게 국가 절대 권력이 주어져 있어 국가 중대사는 종교 지도자의 승인을 받아야 하는 신정국가이다.

이란은 공화국 성립 후 이슬람 율법을 더욱 엄격하게 적용하였지만 호메이니가 죽은 후부터는 중동에서 가장 덜 이슬람화된 국가로 변하고 있으며 이러한 변화는 테헤란에서 찾을 수 있다. 공공장소에서 기도하는 사람을 볼 수 없고 젊은이들은 모스크에 기도하러 가지 않으며, 기도하러 오라는 모스크의 소리도 들을 수 없다.

테헤란에서 차도르를 착용한 여성은 볼 수 없으며 히잡도 검은색

외 다른 색상으로 머리만 가린 여성이 많다. 거리에는 남성과 여성이 함께 걸어가고 카페에는 여성과 남성이 마주 앉아 있는 모습을 쉽게 발견할 수 있으며 여자들이 차를 운전하는 모습도 볼 수 있다. 지금 이란에는 변화의 바람이 테헤란에서 불고 있음을 여행을 통해서 느낄 수 있다.

1. 지리적 특징

서남아시아의 높은 산으로 둘러싸인 광활한 고원지대를 형성하고 그중 2/3는 산악 지형이며, 1/3은 사막이다. 북쪽은 투르크메니스탄, 카스피해, 아제르바이잔, 아르메니아, 서쪽은 투르크, 이라크, 남쪽은 페르시아만, 오만해, 동쪽은 파키스탄, 아프가니스탄, 페르시아만 건너편에는 쿠웨이트, 사우디, 바레인, 카타르, 아랍에미리트, 오만과 접하고 있다. 이란에서 최고 높은 산은 다마반드 산으로 5,604m이다.

2. 기후

① 대체로 사계절로 구분되어 있고 대륙성기후, 아열대성기후, 고온 다습기후 ② 일교차가 심하고 가장 심한 일교차는 50℃ 차이 ③ 고원지대는 강수량이 적어 겨울철에만 비가 조금 내리는 건조한 사막 ④ 평균기온 29℃이며 여름철에는 최고 45℃이다. ⑤ 국토 면적중 9.8% 농경지에 실제 농사를 짓는 땅은 0.3%뿐이다.

3. 음식

양고기를 양념해서 숯불에 구운 촐라카밥이 대표적인데 우리나라 양념 숯불고기와 비슷하여 한국인 입맛에 맞는다. 이 외에도 다진 고기를 막대기에 끼워 불에 구운 케밥 등이 있다.

4. 종교

시아파 이슬람교를 믿는데 시아파란 알리와 그 후손들을 따르는 자들을 뜻한다. 반대로 수니파란 코란과 함께 마호메드의 언행과 관행을 따르는 자를 의미한다. 전 세계 이슬람인구 약 10억 중 90%는 수니파이고 10%는 시아파이다. 이란은 시아파의 종주국이며 인구의 99%는 이슬람교를 믿고 고대 페르시아 시대부터 믿고 있는 소수민족 종교 중 동방 기독교와 불을 숭배하는 조로아스터교가 현존하고 있다.

5. 우리나라와 관계

1962년 우리나라와 수교하였고 1976년 테헤란 대사관이 개설되었으며, 1969년 5월 우호조약을 체결했다. 1978년 테헤란 시장의 서울 방문을 기념하기 위해 강남에 테헤란 거리를 만들었고 테헤란에는 서울의 거리를 만들었다.

6. 안전과 테러

이란을 여행하기 전에는 중동 국가의 테러 때문에 위험한 여행지로 알고 있었는데 이란 여행을 통해서 여행 위험 국가라는 인식이 사라지고 가장 개방된 이슬람 국가이며 정치적 불안이 없는 나라임을 알게 되었다. 그리고 이란 여행 시 안전에 전혀 문제가 없다.

이란의 일반적인 사항

- 면적 : 1,648,195km²
- 인구 : 약 80,840만 명
- 언어 : 페르시아어
- 종교 : 이슬람교(시아파)
- 1인당 GNI : 4,520달러/2012
- 화폐 : Iranian Rial(R)
- 대사관 설치됨

시나이 반도와 두바이 그리고 이란 여행을 마치고 귀국하는 기내에서 긴장이 풀리고 피로가 겹쳐 곧바로 잠에 빠져들었다. 충분히 잠을 자고 깨어 보니 비행기는 우리나라 영공에 진입하고 있었다. 하늘에서 내려다보면 우리나라는 정말 금수강산임을 깨닫게 된다.

인천공항에 도착하여 수화물을 찾아 터미널 출구를 나오면서 무사히 여행을 마친 기쁨과 더불어 시나이 반도의 영토 분쟁과 종교 갈등이 또 한 번 세계 종교 전쟁의 촉매가 되지 않기를 바랐다. 이번 시나이 반도 여행은 종교에 대한 새로운 인식과 고대 문명을 새롭게 인식하는 매우 뜻깊은 배움의 여행이 되었다.

시나이 반도 여행을 마치고 한 달이 지난 후 시나이 반도의 작은 국경 도시 타바에서 한국인 성지 순례자가 탑승한 버스가 테러를 당해 3명이 사망하고, 15명이 부상한 소식을 접하면서 내가 위험한 지역을 여행했다는 것을 알게 되었다. 여행지를 선택할 때 그곳이 위험한 지역이라는 것을 알았더라면 종교를 믿지 않는 내가 굳이 위험한 여행을 떠났을까? 스스로에게 질문해 보았다. 그러나 답은 한 번은 관광해야 하는 곳이다.

아프리카 대륙, 시나이 반도 그리고 두바이와 이란 11개국의 여행 자료를 정리하면서 독자의 이해를 돕기 위해 인용한 내용 중 보완이 필요한 부분을 지적해 주시면 수정할 것이다.

참고 문헌

1. 아트라스 세계는 지금(이종면 번역)
2. 응고롱고로 국립공원 전시관/박물관 소장 복제 사진 및 카탈로그
3. 이스라엘 박물관 안내서 및 카탈로그
4. 고대 이집트 박물관 소장 복제 사진
5. 이집트 피라미드 안내 자료 및 설명서
6. 하트셉수트(크리스티안 데로슈 노블쿠르 지음)와 이집트 유적지 안내서
7. 아프리카 문화의 새로운 이해(유종현 지음)
8. 여행사 제공 '이란 여행 안내 자료'
9. Guide Documente De Persepolis(A. Shapur Shahbazi Traduction Claude Cyrus Karbassi)
10. 국내외 관광 가이드 설명 메모지와 여행지 수집 자료
11. 신문 스크랩 수집 및 인터넷 검색 자료
12. 사진 출처

- 135p : Noel Feans(Wikimedia Commons)
- 199p : Teqoah(큰 사진. Wikimedia Commons)
  : Berthold Werner(아래 작은 사진. Wikimedia Commons)
- 298p : **Ondřej Žváček**(Wikimedia Commons)
- 306p : Philippe Chavin(Wikimedia Commons)